湖北省社会科学基金项目"我国农地使用权流转法律制度研究"（编号：2012010）最终成果。

国家社会科学基金青年项目"农村土地法律制度中集体与成员权利配置研究"（批准号：13CFX077）阶段性成果。

我国农地使用权流转法律制度研究

陆 剑 著

WOGUO NONGDI
SHIYONGQUAN LIUZHUAN
FALÜ ZHIDU YANJIU

中国政法大学出版社

2014·北京

声　明　1. 版权所有，侵权必究。
　　　　2. 如有缺页、倒装问题，由出版社负责退换。

图书在版编目（ＣＩＰ）数据

我国农地使用权流转法律制度研究/陆剑著.—北京：中国政法大学出版社，2014.7
ISBN 978-7-5620-5495-5

Ⅰ.①我… Ⅱ.①陆… Ⅲ.①农业用地-土地使用权-土地流转-土地管理法-研究-中国　Ⅳ.①D922.324

中国版本图书馆CIP数据核字（2014）第142787号

出版者	中国政法大学出版社
地　址	北京市海淀区西土城路25号
邮　箱	fadapress@163.com
网　址	http://www.cuplpress.com（网络实名：中国政法大学出版社）
电　话	010-58908435（第一编辑部）　58908334（邮购部）
承　印	固安华明印业有限公司
开　本	880mm×1230mm　1/32
印　张	10.750
字　数	260千字
版　次	2014年7月第1版
印　次	2014年7月第1次印刷
定　价	39.00元

前　言

党的十七届三中全会作出了"加强土地承包经营权流转管理和服务，建立健全土地承包经营权流转市场"的重大战略决策，党的十八届三中全会亦对农地使用权流转与农村产权流转交易作出了继续深化改革的部署。我国各地农村的土地承包经营权流转试验进行得如火如荼；晚近的通州宋庄"画家村"一案将农村房屋及宅基地使用权流转的问题推上了舆论的风口浪尖；各地集体建设用地使用权流转的试验纷繁多样，如何看待公然违背《土地管理法》等法律法规的这些地方性试验，均是值得深入探讨的重大理论和实践问题。据此，研究农地使用权流转法律问题具有重大的理论意义和现实价值。

第一，从马克思主义理论、历史学和谱系学、法哲学的视角考察了农地使用权流转在我国的发生、发展与治理形态。法学界从"政法话语"走向"社科话语"的过程中，马克思主义在法学界也面临着从"过度诠释"到"基本闲置"的局面。当马克思主义研究者呼吁"回到马克思"之际，我们应从马克思主义的基本文本中去研究马克思土地所有权与地租理论的发展脉络，指出其对农地使用权流转的当下价值，并以其为手段解决农地使用权流转所产生的地租分配问题。地租这个理论工具仍具有强大的解释力,从该视角去理解地权的核心就是农民个体和农民集体分享地租和土地资本化收益的权利。从谱系学的视角看,明清以来的田面权流转与农地使用权流转具有一定的类亲缘关系。我国现代意义上的"流转"是 20 世纪 80 年代初期形成的概念,是中国特有的称谓词。在后税费时代,农地使用权的流转及收益分配等问题,正成为乡镇政府和村庄权力阶层所倚重的治理资源和抓手。我国法律法规对农地使用权流转的限制性规定,并不是基于社会公共利益对私人物权的限制,更多体现的是一种治理的需求。本文试图以"关系产权"的解释框架去理解我国农地使用权流转的困境,地权镶嵌于一定的关系之中,必须从特定的社会场景和制度背景中来理解地权问题。要实现农地使用权流转制度的良性运作,必须实施关系产权的更新。土地承包经营权流转制度的演变经历了循序渐进的过程,而党和国家对之进行了"文件治理";我国宅基地使用权流转制度的立法演进则表现为进退失据,由自治走向了高度管制。

第二,考察了我国农地使用权流转法律制度实践的当下图景,对三种形态的农地使用权流转进行了逐一剖析。透过鄂中土地流转个案,对土地承包经营权流转实践图景进行"深描",揭示了:在村庄结构混乱、农民越发理性化与实际化、行政权力主导村庄未来的背景下,"官转"压倒"民转"、权力与资本的结合成为必然,"圈地运动"可能借土地承包经营权流转的东风再次兴起;聚焦集体建设用地的实践形态,集体建设用地使用权流转对乡镇企业兴起与发展贡献良多;早期的集体建设用地使用权流转在保持集体土地所有权不变的前提下,农民获得一定比例的土地"农转非"的级差地租收益,使收益分配比例在各主体间发生了变化;晚近以来的重庆"地票"改革,并未实现"建立统一的城乡土地交易市场","提升农村特别是偏远地区的土地价值,有效地促进农村增收和改善农村生产生活条件"的目标;近期以"宋庄纠纷"为代表的农村私有住房买卖使宅基地使用权流转问题成为各界争议的焦点;现行宅基地使用权流转中的国家管制存在错位,未来需在农民自治与国家管制之间求得平衡。

第三,探讨了城乡统筹视域下农地使用权流转法律制度的创新与完善。住房换宅基地、社会保障换土地承包经营权的"两换"实践并不是真正意义上的城市化,也无法解决农民变市民后的生存和就业问题,实现的只是农地非农化。"股田制公司"的生存和发展面临着法律困境,但这些法律障碍是可以消解的。土地股份合作社具有其独特的制度价值,土地股份合作社是实现土地承包经营权流转的有效模式,但为了保证土地股份合作社的有效运作,国家适度的管制必不可少。我国农地法律制度建构的价值取向应当是尊重农民意愿,保护农民权益;具体进路则应当坐实农民集体土地所有权制度;尊重地方性规范,为民间法的生长预留制度空间。在实践中,农地使用权流转面临着法律制度建构与民间秩序生成的内在张力、市场化运作与国家管制的内在矛盾,以及地域差异与统一立法的内在紧张等问题。对此,应对土地承包经营权流转应进行类型区分及相应的法律规制;从法律层面对我国建设用地使用权制度进行根本性变革,真正实现集体建设用地和国有建设用地"同地同权,同等入市",并建构相应的集体建设用地使用权流转法律制度;逐步放宽宅基地使用权的流转,建立规范的宅基地使用权流转法律制度。

陆　剑

2014 年 7 月 1 日

目 录

导　论　我国农地使用权流转制度研究：迈向实践法学的尝试 …………………………………………………… 1
　　一、研究缘起与意义　1
　　二、研究现状与问题　3
　　三、研究方法与创新　20
　　四、本书结构与安排　27

第一章　马克思主义话语体系中的农地及其流转问题 ………… 31
　　一、马克思主义关于土地所有权的基本观点　32
　　二、马克思主义地租理论的主要观点　39
　　三、马克思主义土地所有权理论和地租理论与农地流转制度的关联性考察　44

第二章　我国农地使用权流转制度的历史前见与法哲学思考 … 61
　　一、我国农地流转制度的历史前见与"流转"概念之形成　61
　　二、农地流转权利的法哲学思考：中国经验与权利假设　73

三、小结 92

第三章 我国农地使用权流转制度的当代演进与解读 …… 95
一、关系产权：理解我国农地使用权流转困境的一个视角 95
二、循序渐进：土地承包经营权流转制度的演变与治理 119
三、进退失据：宅基地使用权流转制度的立法演进 133

第四章 土地承包经营权流转的实践图景
——鄂中个案的法社会学透视 …… 145
一、导火索：两次土地承包经营权引发的争议 146
二、冲突各方的行动及其策略 148
三、个案视野凸显的土地承包经营权流转的话语与真相 153

第五章 集体建设用地使用权流转：基于实践形态的评析 …… 164
一、历史视角下集体建设用地使用权流转：对于乡村工业化的意义 164
二、集体建设用地使用权流转实践：模式及其评价 174
三、晚近以来的重庆"地票"改革：价值及其限度 184

第六章 反思宅基地使用权流转中的国家管制
——以宋庄纠纷为例 …… 194
一、宅基地使用权流转存在的国家管制错位 195

目 录

　　二、宅基地使用权流转的管制更新 207

　　三、宅基地使用权流转：必须重提私权与意思自治 217

第七章　城乡统筹背景下农地流转模式的法制创新及其评析 … 219

　　一、乱象：住房换宅基地、社会保障换土地承包经营权模式 219

　　二、争议："股田制公司"及其法律规制 229

　　三、正道：土地股份合作社模式的现状及其完善 244

第八章　我国农地使用权流转制度完善的前提追问与路径规划 …………………………………………… 255

　　一、我国农地法律制度建构的价值取向与进路选择 255

　　二、我国农地使用权流转制度建构的前提追问 270

　　三、我国农地使用权流转制度的具体建构路径 282

参考文献 …………………………………………………… 307

后　　记 …………………………………………………… 330

我国农地使用权流转制度研究：
迈向实践法学的尝试

> 就实践而言，由于宏大理论表现出来的形式的、含糊的蒙昧主义，以及抽象经验主义所表现出来的形式的、空洞的精巧，使得人们确信，对于人类和社会，我们还知之甚少。[1]

一、研究缘起与意义

中国历史上历次农民革命斗争，无不是围绕土地问题而展开；新中国历次农村体制改革，也无不是从土地问题入手。当前，我国的"三农"问题是困扰我们党和国家的重大难题，其中围绕"三农"问题展现出来的各种利益冲突和矛盾斗争，也或多或少与土地问题相关。近年来，"三农"问题的研究成为政治学与社会学等学科的研究热点，农地问题也成为学者们关注的焦点。《物权法》制定过程中的"合宪"之争，引发了法学界的大讨论。党的十七届三

---

[1] [美] C. 赖特·米尔斯：《社会学的想象力》，陈强、张永强译，生活·读书·新知三联书店2005年版，第79页。

中全会作出了"加强土地承包经营权流转管理和服务,建立健全土地承包经营权流转市场"的重大战略决策,党的十八届三中全会亦对农地使用权流转与农村产权流转交易作出了继续深化改革的部署。但《物权法》对农地使用权作为一种用益物权的规范缺失,导致实践中的乱象与学术界的话语混乱相对而立。如我国各地农村的土地承包经营权流转试验进行得如火如荼,但却亟待在实证研究基础上进行制度反思;晚近的通州宋庄"画家村"一案将农村房屋及宅基地流转问题推上了舆论的风口浪尖,大众话语中的"小产权房"问题在"三农"问题凸现、房价高企的背景下,尤为引人关注。农民自有房屋流转本身并不存在障碍,所以农村房屋流转问题所指涉的根本问题其实是宅基地使用权流转的问题,尤其是流转的合法性和合理性的问题。各地集体建设用地使用权流转的试验纷繁多样,如何看待公然违背《土地管理法》等法律法规的这些地方性试验,均是值得进一步探讨的重大理论和实践问题。

对于农地使用权流转法律问题的研究具有重大的理论意义和现实价值,主要体现在以下几点:①在城乡统筹、推进新型城镇化的大背景下,土地使用权问题是破解城乡二元体制改革的核心之一,加快推进集体经营性建设用地入市流转,积极稳妥地处理好土地承包经营权与宅基地使用权等农地使用权流转问题,是推进城乡二元体制改革的重要内容;②土地承包经营权流转是实现农地规模化经营的主要路径,而规模经营被视为现代农业发展的必由之路。因此,土地承包经营权流转对于推动我国农村土地市场化的进程、发现和实现土地承包经营权的价值、提高土地利用率和土地使用效益,进而促进农村经济发展的意义不可小觑;③宅基地使用权流转问题在房价高企、"小产权房"大行其道的背景下尤其令人关注。在城郊地区,目前宅基地使用权和农村住房的出租、转让等已经是相当普遍的现象,禁止宅基地使用权转让的法律规范实际上已经被社会实践所"悬空"。到底应当如何规制宅基地使用权流转问题,在其财产权利属性和生存保障功能之间进行有效的政策选择和权利配置,是推进我国新型城镇化进程中亟须解决的重大课题;④实现我国集体经营性建设用地的入市流转,符合所有权平等保护的物权法原则,有利于实现两种建设用地使用权的"同地同权,同等入市";有利于打破地方政府对土地一级市场的垄断地位。而集体经营性建设用地使用权直接进入市场,有利于充分实现集体土地所有权权能;有利于农民以土地权利参与工业化和新型城镇化进程,分享土地价值增值的成果;有利于实现建设用地使用权市场的统一化和规范化。从法律制度上保障和实现集体经营性建设用地的入市流转,将从根本上改变我国建设用地使用权制度的二元格局。

二、研究现状与问题

(一) 国内研究现状

从法学界研究现状来看,作为传统法学研究的对象,对于我国农地法律问题的研究仍处于非常初级的阶段,陈小君教授批评道:在法学领域中农地研究仍属薄弱环节。主要表现为:①农地制度并非单纯法律问题,它与政治经济体制和民族文化传统密切联系,研析设计要害便不作深入;②研究方法老套保守、研究内容单一刻板、研究视野偏窄,脱离农村基层实际的现象较为普遍,而就如何解决本土集体所有权主体虚位、农民权利虚化、农民个体与农民集体关系模糊等问题难以提出妥当、务实的方案。[1] 笔者深以为然。在《物权法》制定过程中,法学界产出了一批具有代表性的人物和

---

[1] 陈小君等:《农村土地法律制度研究——田野调查解读》,中国政法大学出版社 2004 年版,第 2 页。

著作：如崔建远教授对于准物权制度的研究，[1] 陈甦教授和杨立新教授关于农地使用权制度的研究，[2] 韩松教授、温世扬教授对于集体所有制、集体所有权的研究，[3] 高飞博士对于集体所有权主体制度的实证研究。[4]

从学界对于农村土地制度的研究现状来看，真正关注现实、方法论上有创新的论著不多，下述著作颇具特点：首先是在研究方法上，具有一定原创性和创新性的法学著作主要是靳相木所著的《中国乡村地权变迁的法经济学研究》，该书从法学和经济学双重视角解读了近百年我国地权的变迁与未来走向，其分析框架和论述方式令人耳目一新；[5] 其次是朱冬亮所著的《社会变迁中的村级土地制度》，该书采用社会学和文化人类学的参与观察和个案研究法，对我国福建省西北部的一个村的土地制度变迁过程进行全方位的研究；再次是陈小君等所著的《农村土地法律制度研究——田野调查解读》及其续编《后农业税时代农地法制运行实证研究》、《农村土地法律制度的现实考察与研究》，[6] 其研究建立在大规模的社会

---

〔1〕 崔建远：《准物权研究》，法律出版社2003年版；崔建远："'四荒'拍卖与土地使用权"，载《法学研究》1995年第6期。

〔2〕 陈甦："土地承包经营权物权化与农地使用权制度的确立"，载《中国法学》1996年第3期；杨立新、尹艳："我国他物权制度的重新构造"，载《中国社会科学》1995年第3期；杨立新："论我国承包经营权的缺陷及其对策"，载《河北法学》2000年第1期。

〔3〕 温世扬："集体所有土地诸物权形态剖析"，载《法制与社会发展》1999年第2期；韩松：《集体所有制、集体所有权及其实现的企业形式》，法律出版社2009年版。

〔4〕 高飞：《集体土地所有权主体制度研究》，法律出版社2012年版。

〔5〕 靳相木：《中国乡村地权变迁的法经济学研究》，中国社会科学出版社2005年版。

〔6〕 陈小君等：《农村土地法律制度研究——田野调查解读》，中国政法大学出版社2004年版；陈小君等：《后农业税时代农地法制运行实证研究》，中国政法大学出版社2009年版；陈小君等：《农村土地法律制度的现实考察与研究》，法律出版社2010年版。

实证研究基础之上，对于习惯于规范研究的法学界来说，迈出了重要的第一步，"为法学界吹进一阵清新的风"，《农村土地法律制度研究》被学界誉为"一部拓展法学研究方法的力作"。[1] 在上述"三部曲"中，不乏对全国各地农地使用权流转制度实践进行社会实证研究的专门论述；最后，张钧博士运用法律人类学的学科工具对云南禄村的土地制度进行了深入考察，发现禄村在许多方面存在与国家法不同的民间法意义上的土地制度。如在土地调整中，禄村存在一套较为完整的分田、进田和退田的规则。通过对禄村土地民间法与国家法之间纷繁复杂博弈关系的描述和分析，作者认为改善农村土地制度，应当正视法律多元现象的存在，从重视促成民间法和国家法的合作性博弈入手，要求国家法的制定者尊重民间法，不能简单地以国家法取代民间法。[2]

对于农地使用权流转进行总体研究的代表性著作是张璐的《农村土地流转的法律理性与制度选择》，在该文中，张璐针对土地承包经营权流转、集体建设用地使用权流转和宅基地使用权流转均进行了细致的分析，并提出了务实的方案，具有较强的针对性和实用性。[3]

土地承包经营权流转是学界最为关注的问题之一，也是研究比较多、内容框架比较成熟的部分。陈锡文、韩俊、丁关良、张红宇和温世扬等较早地对土地承包经营权流转问题进行了探讨和研究，

---

〔1〕 温世扬："一部拓展法学研究方法的力作——评《农村土地法律制度研究——田野调查解读》"，载吴汉东主编：《私法研究》（第5卷），中国政法大学出版社2005年版。

〔2〕 张钧：《农村土地制度研究》，中国民主法制出版社2008年版。

〔3〕 张璐："农村土地流转的法律理性与制度选择"，载《法学》2008年第12期。

并提出了各自的完善意见。[1] 温世扬、兰晓为指出：土地承包经营权在物权效力方面先天不足，其流转问题也存在两难悖论。对于土地承包经营权流转，应该以发展的眼光审视和解读问题，破除种种不合理的限制，使承包经营权由死水一潭变成汩汩活水。在配套制度方面，集体土地征收制度需要进一步严格化，土地承包经营权调整制度应当废止。[2] 土地承包经营权流转需要在公共利益、个人利益和集体利益、成员利益和非成员利益之间进行平衡。[3] 需要在稳定农村土地承包关系、完善农村社会保障制度和尊重农民意愿的前提下进行土地承包经营权流转。[4] 曹务坤、丁关良等则探讨了土地承包经营权的法律性质、法律特征、变动及保护等问题，探讨了土地承包经营权流转的必然性、法律障碍和法律原则等问题，检讨了现行土地承包经营权流转制度，对土地承包经营权流转制度的完善提出了一些切实可行的立法建议和司法建议。[5]

孟勤国教授的著作《中国农村土地流转问题研究》，对广西三村的土地承包经营权流转状况和相关法律问题进行了比较深入的探

---

[1] 陈锡文、韩俊："如何推进农民土地使用权合理流转"，载《学习与研究》2002年第6期；丁关良：《农村土地承包经营权初论》，中国农业出版社2002年版；丁关良："农村土地承包经营权流转的法律思考——以《农村土地承包法》为主要分析依据"，载《中国农村经济》2003年第10期；张红宇："中国农地调整与使用权流转：几点评论"，载《管理世界》2002年第5期。

[2] 温世扬、武亦文："土地承包经营权转让刍议"，载《浙江社会科学》2009年第2期。

[3] 温世扬、兰晓为："土地承包经营权流转中的利益冲突与立法选择"，载《法学评论》2010年第1期。

[4] 兰晓为："论土地承包经营权流转与农民利益的保护"，载《西安电子科技大学学报（社会科学版）》2010年第1期。

[5] 曹务坤：《农村土地承包经营权流转研究》，知识产权出版社2007年版；丁关良、童日晖：《农村土地承包经营权流转制度立法研究》，中国农业出版社2009年版；黄河等：《农业法视野中的土地承包经营权流转法制保障研究》，中国政法大学出版社2007年版。

讨。[1] 亓宗宝的著作则对土地承包经营权面临的法治环境、现实困难以及土地承包经营权法律保障制度的体系框架、设置缺陷等问题进行了全面、深入的研究，解析了土地承包经营权纠纷的高发原因，阐释了多种纠纷解决机制及协调相互关系的措施，并有针对性地提出了强化土地承包经营权法律保障的政策建议和发展模式;[2] 茆荣华博士以农民集体土地流转为研究对象，从农村土地制度的演变过程、集体土地流转的理论基础和制度设定入手，研究农村土地产权制度和土地征收制度改革，并对土地承包经营权、集体建设用地使用权和宅基地使用权流转制度进行专项研究，致力于构建符合我国现实国情的集体土地流转制度，推动农地使用权流转法律制度建设。[3] 但茆荣华认为农民集体土地流转的对象应包含集体土地征收制度，这混淆了农地所有权流转与农地使用权流转这两种不同类型的流转，该种分类并不恰当。车裕斌的著作《中国农地流转机制研究》分析了我国农地使用权流转产生的必然性、必要性以及农地使用权流转机制建设，并从流转的规模、分布、形式、流向、流转收益分配等多方面分析了我国农地使用权流转的现实特点。[4]

在《物权法》制定及实施过程中，大多数法学家均主张土地承包经营权能够实现自由流转，其主要理由是：①土地承包经营权的流转有利于实现土地使用权的价值，保护承包权人的合法权益，有助于推动我国农村土地使用权的市场化进程，进而促进农村经济的发展和农民的持续增收；②土地承包经营权流转在实践中已经得到了认可并广泛存在，对于其不当的限制，如发包方同意等已经形同虚设；③允许土地承包经营权的转让，有利于提高土地的效益和土

---

[1] 孟勤国等:《中国农村土地流转问题研究》，法律出版社2009年版。
[2] 亓宗宝:《农村土地承包经营权法律保障研究》，法律出版社2009年版。
[3] 茆荣华:《我国农村集体土地流转制度研究》，北京大学出版社2010年版。
[4] 车裕斌:《中国农地流转机制研究》，中国农业出版社2004年版。

地利用率。[1] 但在实践中，我国土地承包经营权流转市场发育不良，针对其成因，钱忠好指出我国土地承包经营权的不完全性是现阶段农地使用权市场发育迟缓的产权原因，而土地承包经营权的不完全与其法律属性不完全有关。因此，通过明确界定土地承包经营权并施之以有力的保障，让经济当事人自由地交易其土地产权，同时辅之以必要的农地国家管理，可实现资源配置效率的帕累托改进。[2] 张光宏等认为仅仅从产权的视角来解释农地使用权流转的困境，忽略了除农地制度安排之外的其他因素，如非农业就业机会的多寡、失地农民的生存保障是否健全等外在因素。在农地还是农民解决生计和生活必不可少的生产资料时，要实现土地资源的流转是不现实的。只有在新的利益驱动下，农民面对新的选择，才会转让土地，形成土地使用权交易市场，并使农地适当集中，实现农业规模效益或土地与企业家资源及其他资源的优化配置。[3] 张照新比较了六省的农地使用权流转市场发展及其方式，认为我国土地承包经营制度并不是构成土地使用权市场化发展的主要障碍，同时，政策上的直接约束也不是土地承包经营权流转的阻碍因素，而非农就业机会太少是形成规模土地承包经营权交易市场的一个主要限制

---

[1] 左平良：《土地承包经营权流转法律问题研究》，中南大学出版社2007年版；周应江：《家庭承包经营权：现状、困境与出路》，法律出版社2010年版；王利明："农村土地承包经营权的若干问题探讨"，载《中国人民大学学报》2001年第6期；马特："土地承包经营权流转刍议——兼评《物权法》第128条"，载《河北法学》2007年第11期；温世扬、武亦文："土地承包经营权转让刍议"，载《浙江社会科学》2009年第2期。

[2] 钱忠好："农村土地承包经营权产权残缺与市场流转困境：理论与政策分析"，载《管理世界》2002年第6期；钱忠好："中国农村土地承包经营权的产权残缺与重建研究"，载《江苏社会科学》2002年第2期。

[3] 张光宏、杨明杏："中国农村土地制度的创新"，载《管理世界》2001年第4期。

导论　我国农地使用权流转制度研究：迈向实践法学的尝试

因素。[1]

关于土地承包经营权流转制度的完善路径，有学者指出：我国的农民土地权利因强调身份限制而无法自由流转。虽然《物权法》避重就轻，对农民土地权利仅在体系上进行了简单列举，具体制度规范上并没有突破，但却为今后的农地权利制度发展预留了通道。随着农村社会保障制度的建立，为解决农用地上的生产和保障之间的矛盾带来了契机，许可农民土地权利自由流转的时机已经成熟。[2] 具体完善路径包括：对《物权法》第 128 条进行修正，将"转让"与"转包、出租、互换"等行为同等对待，采取向发包人通知并备案即可，并增设对承包经营权的"抵押"处分，以增强其融通性。[3] 土地承包经营权抵押与"转包、出租、互换、转让、股份合作"等一样，也属于土地承包经营权的流转形式之一，属于上述"等形式"的范畴，不能以土地承包经营权具有社会保障功能为由限制土地承包经营权的抵押流转，不能以土地承包经营权的成员权性质和用途管制来否定土地承包经营权的抵押流转。[4] 要实现土地承包经营权有序规范地流转必须具备一定的前提条件：克服主体虚位、完善农村土地集体所有权制度，确定其用益物权属性，对流转形式作类型化区分。同时，在物权立法中还应建立并完善土

---

　　[1]　张照新："中国农村土地流转市场发展及方式"，载《中国农村经济》2002 年第 2 期。

　　[2]　李学永："农民土地权利流转制度研究——兼评《物权法》的用益物权制度"，载《政法论丛》2008 年第 2 期。

　　[3]　马特："土地承包经营权流转刍议"，载《河北法学》2007 年第 11 期；石峰："试论农村土地承包经营权流转制度的完善"，载《上海大学学报（社会科学版）》2007 年第 5 期；刘信业："农村土地承包经营权流转法律问题研究"，载《河南省政法管理干部学院学报》2005 年第 5 期。

　　[4]　高圣平："从完善土地承包经营权权能的视角看土地承包经营权的抵押"，载《南昌大学学报（人文社会科学版）》2009 年第 1 期。

地公示登记等配套制度，并通过物权立法进行统一整合。[1] 有学者提出，应当适当借鉴城镇土地市场建设和城镇土地有偿使用制度改革的经验，努力培育农地使用权市场，继续沿着"放权让利"的改革大方向，给予农民个体和农民集体更多自由选择的权利，特别是应鼓励而不是压制各地区的制度创新和地方试验。[2]

针对集体建设用地使用权流转的主要观点为：任丹丽博士提出应当规范集体土地物权行使的主体和程序，在保证公平的前提下最大限度地发挥土地的价值。[3] 多数学者认为：随着《物权法》的实施，在《土地管理法》的修订过程中，国家对集体土地的征收应当严格限制在公共利益目的范围以内，公共利益目的范围外的建设用地，应当允许集体建设用地使用权直接入市流转，通过市场对建设用地资源进行有效配置；有学者指出："结合我国当前的实际国情，全国人大及其常委会应当果断地、及时地修改《土地管理法》、《城市房地产管理法》等法律，承认农民集体自行流转农民集体建设用地使用权的合法性。"[4] 亦有学者对集体建设用地使用权完全自由流转持谨慎态度，认为应当对《土地管理法》第43条进行修改，同时建立由国家严格控制的集体建设用地使用权市场化流转制度。[5]

---

[1] 马新彦、李国强："土地承包经营权流转的物权法思考"，载《法商研究》2005年第5期。

[2] 叶剑平等："中国农村土地流转市场的调查研究——基于2005年17省调查的分析和建议"，载《中国农村观察》2006年第4期。

[3] 任丹丽：《集体土地物权行使制度研究——法学视野中的集体土地承包经营权流转》，法律出版社2010年版。

[4] 张鹏、王亦白："对农村集体建设用地使用权流转试点的思考"，载《法学》2006年第5期。

[5] 韩松："集体建设用地市场配置的法律问题研究"，载《中国法学》2008年第3期；杨子蛟："集体建设用地使用权流转的法律思考——兼评《广东省集体建设用地使用权流转管理办法》"，载《甘肃社会科学》2006年第1期。

支持集体经营性建设用地使用权直接入市流转的主要理由是：①符合所有权平等保护的物权法原则，有利于实现两种类型的建设用地使用权"同地同权，同等入市"，打破地方政府对土地一级市场的垄断地位；②集体经营性建设用地使用权直接进入建设用地使用权市场有利于充分实现集体土地所有权权能，有利于农民以土地权利参与工业化和新型城镇化进程，分享土地增值的成果；有利于建设用地使用权市场的规范化，合法保护建设用地使用权交易双方的利益；③允许集体经营性建设用地使用权直接入市有利于更好地实现集体土地的社会保障功能；④有利于降低工业化的门槛，加速农村工业化进程。[1] 学者们对广东省的地方立法实践均给予了高度评价。[2]

理论界关于宅基地使用权流转问题主要有禁止流转说、限制流转说和自由流转说三种观点。禁止流转说主张禁止宅基地使用权流转。理由是：①宅基地的所有权属于农民集体，个人无权把宅基地使用权转出农民集体之外；②城镇居民在农村购买宅基地一般不是为了满足基本的居住需求，这将导致农村土地的浪费，并可能危及耕地红线和粮食安全；③住房和宅基地是农民安身立命的基本生活场所，法律应当保证农民"居者有其屋"；④如果允许转让，一旦

---

〔1〕 蒋省三、刘守英：《农村集体建设用地进入市场势在必行》，载《决策咨询》2003年第10期。

〔2〕 宋志红：《集体建设用地使用权流转法律制度研究》，中国人民大学出版社2009年版；高圣平、刘守英：《集体建设用地进入市场：现实与法律困境》，载《管理世界》2007年第3期；蒋省三、刘守英：《打开土地制度改革的新窗口——从广东《集体建设用地使用权流转管理办法》说起》，载《学习月刊》2006年第1期；王权典："农村集体建设用地使用权流转法律问题研析——结合广东相关立法及实践的述评"，载《华南农业大学学报（社会科学版）》2006年第1期；周建春："关于农村集体非农建设用地流转的思考"，载《国土资源科技管理》2002年第5期；张曙光："集体建设用地地权的实施和保护——兼及'小产权'房问题"，载邓正来主编：《中国社会科学辑刊》，复旦大学出版社2010年版。

农民进城打工无法在城市立足，就会造成农民流离失所，带来社会问题，而禁止自由交易可以保证农民在城乡二元结构的格局下，自由进出城市，在城市生存困难时亦可回到农村。[1] 据此学者认为：农村宅基地分配制度是有效维系亿万农民基本生存权利的重要制度，物权法必须重申禁止农村宅基地交易的现行法律政策。开禁或变相开禁农村宅基地交易的主张不过是强势群体的利益诉求，不具有正当性和公平性。[2]

支持宅基地使用权自由流转的理由有：①城乡土地使用权应当做到"同地同权"，禁止宅基地自由交易人为地造成了同样用于居住目的的"城市土地使用权"和"农村宅基地使用权"不平等，这实际上限制了农民的土地权益；②在急需资金时，农民可以取得融资的财产主要是房屋和宅基地，限制宅基地使用权交易也就人为地限制了财产权的实现和农民财富的增加；③立法者在立法过程中应当尊重农民的意愿，而非以种种理由限制农民的自由选择，禁止农村宅基地使用权转让阻碍了农民到城市生活的可能；④我国城市出现了部分低收入群体，他们已有向农村转移居住的需求，禁止农村宅基地使用权转让阻碍了他们改变生活的一种可能；⑤在城郊地区，目前宅基地使用权和农村住房的出租、转让和抵押等已经是相当普遍的现象，禁止农村宅基地转让的法律规范实际上已经被社会

---

〔1〕 吴远来：《农村宅基地产权制度研究》，湖南人民出版社 2010 年版；陈柏峰："农村宅基地限制交易的正当性"，载《中国土地科学》2007 年第 4 期；韩松："集体建设用地市场配置的法律问题研究"，载《中国法学》2008 年第 3 期。

〔2〕 孟勤国："物权法开禁农村宅基地交易之辩"，载《法学评论》2005 年第 4 期。

导论 我国农地使用权流转制度研究：迈向实践法学的尝试

实践所"悬空"。[1]

限制宅基地使用权流转的主要理由是：宅基地的私有化或国有化都是与现行法律相悖的，也是难以推行的，而借鉴宅基地法定租赁权制度改革我国农村宅基地制度是一种明智的选择。[2] 有学者主张：宅基地使用权可以有条件地流转，"条件"主要是：必须经过本集体经济组织的同意、只能与房屋一起转让、只能转让给本集体经济组织内的成员以及转让宅基地使用权的不得再申请宅基地。[3] 国务院发展研究中心农村经济研究部与世界银行的专家共同对我国 17 个省（直辖市、自治区）、57 个县（市）2749 个村庄的农地状况进行了调查，其中针对城市郊区的宅基地使用权流转问题，选择了北京近郊、浙江省余姚市和深圳市三个调研点，进行了初步的分析，指出需要建立合理的宅基地分配机制，整理农村宅基地，合理规划管理宅基地布局；明确宅基地使用权的合法流转范围，规范宅基地使用权流转制度，逐步建立规范有序的农村宅基地使用权市场。[4]

其他学科的学者则利用本学科的学术资源对农地使用权流转进行了深入的研究，与法学界著作相比，经济学界的黄丽萍博士对我

---

[1] 韩世远："宅基地的立法问题——兼析物权法草案第 13 章'宅基地使用权'"，载《政治与法律》2005 年第 5 期；郭明瑞："关于宅基地使用权的立法建议"，载《法学论坛》2007 年第 1 期；朱岩："宅基地使用权评释——评《物权法草案》第 13 章"，载《中外法学》2006 年第 1 期；刘俊："农村宅基地使用权制度研究"，载《西南民族大学学报（人文社科版）》2007 年第 3 期；韩俊主编：《中国农村土地问题调查》，上海远东出版社 2009 年版；彭真明、陆剑："《物权法》视野中的农地问题——农地立法价值取向的多元与一元"，载《江汉论坛》2008 年第 9 期。

[2] 刘凯湘："法定租赁权对农村宅基地制度改革的意义与构想"，载《法学论坛》2010 年第 1 期。

[3] 侯水平：《物权法争点详析》，法律出版社 2007 年版；汪军民："宅基地使用权的立法问题探讨"，载《湖北大学学报（哲学社会科学版）》2006 年第 5 期；李满枝："物权法下宅基地使用权的转让"，载《广西政法管理干部学院学报》2006 年第 1 期。

[4] 韩俊主编：《中国农村土地问题调查》，上海远东出版社 2009 年版。

国农地使用权的研究既有理论的分析，又有实证的研究。作者借鉴了产权理论、地租理论、理性假说和公共选择理论，分别从不同的角度分析我国农地产权制度改革的方向、农地使用权流转的价格、农户的行为逻辑以及进一步发展的困境和条件。从实证的角度对我国农地使用权流转的绩效、模式、农户流转的意愿和行为进行了研究。[1] 李尚红、李志远突破了理论界研究仅限于对农业生产问题的现象描述，确立了农业生产组织形式为民营农场制度的观点，提出必须对我国的农业生产组织形式进行创新，即构建我国民营农场制度。[2] 余鹏翼提出我国农地产权市场化的目标是股份合作和租赁经营。[3] 黄烈佳认为解决我国城市化过程中大量优质农地流失的现实问题，提高政府决策的科学性尤为重要。[4] 张笑寒和刘志仁则研究了农村土地运作的股份合作制模式和信托模式；[5] 王克强、刘红梅以上海市郊区的集体土地为研究对象，研究市场经济体制建设过程中郊区土地分别对农民个体、农民集体和整个城市的多重功能，分析建立在上述多重功效基础上的多重功效价格模型，探讨基于上述价格实现的、有利于农村劳动力向非农产业流转的土地利益分配机制。[6] 有学者对农地使用权流转对乡村治理所产生的

---

[1] 黄丽萍：《中国农地使用权流转研究》，厦门大学出版社2007年版。

[2] 李尚红、李志远：《基于土地流转构建我国民营农场制度研究》，安徽大学出版社2009年版。

[3] 余鹏翼：《中国发达地区农地使用权流转问题研究》，暨南大学出版社2010年版。

[4] 黄烈佳：《农地城市流转及其决策研究》，中国农业出版社2007年版。

[5] 张笑寒：《农村土地股份合作制的制度解析与实证研究》，上海人民出版社2010年版；刘志仁：《农村土地流转中的信托机制研究》，湖南人民出版社2008年版。

[6] 王克强、刘红梅：《城市郊区集体土地价格形成机制与利益分配研究——以上海市为例》，上海人民出版社2007年版。

影响进行了实证研究。[1] 学者们提出以城乡土地使用权权能一致性为核心的土地市场模型和我国城乡统一土地市场理论框架,揭示我国城乡土地市场被割裂的内在原因,并提出我国城乡统一土地市场制度的创新框架及其配套改革措施与政策建议。[2]

(二) 国外研究现状

在国外,对于中国农地权利及其主体的讨论也十分热烈,有学者对我国农地权利体系的演进历史进行了深入研究。[3] 有学者认为村庄干部在农地权利形成与行使过程中扮演了极其重要的角色。[4] 有学者认为在农地的非农使用中,所谓的集体所有实际上沦为村庄当权者所有,需要对农地集体所有制度进行变革,建立利益分享型的新合作机制。[5] 也有学者关注地方政府的行为与农地

---

[1] 徐勇、赵永茂主编:《土地流转与乡村治理——两岸的研究》,社会科学文献出版社2010年版。

[2] 洪增林:《我国集体土地流转系统研究》,科学出版社2008年版;张合林:《中国城乡统一土地市场理论与制度创新研究》,经济科学出版社2008年版;郑景骥主编:《中国农村土地使用权流转的理论基础与实践方略研究》,西南财经大学出版社2006年版;黄祖辉等:《我国土地制度与社会经济协调发展研究》,经济科学出版社2010年版。

[3] Putterman, L. (1993), *Continuity and Change in China's Rural Development - Collective and Reform Eras in Perspective*, New York: Oxford University Press; Ho, Samuel, and George Lin, 2005, "The State, Land System and Land Development Processes in China", *Annals of the Association of American Geographers*, Vol. 95, No. 2; Cheng, Y. S., and S. K. Tsang (1996), "Agricultural Land Reform in a Mixed System: The Chinese Experience of 1984 ~ 1994", *China Information*, X (3), pp. 44 ~ 74; Brandtl, Huang K, Li G, et al., "Land rights in China: Facts, fictions, and issues", *China Journal*, 2002 (47), pp. 67 ~ 97.

[4] Rozelle, S., G. Li (1998), "Village Leaders and Land - Rights Formation in China", *American Economic Review*, 88 (2), pp. 433 ~ 438.

[5] Cai, Y. S. (2003), "Collective ownership or cadres' ownership? the non - agricultural use of farmland in China", *The China Quarterly*, 175, pp. 662 ~ 680; Lanchih Po, "Redefining Rural Collectives in China: Land Conversion and the Emergence of Rural Shareholding Co - operatives", *Urban Studies*, July, 2008, Vol. 45, pp. 1603 ~ 1623.

权益保护之间的关联。[1] 荷兰瓦赫宁根大学何·皮特教授在其所发表的《谁是中国土地的拥有者？——产权与有意识的制度模糊》一文中，深入探讨了中国农村土地制度的改革问题。他认为土地制度问题是中国国家制度的核心和基础，中央政府必须在意识形态和社会经济发展的现实中找到平衡点，到底多大程度的土地私有化改革，才不会导致损害马克思列宁主义的国家和集体土地所有制的原则，这是一个非常艰巨的任务。作者提出了"有意识的制度模糊"观点，认为这是中国目前和今后土地制度改革中比较现实的政策选择。中国过去近三十年的经济增长，得益于农民对联产承包家庭责任制的长期支持。[2]

关于农地所有权流转中的冲突与争议问题，瑞典隆德大学的郭小林发表了《征地与农村冲突》一文，选取云南东北部地区的征地问题作为切入点进行深入研究，认为征地反映了农村的土地产权关系变化，以及村民与中央政府和地方政府在农民集体土地制度运作中的动态关系。政府在产权的重新安排以及非集体化过程中发挥了重要作用，同时土地的产权改革导致了地方政府与农民的利益冲突。[3] 有学者指出，我国农村的集体产权正在走向透明化和明确化。[4]

关于土地承包经营权出租、转让等流转问题，很多学者已经注

---

[1] Brandt, L., S. Rozelle and M. A. Turner, 2004, "Local Government Behavior and Property Right Formation in Rural China", *Journal of Institutional and Theoretical Economics*, 160 (4), pp. 627~629.

[2] Peter Ho, "Who Owns China's Land? Property Rights and Deliberate Institutional Ambiguity", *The China Quarterly*, June, 2001, Vol. 166, pp. 419~421.

[3] Xiaolin Guo, "Land Expropriation and Rural Conflicts in China", *The China Quarterly*, June, 2001, Vol. 166, pp. 438~439.

[4] Frank Xianfeng Huang, *The Path to Clarity: Development of Property Rights in China*, 17 Colum. J. Asian L. 191, 214 (2004).

导论 我国农地使用权流转制度研究：迈向实践法学的尝试

意到我国开始形成土地承包经营权市场。[1] 有学者注意到在我国的一些乡村土地承包经营权的出租已经比较普遍，农民们受到的限制与制约也较少，因此，农民享有了准私有产权的权利（Quasi - Private Property Rights）。[2] 针对土地承包经营权流转实践，有学者提出政府需要完善土地登记系统，并向所有农户颁发土地承包经营证书。[3] 也有学者主张建立城乡一体化的土地市场。[4]

另有学者对土地承包经营权流转所带来的农地经营效率的提升进行了深入的计量研究。[5] 有学者对农民农地权利的不稳定与农民选择外出打工或移居城市之间的关联进行了研究，[6] 也有学者

---

[1] Deininger, K. and S. Jin, 2005, "The potential of land markets in the process of economic development: Evidence from China", *Journal of Development Economics*, 78 (1), pp. 241~270; Kung, J. K. S., and S. Liu, (1997), "Farmers' Preferences Regarding Ownership and Land Tenure in Post - Mao China: Unexpected Evidence from Eight Counties", *The China Journal*, 38, pp. 33~63; Ho, S. P. S. and G. C. S. Lin, 2003, "Emerging Land Markets in Rural and Urban China: Policies and Practices", *China Quarterly*, (175), pp. 681~707.

[2] Kung, J. K. S. (2002), "Choice of Land Tenure in China: The Case of a Country with Quasi - Private Property Rights", *Economic Development and Cultural Change*, 50 (4), pp. 793~817; Li, P. 2003, "Rural land tenure reforms in China: Issues, regulations and prospects for additional reform", *Land Reform, Land Settlement, and Cooperatives*, 11 (3), pp. 59~72.

[3] Robin Dean, *Tobias Damm - Luhr. A Current Review of Chinese Land - Use Law and Policy: A "Breakthrough" in Rural Reform?*, 19 Pac. Rim L. & Pol'y 121.

[4] Samuel P. S. Ho & George C. S. Lin, *Emerging Land Markets in Rural and Urban China: Policies and Practices*, 175 China Q, 681, 689 (2003).

[5] Kimura, S., K. Otsuka, and S. Rozelle. *Efficiency of land allocation through tenancy markets: Evidence from China*. Stanford, CA: Stanford University 2007.

[6] Kung James, K. (1995), "Equal Entitlement versus Tenure Security under a Regime of Collective Property Rights: Peasants' Preference for Institutions in Post - reformChinese Agriculture", *Journal of Comparative Economics*, 21 (1), pp. 82~111; Knight, J., and L. Song (2003), "Chinese Peasant Choices: Farming, Rural Industry or Migration", *Oxford Development Studies*, 31 (2), pp. 123~148.

对劳动力市场的变化与农地流转市场之间的相关性进行了研究。[1]还有学者围绕农地使用权流转中的农民权益受损和依法抗争问题进行了个案式的研究。这对于开拓实证研究的视野非常重要。[2]

(三) 现有研究的问题与缺陷

第一,对于历史性问题关注不足,研究视野仍显狭窄。纵向层面的历史考察,即通过长时间的历史考察,发现变量之间的因果性或者相关性,这种研究的最大特点就是需要长时段的观察与研究,对个案的变迁和制度的沿革进行深度的挖掘。总体而言,学界对农地使用权流转问题仍缺乏全面、系统、历史性的深入研究。在城乡统筹、新型城镇化建设的大背景下,针对农地使用权流转对乡村的影响进行全方位考察的著作更是付之阙如。因此有必要对农地使用权流转所涉及的法律和社会问题,以及涉及我国现代化路径的根本问题进行全面的梳理和研究。

第二,社会行动者的缺失。一般学者在研究我国农地使用权流转制度时,基本上是从经济学、管理学、历史学或者法学的学科角度出发,对土地制度变革及产权体制进行分析。一方面,这些已有的研究大多偏重从宏观的国家层面自上而下地看问题,而来自村庄的经验研究却显得相对不足。这些研究要么建立在经济学的"理性"假设或者法学的理论演绎上,要么就是借助于大范围的抽样问卷调查所获得的材料进行框架式的经验分析,但却忽视了村庄中的农民及其他各种利益群体或社会行动者(如村干部)在农地使用权

---

[1] Kung, J. K. S., 2002, "Off–Farm Labor Markets and the Emergence of Land Rental Markets in Rural China", *Journal of Comparative Economics*, 30 (2), pp. 395~414.

[2] Yao, S., "Privilege and corruption: the problems of China's socialist market economy", *American Journal of Economics and Sociology*, 61 (1), 2002, pp. 280~299; Lianjiang Li and Kevin O'Brien, *Rightful Resistance in Rural China*, New York: Cambridge University Press 2006.

流转制度实施中的角色和影响。另一方面，不少学者往往仅关注农地流转问题本身，很少兼顾到村庄及其周边的社会、经济和文化结构因素对农地使用权流转制度的影响。他们忽视了农民自身是如何看待他们赖以生存的农地的流转，以及他们与土地的关系。在农地使用权流转实践中，农地流转将对农民的阶层分化、村庄治理等产生深远的影响。如何看待这些影响，需要从农民的视角来观察与描述。

第三，对于我国农地使用权流转问题进行深入实证研究的著作还比较缺乏，即使有些学者做了实证研究，也存在进入现场方式比较单一的问题。在对我国农地制度进行研究的过程中，学者更多是从制度的视角和结构——功能主义视野着手，对于农地使用权流转制度在实践中到底是如何运作的、农地使用权流转法律在现实中是如何实践的则关注不足。而仅有的实证研究，也仅仅是依靠调查问卷和个别访谈的方式，其他的研究方法，如区域比较、延伸个案、参与观察和过程——事件等方法则较少被运用。仅仅从制度的视角进行研究容易使研究者忽略制度背后的实践与真相，而通过延伸个案的方法和过程——事件方法则可以深入农地流转实践的背后，研究影响农地使用权流转制度运作的诸多变量，如村庄结构、村民自治和宗族等，这对于改良农地使用权流转制度具有基础性意义。

第四，现阶段对于我国农地使用权流转制度的研究，政策性、对策性研究居多，而理论提升和支撑明显不足。在农地使用权流转制度的现有研究中，明显表现出缺乏理论关怀、未能提出具有一定解释力的中层概念与理论的特点。仅有的有代表性的研究也只是从权利与权力、国家和社会等结构性视角进行研究，少有人对集体土地所有权制度等中国式制度进行深入历史考察和谱系学研究。农地问题也好，"三农"问题也罢，作为以"问题"为导向的研究，需要不断回归学术本位，努力实现理论提升。只有在调查研究中国经验的基础上，不断进行理论的提升和总结，才有可能形成中国的社会科学理论。实证研究是第一步，但实证研究不是目的，"发现事实"的根本目的还在于明白"事实为何如此"，并建立起相应的理论解释框架和模型。因此，基于实证研究的理论提升和"中观概念"的提出是农地使用权流转下一步研究的重点和关键。[1]

三、研究方法与创新

对于我国农村土地法律问题的研究，陈小君教授批评道：农地问题研究在法学领域中仍属薄弱环节。笔者深以为然，物权制度本质上最具有固有法之色彩，因而对于物权的研究更需要从国情出发、从现实出发。那么应如何认识中国，并在此基础上建构真正属于中国的"理想图景"呢？就是要进入到实践中去，用马列主义的立场、观点和方法，来看待实践、理解实践、总结实践。已有学者提出实践法学的理念，[2] 其核心思想是：以实践理性为基础，坚持实践辩证法的基本理念和思维方式，主张在普通与特殊、抽象与具体之间寻求良好的结合点——实践智慧。实践法学包含了深刻的目的论理念，集中体现在它对人的存在与发展及其价值的关怀。同时实践法学是行动的法学，以此为基础的法治必然是实践中的法治，它主张通过一个又一个的事件，让人们在守法的同时对法律进行反思，反对法条主义，在践行法律、反思法律并形成新的法的过

---

〔1〕 杨念群：《中层理论》，江西教育出版社2001年版。
〔2〕 吴建敏：《实践法学：对马克思思想的新阐发》，河北人民出版社2009年版；武建敏："实践法学要义"，载《河北法学》2009年第1期。

程中完成对中国法治的重塑。[1] 毫无疑问，我国法学迈向实践法学，需要以实践理性和实践智慧为基础，需要对中国法学自身的实践给予关注，不仅仅需要依赖法学的传统研究方法，更需要借用实践社会学的研究方法，进入转型中国的现场，研究转型中国的法治，透过实践法学必将产生中国自己的法学。笔者认为迈向实践法学首先需要真正关注中国的法治实践，创造真正的中国学术。在众多的部门法中，物权制度与人类生存息息相关，与经济体制唇齿相依，而所有权通常系重在土地，土地乃固定而不移动之物，故规范物权制度之物权法，本质上最具有固有法之色彩。[2] 因而对于物权的研究更需要从国情出发、从现实出发，而不能照搬西方的既有理论。有学者在解读双层所有权理论时，试图把当下的土地承包经营权与日耳曼法上的上级、下级所有权制度勾连起来。[3] 此种勾连的基础和意义到底在哪里呢？其实，我国的土地承包经营权与集体土地所有权之间的关联更类似于我国明清以来盛行于江南的田面权与田底权的关系。从谱系学角度观察，[4] 对于田面权与田底权及其权利人之间关联的考察，更易深刻揭示村庄权力关系对于农地制度的影响。[5] 从这个事例中可以看出，研究农地制度乃至物权法的学者更愿意从罗马法或日耳曼法上去"寻根"，而无视我国实践所提供的优秀的"本土资源"。这种西方中心主义的法学研究思路对于农地制度研究的再深入无疑是不利的，毕竟我们要解决的是

---

〔1〕 郑永流：《实践法律观要义——以转型中的中国为出发点》，载《中国法学》2010年第3期。

〔2〕 谢在全：《民法物权论》，中国政法大学出版社1999年版，第12页。

〔3〕 余能斌主编：《现代物权法专论》，法律出版社2002年版，第171页。

〔4〕 [法] 米歇尔·福柯：《规训与惩罚》，刘北成、杨远婴译，生活·读书·新知三联书店1999年版，第28页。

〔5〕 [美] 黄宗智：《法典、习俗与司法实践：清代与民国的比较》，上海书店出版社2007年版，第83页。

"中国问题",而与我国当下本质有异的罗马法或日耳曼法并不能提供这样的制度资源。所以,我们强调研究当下中国的问题是认识实践的第一步。其次,需要切实重视作为法治实践主体的人,树立主位意识。有学者认为我国当代法学的发展,经历了政法法学、诠释法学、社科法学三个阶段[1]。而现阶段还是诠释法学占主导地位的阶段,又有学者称为法条主义,"法条主义"理论模式在根本上是因为它是一种有关法律/部门法有着一种先验的、固有的逻辑结构或逻辑方案的前设为依凭的,进而对这种逻辑结构或逻辑方案的"发现"、分析和注释也在很大程度上是与中国的"现实"生活世界不相关的。简而言之,它是严重脱离中国现实生活世界的、是缺失"中国"时空维度的理论模式[2]。具体表现为:法学研究的主题缺少对中国现实问题的应有关注,法学研究的语境远离中国社会的实际场景,法学研究中潜含着法学人刻意疏离法治实践的姿态。[3] 该种弊端在农地法治研究中同样存在且更为普遍。几乎所有关于农地研究的法学著作都是从传统的物权理论出发的,而对现实生活中的农民土地权益保障论述较少,即使有所涉及,也缺乏深度和广度。至少存在以下几点缺陷:其一,很少确立农民的主体地位,学者们很少是从农民的主体地位出发研究其土地权益的,几乎都是从国家或社会的角度来论述的。其二,立法论述过于充分,而并没有实证性的、区分性的论述。学者们的论述更多地是从为物权立法提建议的角度出发的,而几乎没有对农村土地问题进行实证性的、差异性的论述。其三,学科之间几乎没有沟通与协调。法学家、政治学家、经济学家、社会学家各自守着"一亩三分地",老

---

[1] 苏力:《也许正在发生:转型中国的法学》,法律出版社2004年版,第12页。
[2] 邓正来:《中国法学向何处去——建构"中国法律理想图景"时代的论纲》,商务印书馆2006年版,第73页。
[3] 顾培东:"也论中国法学向何处去",载《中国法学》2009年第1期。

导论 我国农地使用权流转制度研究：迈向实践法学的尝试

死不相往来，导致在物权立法中几乎听不到其他学者们的声音，这是不正常的，对农民的土地权益的保护也是不利的。不管是提及宅基地使用权还是土地承包经营权的流转，都会在法学界引发不小的争议，各家话语似乎都有自己的道理，但究其本质是各家所站的立场和看问题的角度不同而已。在我国现今的语境下，必须强调细分农村、细化农民。我国的农村经过几十年的发展，不再是铁板一块，不同的地区、不同的环境，农村、农民的分层与分化现象已经十分明显，所以若试图在农地立法中完全"一刀切"，已不合时宜，有必要妥当处理类型区分和顶层设计之间的关系。要以农民为主体，凸显出农民的主体性地位。真正倾听农民的心声，如在土地调整问题上，对于现行政策提出了异议，而该异议的提出依据的正是农民的意愿。采取的是自下而上的视角，亦即从"农民"的角度和立场来看待农村土地问题。尤其是应该让那些向来默默无闻、从来没有机会自我表述的被研究者，让那些作为土地主人的农民自己讲述他们生活中有关土地的各种故事，研究者则采取认真倾听的态度，这实际意味着在农村土地问题研究领域里学术视角和方法的创新。[1] 最后，需借用实践社会学的研究方法，进入法治中国的现场，研究法治中国的问题。西方中心主义的研究思路，造成了学术界诸多的规范认识危机。[2] 中国法学在当下世界结构中的首要任务，绝不是借助西方的各种后现代理论去参与一种解构的"狂欢"，而是要对当下世界结构中为人们视而不见的、极其隐蔽的推行某种社会秩序或政治秩序的过程或机制进行揭示和批判，进而根据我们对中国现实情势所作的"问题化"理论处理而去建构中国自己的、

---

〔1〕 周星："研究农村土地问题意义重大（序）"，载朱冬亮：《社会变迁中的村级土地制度》，厦门大学出版社2003年版，第7页。

〔2〕 〔美〕黄宗智主编：《中国研究的范式问题讨论》，社会科学文献出版社2003年版，第102页。

一种有关我国未来之命运的"理想图景"。[1]作为研究中国的社会科学者必须从实践的认识而不是西方经典理论的预期出发,建立符合中国历史实际的理论概念;通过民众的生活实践,而不是以理论的理念来替代人类迄今未曾见过的社会实际,来理解中国的社会、经济、法律及其历史。[2]那么,如何进入作为一个整体的中国经验自身的逻辑之中呢?要遵循"从实践中来,到实践中去"的认识路线,对经验饱含敬畏之意,对实践充满同情理解。

本书的研究方法力图进行如下创新:

第一,综合运用法学、政治学、社会学、历史学等多学科的研究方法和学术资源,在基于实证的、个案研究的思路的前提下,以问题为指向,对某个具体问题进行评析,然后从中引申出中观概念,而最终意旨在于对我国农地流转制度这一宏观问题的解决尝试。在本书的研究中,笔者将反对"大词",提倡经验研究,不迷信理论。[3]在对我国农地使用权流转法律生活经验进行观察和分析的基础之上,提出和研究我国农地使用权流转的问题。而实证的、个案研究的思路拟在促进法学成为"开放社会科学",使得"法律的社会科学研究"在农地流转研究领域生根发芽。当然,法律的社会科学研究非常需要发挥想象力和创造力,而不应该仅仅停留在经验层面,实证研究也要有对宏大的历史背景的理解;"社科法学"[4]和本研究所提倡的"实践法学",就是要在法学研究中恢复实证研究的传统、经验研究的传统以及社会科学的想象力,使中

---

〔1〕 邓正来:《中国法学向何处去——建构"中国法律理想图景"时代的论纲》,商务印书馆2006年版,第23页。

〔2〕 [美]黄宗智:"认识中国——走向从实践出发的社会科学",载《中国社会科学》2005年第1期。

〔3〕 侯猛:"中国法律社会学的知识建构和学术转型",载《云南大学学报(法学版)》2004年第3期。

〔4〕 苏力:《也许正在发生:转型中国的法学》,法律出版社2004年版。

国的法学研究超越政治正确的流行意识形态话语。[1] 法律的社会科学研究，倡导对法律制度运作的政治、经济、文化和社会基础进行深入研究。在本研究中，农地使用权流转制度不但在宏观上同政治体制和经济基础相联系，还在微观上同文化背景和社会性质相联系。而到目前为止，法律人对农地使用权流转制度与我国基层的政治体制、经济基础、文化背景和社会性质之间的关联缺乏全面的了解和理论的概括。据此，本研究对农地及流转制度进行了谱系学的考察，关注农地使用权流转的中国经验和制度现实。关注现实不只是"对现存秩序的同情理解",[2] 而是在更广阔的背景下指出在城乡统筹视域下我国农地制度的世纪命运。

第二，主位研究视角。有学者坦言："在传统三农问题的调查和研究中，农民自己实际上往往是相对缺席的，对于什么是最重要的，农民自身如何了解和认识世界等都是以调查和研究者的文化经验和利益来决定的。但是，调查和研究者和农民群体生活在不同的世界，关心的问题也相去甚远。如果在这种情况下，还一再强调调查和研究者的权威地位，那么很可能就犯了一个'用逻辑的事物代替了事物的逻辑的错误'。"[3] 本书拟运用布迪厄所提出的实践理论的方法论来指导农地使用权流转研究，其目的主要是试图克服以往的农地使用权流转研究过于注重外部结构制约因素的倾向，转向从行动者的能动性来考察农地使用权流转实践，突出人的社会主体性和能动性，从而揭示农地使用权流转实践是如何在社会时空中发生的，又是通过什么机制不断再生产出什么样的社会时空制度。所

---

[1] 侯猛等："'法律的社会科学研究'研讨会观点综述"，载《法学》2005年第10期。

[2] 苏力：《送法下乡——中国基层司法制度研究》，中国政法大学出版社2000年版。

[3] 刘中一："现代人类学认识论与三农问题研究"，载贺雪峰主编：《三农中国》，湖北人民出版社2006年版，第125页。

以，本书在研究的过程中，除了重视法律规则的作用外，更会仔细考察农地使用权流转实践中的每个主体为了实现他们的目标而采取的种种策略和结果，以及理解每个主体赋予他们行动的意义。

第三，动态研究方法。静态性研究仍然是时下我国民法学界对于农地制度研究的主流范式。所谓静态性研究，主要是指其研究注重法律制度的构成、价值、内涵和社会意义，因而静态方法属于制度性分析。动态性分析，就是对于一门科学的研究路径中关于"过程——事件"的分析和研究策略而不是描述和整理，对法律运行在社会之中的效果进行考察，考察主体间的行为互动关系，在他们运用规范处理自身事务时所采用的策略和规范叙事方式，通过对这些因素的分析来揭示法律的运行规律和内在隐秘之处。[1] 问题的关键是寻求一种方法，一种能够再现复杂而微妙的事情并能够对其进行清楚解释的方法，或者说是一种策略。[2] 这种策略运用到农地流转的研究上，就是对我国农地使用权流转制度的运作进行动态性的分析。动态性分析的优势在于可以展示制度运作逻辑的事件性和程序性过程，挖掘农地规范的文化基础，分析事件的发生程序，对其产生及运作逻辑进行动态诠释，揭示和解释隐藏在受惠者的某种不为正式农地制度所理解的"隐秘"。为了能够理解和解释农民的行动及其策略，本书拟采取社会学和人类学的参与观察和个案研究，特别是过程——事件研究方法，在借鉴国内外研究成果的同时，侧重采用人类学及社会学的研究方法和学科视野，对我国具有研究价值的乡村的农地使用权流转制度运作进行全方位、专题性的研究和考察。这种观察法要求观察者在研究他者的社会生活时，应

---

[1] 易军：《关系、规范与纠纷解决——以中国社会中的非正式制度为对象》，宁夏人民出版社2009年版，第30页。

[2] 孙立平："'过程——事件分析'与当代中国农村国家——农民关系的实践形态"，载《清华社会学评论》2000年第1期。

置身于当地社会的语境内部,体验当事人的观念和行为。运用这种方法从事研究可以使研究者"更多一些尝试,更加关注那些乍看起来微不足道的常规事件的意义,也更加尊重有血有肉的个体行动者和具体而又多变的生活过程本身,而不是关于生活中的人和事的种种概念","从而使我们尽可能地靠近社会生活的实践过程"。[1] 并"试图抛弃以往的诸如社会结构、社会分层、社会变迁之类的结构主义式的抽象概念,真正地以在场式参与观察的方法,走进他人的世界,用心解读当地民众在日常生活中不断实践着的地方性制度,进而再现地方性制度的实践形态,并在叙事中发现人的社会主体性"。[2]

四、本书结构与安排

本书共分八章,主要内容如下:

第一章:系统地考察了马克思主义所有权理论和地租理论,并试图以上述理论为手段解决农地使用权流转所产生的地租分配问题。地租这个理论工具仍具有强大的理论解释力和实践作用力,从该视角去理解地权的核心就是农民个体和农民集体分享地租和土地资本化收益的权利。在集体建设用地使用权流转中,需解决的是绝对地租的收取和级差地租所产生的收益的分配问题。在土地承包经营权流转中,需解决的是级差地租的收益分配问题。在农地使用权流转中的地租分配问题上,应当充分保障农民个体和农民集体的权益。

第二章:重点研究了土地所有权与使用权的"两权分离"并非是当下农村的制度创新,明清以来的田面权流转所涉及的仅仅是农

---

[1] 阎云翔:《礼物的流动》,上海人民出版社2000年版,第1~2页。
[2] 张佩国:"解读地方性制度——一项关于中国社会的本土化研究策略",载《东方论坛(青岛大学学报)》2003年第1期。

地使用权的流转，从实质而言，佃农所关注的并不是权利的移转，而仅仅是负有粮税义务的土地上自由进行经营收益一种地位，并且同一块土地上可以建立不同的"业"。现代意义上的"流转"从起源上看，是20世纪80年代初期形成的概念，是中国特有的称谓词。在后税费时代，农地使用权流转及收益分配等问题，成为连接县、乡镇两级政府和村庄权力阶层最重要的桥梁和纽带，也正成为乡镇政府和村庄权力阶层所倚重的仅存的治理资源和抓手。我国法律法规中对于农地使用权流转的限制性规定，并不完全是基于社会公共利益对于私人物权的限制，更多体现的是一种家长主义的法律干预模式。

第三章：对我国农地使用权流转制度的当代演进进行了研究，并试图以"关系产权"的解释框架去理解我国农地使用权流转的困境，地权镶嵌于一定的关系之中，必须在特定的社会场景和制度背景中来理解中国的地权问题。要实现农地使用权流转制度良性运作，必须实施关系产权的更新；土地承包经营权流转制度的演变经历了循序渐进的过程，党和国家对之进行了"文件治理"，同时对"文件治理"的未来进行了展望，对于土地承包经营权流转等新课题，应在政策试验的基础上，等待时机成熟再行立法；我国宅基地使用权流转制度的立法演进则表现为进退失据，具体表现为：宅基地使用权由私权向"准私权"蜕变；宅基地使用权规制日益无序；在宅基地使用权流转问题上，由自治向高度管制转变。

第四章：透过鄂中土地承包经营权流转个案，对土地承包经营权流转实践图景进行"深描"，揭示了在村庄结构混乱、农民越发理性化与实际化、以金钱为唯一依归、行政权力主导村庄未来的背景下，"官转"压倒"民转"、权力与资本的结合成为必然，"圈地运动"借土地承包经营权流转的东风可能再次兴起。而司法服膺于治理逻辑，积极为基层政府的行为提供正当性证明，并没有起到定分止争的功用。

第五章：考察了集体建设用地入市流转的实践形态，农民集体建设用地流转对乡镇企业发展的巨大贡献，这一事实告诉我们，在农地领域必须尊重农民和农民集体的自我选择和发展的权利，若要发展农民集体经济，必须给予农民集体一定的土地权利，并保证其在土地增值过程中能够获得一定的土地权益。早期的集体建设用地使用权流转试验缘于城乡二元土地结构的大背景下，具体做法纷繁多样，总体来看，各地的集体建设用地流转试验使集体土地所有权保持不变的前提下，农民获得一定比例的土地"农转非"的级差地租收益，使收益分配比例在各主体间发生了一定的变化，这一点值得肯定。晚近以来的重庆"地票"改革，使农村建设土地和城镇建设土地"挂钩"，"地票"交易市场的建立，使"农地入市"成为可能。但"地票"的价值实际上仅仅是在"地票"落地时冲抵新增建设用地土地有偿使用费和耕地开垦费，其价值较小且并未规避征收程序，据此，"地票"制度具有一定价值，但作为一个新生事物，与期待的"建立统一的城乡土地交易市场"，"提升农村特别是偏远地区的土地价值，有效地促进农村增收和改善农村生产生活条件"，还存在较大差距。

第六章：晚近以来，以"宋庄纠纷"为代表的农村私有房屋买卖使得宅基地使用权流转问题成为学界争议的焦点。现行宅基地使用权流转中的国家管制存在错位，如将"小产权房"买卖与宅基地使用权流转混为一谈；误用"合同无效"作为管制方式；通过管制，拟实现逼民自保的目的。未来在宅基地使用权流转问题上，必须超越"管制民法"与"家长主义"，重提私权与意思自治；坚持农地国家管制的一元化，即以农地的用途管制作为主要的管制方式；应以保障农民个体和农民集体的意志和土地权益作为管制目标。

第七章：住房换宅基地、社会保障换土地承包经营权模式的

"两换"实践并不是真正意义上的城市化,也无法解决农民变市民后的生存和就业问题,实现的只是农地非农化,以此方式实现所谓的"城市化"是十分荒谬的。重庆市"股田制公司"试验被紧急叫停,由于现行法律中的种种障碍,导致"股田制公司"的生存和发展面临着困境,但这些法律障碍是可以消解的。未来我国立法应扩大出资方式,限缩国家管制,让沉睡的资本发挥效用;公司立法应时而变,为"股田制公司"扫清法律障碍;对待制度创新,应当秉持"法治眼光、宽容精神"。土地股份合作社具有其独特的制度价值,土地股份合作社是实现土地承包经营权流转的有效模式,但为了保证土地股份合作社的有效运作,国家适度的管制必不可少。

  第八章:我国农地法律制度建构的价值取向应当是尊重农民意愿,保护农民权益;具体进路则应当做实农民集体土地所有权制度;要尊重地方性规范,为民间法的生长预留制度空间。在实践中,农地使用权流转面临着法律制度建构与民间秩序生成的内在张力、市场化运作与国家管制的内在矛盾以及地域差异与统一立法的内在紧张。对土地承包经营权流转应进行类型区分及相应的法律规制;必须从法律层面对我国建设用地使用权制度进行根本性变革,真正实现国有建设用地和集体建设用地"同地同权,同等入市"。未来应以《集体建设用地使用权条例》为中心,促进集体建设用地使用权入市流转为核心理念,以权利流转的原则、方式、程序及保障措施为制度设计的重点领域,实现城乡建设用地流转机制的一体化。对于宅基地使用权及附着房屋流转的法律问题:首先,应尽快着手和加强宅基地确权登记发证工作,明晰宅基地产权;其次,应当对农村宅基地进行整理和整治,通过整理和整治,清理空置住宅、"一户多宅"以及闲置宅基地;再次,应建立科学的宅基地使用权取得和退出机制;最后,逐步放宽宅基地使用权的流转,建立规范的宅基地使用权流转制度。

第一章　马克思主义话语体系中的农地及其流转问题

马克思主义话语体系中的农地及其流转问题

> 在一个需要更多的学理与智慧来应对复杂的现实困境的与问题的时代,忽视前代思想家们的智慧资源是可悲的。正如我们要理解当代物理学问题时,忽视牛顿与爱因斯坦同样是可悲的一样。[1]

尽管我国《物权法》已于2007年10月1日颁布实施,但那场围绕《物权法(草案)》是否违宪的争论一直还似乎萦绕在我们耳边。那场争论从表面上看,似乎是巩献田教授的"一封信件引起的血案",围绕其所产生的影响非常大、引起的争议极其多,无论是《物权法(草案)》的起草者还是支持者,均呈现义愤填膺之势,草案的违宪与合宪之争进而使得"法律人"内部呈现分裂的态势,而究其实质却是法学界对于马克思主义的诸多基本理论问题没有足够的重视,并未进行充分的探讨和研究。虽然《物权法》的最终出台似乎平息了是否违宪的争论,但需要关注的是,在法学界从"政法话语"走向"社科话语"的过程中,马克思主义在法学界也面

---

〔1〕 萧功秦:《中国的大转型——从发展政治学看中国变革》,新星出版社2008年版,第289页。

临着从"过度诠释"到"基本闲置"的局面。当马克思主义研究者呼吁"回到马克思"之际,我们更应从马克思主义的基本文本和马克思土地所有权与地租理论的发展脉络中去研究马克思的土地理论并指出其对于农地使用权流转的当下价值,尤其是与我国农地使用权流转法律制度实践中诸多问题的现实勾连。

一、马克思主义关于土地所有权的基本观点

在制定《物权法》的过程中,面临的最大问题就是对于所有权的分类,是采取"三分法"还是"一元论"。毕竟"所有权远不只是一种财产权的形式,它具有十分丰富的经济内涵和政治内涵"。[1] 作为社会主义国家,我国继承了苏联的社会主义传统意识形态,在这种意识形态支配下,认为在社会主义这个初级阶段,生产资料所有制被划分为三种形式:生产资料社会化的最高形式即全民所有制、生产资料社会化的初级形式即集体所有制和个人对生产资料的所有制。三种所有制具体表现为国家所有权、集体所有权和个人所有权,在传统意识形态话语中,私有制意味着"政治不正确",成为社会主义需要消灭的对象。在该种意识形态的指导下,我国先后开展了多次"变私为公"的运动。马克思曾经说过,社会主义者并不是要剥夺全社会的所有权,而是要造成一种非剥削的经济基础。[2] 但是在我国过往实践中,个人所有权受到了极端的抑制,国家对所有权的垄断远远超过了马克思原先的设想,到底马克思主义关于所有权的观点如何,值得进一步探究。著名经济学家诺

---

〔1〕 〔德〕罗伯特·霍恩等:《德国民商法导论》,楚建译,中国大百科全书出版社 1996 年版,第 189 页。

〔2〕 转引自孙宪忠:"物权法制定的现状以及三点重大争议",载《金陵法律评论》2004 年第 2 期。

第一章 马克思主义话语体系中的农地及其流转问题

斯就认为:"在详细描述长期变迁的各种现存理论中,马克思的分析框架是最有说服力的,这恰恰是因为它包括了新古典分析框架所遗漏的所有因素:制度、产权、国家和意识形态。"[1] 有鉴于此,详细考察并梳理马克思主义关于所有权的观点,对于解决我国当下农地制度的现实问题具有不可估量的价值。马克思主要是从两个不同的角度来论述所有权概念的:

第一,将所有权看做一种人们在经济生活中形成的人与人之间的权利关系,而这种权利关系需要以法律的形式来规范和保障。在《哲学的贫困》一书中,马克思提出了这样一个著名的论断:"在每个历史时代中所有权以各种不同的方式、在完全不同的社会关系下面发展着。因此,给资产阶级的所有权下定义不外是把资产阶级生产的全部社会关系描述一番。""要想把所有权作为一种独立的关系、一种特殊的范畴、一种抽象的和永恒的观念来下定义,这只能是形而上学或法学的幻想。"[2] 马克思还说:"私有财产是生产力发展到一定阶段上必然的交往形式。"[3] "私有财产的形成,到处都是由于生产关系和交换关系发生变化,都是为了提高生产和促进交流——因而都是由于经济的原因。"[4] "财产仅仅是有意识地把生产条件看做是自己所有这样一种关系(对于单个的人来说,这种关系是由共同体造成、在共同体中被宣布为法律并由共同体保证的)。"[5] 由此可见,马克思把所有权看做一种人们在经济生活中形成的人与人之间的权利关系来分析的,而这种权利关系有赖于法

---

[1] [美]道格拉斯·C.诺思:《经济史中的结构与变迁》,陈郁、罗华平等译,上海三联书店、上海人民出版社1994年版,第68页。
[2] 《马克思恩格斯选集》第1卷,人民出版社1995年版,第177页。
[3] 《马克思恩格斯全集》第3卷,人民出版社1960年版,第410~411页。
[4] [美]罗伯特·考特、托马斯·尤伦:《法和经济学》,张军等译,上海人民出版社1994年版,第258页。
[5] 《马克思恩格斯全集》第46卷(上),人民出版社1979年版,第493页。

律制度的规范和保障。马克思指出:所有权"仅仅是对于生产条件法律形态当做对于自己的某种关系(至于单独的人,那么这种关系是由集体造成的),由法律宣布并保证的;因此,生产者的现实存在也就是在属于他所有的客观条件下存在的。"[1] 也就是说,在阶级社会中,所有权是由法律认可和规范的,其实施有赖于法律的保障,这是对历史上各种形态的所有权的高度概括。所有权作为一种法律上层建筑,它源于作为经济基础的所有制,受到所有制形式的制约并为一定的所有制服务,因此,要揭示所有权的实质,必须探讨所有权所反映的是一种什么样的社会关系,即探讨所有权与所有制的关系。

第二,从所有权和所有制的关系的角度来阐述所有权概念。所有权是所有制主要的法律形态和表现形式。要研究所有权制度,必须首先区别和分析所有制。在马克思主义的经典著作中,"所有制"一词有广义和狭义之分:广义上的所有制指一定的社会生产关系的总和;而狭义上的所有制指一定的生产资料所有制。马克思指出:"私有制不是一种简单的关系,也绝不是什么抽象概念或原理,而是资产阶级生产关系的总和。"[2] 这里指的是广义上的所有制,即将私有制理解成是所有制的一种具体历史形态。至于狭义的所有制,即生产资料所有制形式,是生产关系总和中的核心关系,或者说是在整个生产过程中产生其他一切生产关系的基础关系。无论是广义的所有制或狭义的所有制,从本质上讲都包含有劳动组织形式的意思。马克思在《费尔巴哈》一文中明确指出:"这些不同的形式同时也是劳动组织的形式,也就是所有制的形式。"[3] 这里说的所有制是指一个生产过程必须采取一定的组织形式,不同的社会形

---

[1] 马克思:《资本主义生产以前各形态》,人民出版社1956年版,第30页。
[2] 《马克思恩格斯全集》第4卷,人民出版社1995年版,第180页。
[3] 《马克思恩格斯选集》第1卷,人民出版社1995年版,第68页。

态就会采取不同的组织形式。所有权正是不同历史时代的所有制在法律意义上的具体表现。也正是在这个意义上，马克思指出："在每个历史时代中所有权以各种不同的方式、在完全不同的社会关系下面发展着。因此，给资产阶级的所有权下定义不外是把资产阶级生产的全部社会关系描述一番。""要想把所有权作为一种独立的关系、一种特殊的范畴、一种抽象的和永恒的观念来下定义，这只能是形而上学或法学的幻想。"[1]

在所有权具体形态的问题上，土地所有权无疑是马克思研究的重点。关于土地的范畴，马克思在《资本论》中指出："为了全面起见，还必须指出，在这里，只要水流等有一个所有者，是土地的附属物，我们也把它作为土地来解释。"[2] 据此可以看出，在马克思的视域中，土地并非仅仅是一块地球的表面，它更多是作为人类社会中的一种所有物而出现的。既然是物，则必然具有一切物的基本特性，即具有一定的价值。在人类的发展过程中，土地逐渐成为人类改造的对象，成为一切社会财富的主要源泉。古典经济学家威廉·配第说过："劳动是财富之父，土地是财富之母。"[3] 马克思也指出："土地（在经济学上也包括水）最初以食物，现成的生活资料供给人类，它未经人的协助，就作为人类劳动的一般对象而存在。……土地本身是劳动资料，但是它在农业上要起劳动资料的作用，还要以一系列其他的劳动资料和劳动力的较高发展为前提。"[4] 当然，土地也可以被占有、被转让等。土地在被人类拥有后，产生了土地的所有权问题。所有权是土地制度的核心，所有权

---

[1] 《马克思恩格斯全集》第4卷，人民出版社1995年版，第180页。

[2] 马克思：《资本论》第3卷，人民出版社1975年版，第659页。

[3] ［英］威廉·配第："赋税论——献给英明人士货币略论"，陈冬野等译，商务印书馆1963年版，第71页。

[4] 《马克思恩格斯全集》第23卷，人民出版社1972年版，第203～204页。

理论也是马克思主义土地理论体系的基础。何为土地所有权呢？马克思指出："土地所有权的前提是，一些人垄断一定量的土地，把它作为排斥其他一切人的、只服从个人意志的领域。"[1]广义的所有权，不但是指所有权的法权意义，更涉及实际的占有权、支配权和使用权。恩格斯说过："在马克思的理论研究中，对法权（它始终只是某一特定社会的经济条件的反映）的考察是完全次要的；相反地，对特定时代的一定制度、占有方式、社会阶级产生的历史正当性的探讨占有首要地位。"[2]马克思笔下的土地所有权，是指由终极所有权及所有权衍生出来的占有权、使用权、处分权、收益权、出租权、转让权、抵押权等权能组成的权利束。土地占有权是指经济主体实际掌握、控制土地的权利。马克思在《公社和以公社为基础的所有制解体的原因》中说："实际的占有，从一开始就不是发生在对这些条件的想象的关系中，而是发生在对这些条件的能动的、现实的关系中，也就是实际上把这些条件变为自己的主体活动的条件。"[3]这段话表明了土地占有关系和土地占有权的含义。土地所有权与其他物权的最大不同在于它直接反映着社会关系。马克思认为，土地使用权是人的社会关系在土地问题上的表现，它既是一种社会范畴，又是一种历史范畴。所以，马克思在他的研究视野内认真考察了土地所有权在历史上的各种具体形式。[4]他指出："土地所有者可以是代表公社的个人，如在亚洲、埃及等那样；这种土地的所有权也可以只是某些人对直接生产者人格的所有权的附属品，如在奴隶制或农奴制度下那样；它又可以是非生产者对自然

---

[1] 马克思:《资本论》第3卷，人民出版社1975年版，第905页。
[2] 《马克思恩格斯全集》第21卷，人民出版社1965年版，第557页。
[3] 《马克思恩格斯全集》第46卷（上），人民出版社1979年版，第493页。
[4] 石莹、赵昊鲁:《马克思主义土地理论与中国农村土地制度变迁》，经济科学出版社2007年版，第45页。

的单纯私有权，是单纯的土地所有权；最后，它还可以是这样一种土地的关系，这种关系，就像在殖民地的移民和小农土地所有者的场合那样，在劳动孤立进行和劳动的社会性不发展的情况下，直接表现为直接生产者对一定土地的产品的占有和生产。"[1] 可见，土地所有权可以是一种单纯的物权，更多的时候，在劳动的社会性非常明显的时候，它总是表现为一种社会关系。马克思认为："土地所有权的前提是，一些人垄断一定量的土地，把它作为排斥其他一切人的、只服从自己个人意志的领域。在这个前提下，问题就在于说明这种垄断在资本主义生产基础上的经济价值，即这种垄断在资本主义生产基础上的实现。用这些人利用或滥用一定量土地的法律权利来说明，是什么问题也解决不了的。这种权利的利用，完全取决于不以他们的意志为转移的经济条件。法律观念本身只是说明，土地所有者可以像每个商品所有者处理自己的商品一样去处理土地；并且，这种观念，这种关于土地自由私有权的法律观念，在古代世界只是在有机的社会秩序解体的时期才出现；在现代世界只是随着资本主义生产的发展才出现；在亚洲这种观念只是在某些地方由欧洲人输入的。在论述原始积累的那一部分（第1册第24章），我们已经看到，这个生产方式的前提一方面是直接生产者从土地的单纯附属物（在依附农、农奴、奴隶等形式上）的地位中解放出来，另一方面是人民群众的土地被剥夺。在这个意义上，土地所有权的垄断是资本主义生产方式的一个历史前提，并且始终是它的基础，正像这种垄断曾是所有以前的、建立在对群众的某种剥削形式上的生产方式的历史前提和基础一样。不过，资本主义生产方式产生时遇到的土地所有权形式，是同它不相适应的。同它相适应的形式，是它自己使农业从属于资本之后才创造出来的；因此，封建的

---

［1］ 马克思：《资本论》第3卷，人民出版社2004年版，第695页。

土地所有权,克兰的所有权,同马尔克公社并存的小农所有权,不管它们的法律形式如何不同,都转化为同这种生产方式相适应的经济形式。"[1] 在这段话中,马克思深刻论述了垄断土地所有权是资本主义生产方式的前提和基础,作为资本主义的土地所有权形式,是同资本主义生产方式不相适应的,最终必将走向变革。

在论述资本主义土地所有权的历史命运时,马克思写道:"我们所考察的土地所有权形式,是土地所有权的一个独特的历史形式,是封建的土地所有权或小农维持生计的农业(在后一场合,土地的占有是直接生产者的生产条件之一,而他对土地的所有权是他的生产方式的最有利的条件,即他的生产方式得以繁荣的条件)受资本和资本主义生产方式的影响而转化成的形式。如果说资本主义生产方式总的说来是以劳动者被剥夺劳动条件为前提,那么,在农业中,它是以农业劳动者被剥夺土地并从属于一个为利润而经营农业的资本家为前提。因此,如果有人提醒我们说,曾经有过,或者说,现在还有其他的土地所有权形式和农业形式,那么,这对我们的阐述来说,只是一种完全无关的指责。只有对那些把农业中的资本主义生产方式及与之相适应的土地所有权形式不是看做历史的范畴,而是看做永恒的范畴的经济学家来说,这种指责才会有意义。"[2] 同时,马克思还指出:"总之,创造这种权利的,是生产关系。一旦生产关系达到必须蜕皮的地步,这种权利和一切以它为依据的交易的物质的、在经济上和历史上有存在理由的、从社会生活的生产过程产生的源泉,就会消失。"[3]

---

〔1〕 马克思:《资本论》第3卷,人民出版社2004年版,第695~696页。
〔2〕 马克思:《资本论》第3卷,人民出版社2004年版,第693~694页。
〔3〕 马克思:《资本论》第3卷,人民出版社2004年版,第877~878页。

二、马克思主义地租理论的主要观点

19世纪上半叶古典经济学有关地租的研究都是从生产关系的角度出发,主要对农业地租进行深入研究;[1] 马克思主义地租理论是在批判和继承古典经济学地租理论的基础上创立的,并赋予了地租理论崭新的科学内容。其理论特点在于指出了资本主义地租的本质是剩余价值的转化形式之一,阐明了资本主义地租的三种形式:绝对地租、级差地租与垄断地租。[2]

马克思认为地租是土地所有者凭借对土地的所有权获取的一部分剩余价值,任何地租都是以土地所有权的存在为前提的,地租是土地所有权的必然结果,"土地所有权本身已经产生地租",[3] "不管地租有什么独特的形式,它的一切类型总有一个共同点:地租的占有是土地所有权借以实现的经济形式"。[4] 资本主义地租就是农业资本家为获取土地的使用权而交给土地所有者的超过平均利润的那部分价值。也就是说只要土地所有权存在,都必然要产生地租,"不考察这一点,对资本的分析就是不完全的"。[5] 无论是绝对地租还是级差地租都显示了所有权分离状态下的权利交换关系,即当任何一个主体在土地上取得收益时,都必须从全部收益中拿出相当于他并不拥有的权利的那一部分,以地租的形式补偿给其他权利所有者。从法律的角度观之,则是为了取得土地的使用权,而向所有者所支付的对价。一般情况下,地租的具体数量是由当事人双方通

---

[1] 周京奎编著:《城市土地经济学》,北京大学出版社2007年版,第116页。
[2] 曹振良等编著:《房地产经济学通论》,北京大学出版社2003年版,第233~236页。
[3] 马克思:《资本论》第3卷,人民出版社1975年版,第851页。
[4] 马克思:《资本论》第3卷,人民出版社1975年版,第744页。
[5] 马克思:《资本论》第3卷,人民出版社1975年版,第694页。

过自由谈判而确定的,因而它反映了土地所有权与使用权分离情况下,土地使用权的自由出卖与购买的情况。在土地完全私有制的情形下,地租用来补偿土地私有者让渡出的使用权。而在土地所有权与使用权分离情况下,地租仅仅需要补偿使用者不具有的那些权利,以达到所有权与使用权的静态均衡。比如中国古代拥有"永佃权"的佃农,他们上交的地租当中并不包括表现永佃权的部分,因为永佃权本身就是佃农自己所有的权利。反而当他把地再次出租的时候,他所取得的地租就是让渡永佃权所获得的补偿。[1]

在《资本论》中,马克思曾经简单而生动地概括了资本主义土地私有权与地租之间的内在联系和形成过程:"十分简单,一定的人们对土地、矿山和水域等的私有权,使他们能够攫取、拦截和扣留在这个特殊生产领域即这个特殊投资领域的商品中包括的剩余价值超过利润(平均利润,由一般利润率决定的利润)的余额,并且阻止这个余额进入形成一般利润率的总过程。"[2] 这个被土地所有者凭借土地所有权而强行"攫取、拦截和扣留"的"剩余价值超过平均利润的余额"就是绝对地租。马克思的绝对地租理论在其全部经济学说中占有重要地位。[3] 经过马克思的全面考察,在资本主义社会形态下,即使最劣等的土地也要产生地租,这是由土地的垄断性决定的。马克思指出:"租地农场主不支付地租,……意味着土地所有权的取消,土地所有权的废除。"[4] 具体而言,首先,在农产品资本有机构成低于社会资本平均构成的状况下,"农产品的价值超过它们的生产价格的余额,所以能成为它们的一般市场价

---

〔1〕 石莹、赵昊鲁:"从马克思主义土地所有权分离理论看中国农村土地产权之争——对土地'公有'还是'私有'的经济史分析",载《经济评论》2007年第2期。

〔2〕 《马克思恩格斯全集》第26卷,人民出版社1973年版,第30页。

〔3〕 石莹、赵昊鲁:《马克思主义土地理论与中国农村土地制度变迁》,经济科学出版社2007年版,第63页。

〔4〕 《马克思恩格斯全集》第25卷,人民出版社1974年版,第846页。

格的决定因素,实施因为土地所有权的垄断。……在这种情况下,产品价格昂贵不是地租的原因,相反地,地租倒是产品价格昂贵的原因"。[1] 其次,如果农业资本的平均构成等于或高于社会平均资本的构成,那么这时的绝对地租就"只能来自市场价格超过价值和生产价格的余额,简单地说,只能是来自产品的垄断价格"。[2] 这就是"在概念上不同于级差地租,因而可称之为绝对地租的那种地租"。[3] 马克思的绝对地租理论来源于土地私人所有权与使用权的分离形态。资本主义土地所有权一般可分为土地完全租佃、部分自由部分租佃、完全自有三种形态。[4] 但不论在哪种情况下,只要土地所有权存在,绝对地租就不会消失。[5]

按照马克思的定义,资本主义农业中租地农业资本家经营面积相同而质量不同的土地,向土地所有者交纳地租数量不同,这就表现为级差地租。级差地租是由经用较优土地而获得的归土地所有者占有的那一部分超额利润。级差地租有两种形式:级差地租Ⅰ和级差地租Ⅱ。雇佣工人在肥沃程度较高或位置较好的土地上创造的超额利润转化为地租,表现为级差地租的第一种形式(级差地租Ⅰ)。而连续追加投资于同一块土地形成的不同劳动生产率所产生的超额利润而转化的地租,称之为级差地租第二种形式(级差地租Ⅱ)。级差地租Ⅰ和级差地租Ⅱ在本质上是相同的,二者都来源于农业超额利润,都是农业超额利润的转化形式。级差地租Ⅰ和级差地租Ⅱ的区别主要在于投资方式与经营方式的不同,级差地租Ⅰ是一种粗

---

[1]《马克思恩格斯全集》第25卷,人民出版社1974年版,第860页。
[2]《马克思恩格斯全集》第25卷,人民出版社1974年版,第862~863页。
[3]《马克思恩格斯全集》第25卷,人民出版社1974年版,第857页。
[4] 石莹、赵昊鲁:《马克思主义土地理论与中国农村土地制度变迁》,经济科学出版社2007年版,第64页。
[5] 鲁汉:"马克思的绝对地租理论与现实",载《内蒙古大学学报(人文社会科学版)》2001年第6期。

放式经营,级差地租Ⅱ是一种节约式经营;级差地租Ⅰ可以事先确定,级差地租Ⅱ则会因为租约期限的长短引起土地所有者与租地农场主之间的矛盾;[1]级差地租Ⅰ是以不同地块的肥力和位置的差别为条件,而级差地租Ⅱ,除了这种差别外,还以同一地块上连续投资的生产率的差别为条件。[2]马克思在分析资本主义制度下级差地租发生的条件和原因时,分析了两个因素:一是自然方面的原因,即土地肥沃程度,土地距离市场的远近,以及在土地上连续追加投资而引起的土地产出率和劳动生产率的不同;二是社会方面的原因,即在土地有限的基础上形成的土地经营的资本主义垄断。马克思假定农业产品和工业产品一样,是按照生产价格出售的。因为只有在这个前提下,农业资本家才能获得平均利润,从而才肯投资于农业。由于土地资源的稀缺性和资本主义土地经营权的垄断,一部分农业资本家租种了优、中等地,就会排斥其他资本家再利用它,而其他资本家只能在劣等地上进行耕种。在平均利润率规律作用下,种植劣等地的资本家也要求获得平均利润,这样农产品的社会生产价格就必须由劣等地农产品的个别生产价格来决定。农业资本家把等量资本投资在优等地和中等地上,比投资在劣等地上可以获得更多的农产品,便形成了优等地和中等地的个别生产价格低于劣等地个别生产价格决定的社会生产价格,因而在平均利润之外,还可以获得超额利润。这些超额利润转化为级差地租,交纳给土地所有者。这就是级差地租的自然经济和社会根源。在农业中,只有当土地自然条件的差别同时与土地经营的垄断结合在一起的时候,

---

[1] 石莹、赵昊鲁:《马克思主义土地理论与中国农村土地制度变迁》,经济科学出版社2007年版,第67页。

[2] 马克思:《剩余价值学说史》,人民出版社1978年版,第107页。

级差地租才会形成。[1] 土地所有者在订立租约时,也是从级差地租Ⅰ出发,逐步追加到级差地租Ⅱ。不管级差地租Ⅱ与级差地租Ⅰ如何不同,它都要以决定级差地租Ⅰ的最劣等地农产品的个别生产价格为基础进行比较。马克思指出:"凡是由地租存在的地方,都有级差地租,而这种级差地租都遵循着和农业级差地租相同的规律。"[2]

马克思把绝对地租和级差地租称为"正常形式"的地租。除此之外,还有一种被马克思称为特殊形式的地租,即垄断地租。就农业垄断地租而言,垄断地租是指某一特殊地块的产品的垄断价格带来的垄断超额利润所形成的地租。某些地块具有特别优越的自然条件,能够生产出某种名贵和稀有的产品。这种产品就可以按照不仅高于生产价格也高于价值的垄断价格出售。这种垄断价格既不以生产价格为基础,也不以价值为基础,而是由购买者的需要和支付能力决定。这种垄断价格超过价值的部分,就构成垄断超额利润。土地所有权的存在,决定了这种垄断超额利润最终转化为垄断地租归土地所有者占有。[3]

总之,"一个特殊的地租的发展,就其本身来说,同农业劳动的生产率是绝对无关的,绝对地租不存在或者消失既可以同一个提高的利润率联系着,也可以同一个保持不变的利润率联系着,也可以同一个下降的利润率联系着"。[4] 绝对地租的存在是与土地私有制分不开的。而由于土地优劣的不同、自然条件的不同、资本投入的不同等原因,不同地块的地租产生了差异,这种差异便被马克思

---

[1] 参见杨沛英:"马克思级差地租理论与当前中国的农地流转",载《陕西师范大学学报(哲学社会科学版)》2007年4期。

[2] 《马克思恩格斯全集》第25卷,人民出版社2001年版,第871页。

[3] 周京奎编著:《城市土地经济学》,北京大学出版社2007年版,第120页。

[4] 《马克思恩格斯全集》第26卷,人民出版社1973年版,第33页。

称之为"级差地租"。如果说绝对地租是所有权关系的表现,那么在具体地租的支付过程中,单纯绝对地租并不能说明全部问题,需要级差地租理论的补强。而垄断地租则属于地租中的"稀有品种",并不是马克思关注的重点。

三、马克思主义土地所有权理论和地租理论与农地流转制度的关联性考察

(一)马克思主义集体所有制、集体所有权理论与通过农地使用权流转改造小农经济的关联

面对俄国、中国等东方国家的农民,占人口的大多数,但大多数农民却没有土地,失去赖以生存的条件的情况,马克思、恩格斯寄希望于东方发生革命,尤其是俄国革命:"俄国政府即使能够使这场革命推迟一两年爆发,也不可能逃脱这场革命。"[1] 马克思、恩格斯希望东方农民通过民主革命的方式实现独立,摆脱封建地主土地所有制的约束。马克思在赞赏法国大革命时指出,资产阶级的基础"就是消灭农村中的封建制度,就是创立自由的占有土地的农民阶级"。[2] 因东方的革命"是反对宗法封建的专制政体而争取土地民主制(东欧民主制的唯一可能形式)的斗争"。[3] 但从社会主义角度,马克思指出:"小土地所有制的前提是:人口的绝大多数生活在农村;占统治地位的,不是社会劳动,而是孤立劳动;在这种情况下,再生产及其物质条件和精神条件的多样化和发展都是有

---

[1]《马克思恩格斯全集》第25卷,人民出版社2001年版,第184页。
[2]《马克思恩格斯全集》第5卷,人民出版社1958年版,第331页。
[3]《马克思恩格斯全集》第5卷,人民出版社1958年版,第390页。

可能的，因而，也不可能具有合理的耕作条件。"[1] 据此，在马克思、恩格斯的视域中，社会主义社会应当把资产阶级的全部生产资料转变为"联合企业的生产者的财产，即直接的社会财产"，[2] 主张小农经济要被社会化大生产取代，农村土地应当全部国有化。列宁同样主张农村土地国有化，其在1907年11～12月撰写的《社会民主党在1905～1907年俄国第一次革命中的土地纲领》等著作中全面论述了土地国有化纲领。列宁指出：实现土地国有化，对俄国来说，这是一条最好的道路。[3] "资本主义要求把所有这些类别一概取消，要求土地上任何经营一律适应市场的新条件和新要求，适应农业技术的要求。土地国有化就是用革命的农民的办法实现这一要求，一下子使人民完全摆脱种种形式的中世纪土地占有制这类腐朽货色。无论是地主土地占有制还是份地占有制都不应该存在，应该存在的只是新的、自由的土地所有制。这就是激进农民的口号。这一口号最忠实、最坚决地表达了资本主义的要求，表达了商品生产条件下尽量发展土地生产力的要求。"[4]

虽然列宁主张"土地国有化"，但在俄国的实践中，却面临着一方面赞成社会革命党人的"土地社会化"纲领，一方面又赞成农民的平分土地思想。对此，列宁指出："我们布尔什维克是反对土地社会化法令的。但我们还是签署了这个法令，因为我们不愿意违背大多数农民的意志。对我们来说，大多数人的意志是必须执行的，违背这种意志就等于叛变革命……我们帮助他们分地，虽然我们知道这并不是出路。"[5] 1918年，列宁总结经验时说："我们公

---

〔1〕 马克思：《资本论》第3卷，人民出版社1975年版，第916页。
〔2〕 《马克思恩格斯全集》第25卷，人民出版社1972年版，第494页。
〔3〕 谢双明：《马克思主义东方农民问题理论研究》，安徽大学出版社2007年版，第86页。
〔4〕 《列宁全集》第16卷，人民出版社1988年版，第245页。
〔5〕 《列宁全集》第35卷，人民出版社1985年版，第174页。

开指出,这个委托书并不符合我们的观点,这并不是共产主义。但我们并没有强迫农民接受不符合他们的观点而只符合我们的纲领的东西。我们声明,我们把他们当做劳动的伙伴,同他们一起前进,我们相信革命进程会造成我们在城市里已经达到的局面。结果,农民果然行动起来了。土地改革是从土地社会化开始的,我们亲自举手通过土地社会化,同时我们又公开指出它不符合我们的观点,我们知道大多数农民都主张平均使用土地,我们不愿意强迫他们,而等待他们放弃这种思想,向前迈进。"[1] 其实,恩格斯谈到社会主义对小农采取的政策时也表达过类似的观点:"我们则坚决站在小农一方;我们将竭力设法使他们下了决心,就使他们易于过渡到合作社,如果他们还不能下这个决心,那就甚至给我们一些时间,让他们在自己的小块土地上考虑考虑这个问题。"[2] 斯大林则发展了列宁的思想,在苏联建立社会主义所有制的实践中,建立了国家所有制和集体农庄所有制两种公有制形式。斯大林创造的苏联集体所有制理论认为社会主义集体所有制是指在土地和大型农机具等主要生产资料国有的基础上,由集体经济组织成员集体劳动,集体经济组织统一经营管理,产品归集体组织,实现按劳分配,对外以商品形式发生经济联系的经济类型。[3] 集体所有制是社会主义公有制的低级形式,它最终要过渡到社会主义国家所有制,即全民所有制。由此可见,在马克思主义经典作家的笔下,农地所有权应当归属于国家,既是为了避免小农生产的弊端,也是为了在农村实现社会主义奠定坚实的经济基础。但以俄国为代表的东方国家在革命实践中,为了满足小农的土地要求,实行土地的"均分化",集体所

---

[1] 《列宁全集》第35卷,人民出版社1985年版,第140~141页。
[2] 《马克思恩格斯全集》第4卷,人民出版社1995年版,第500页。
[3] 韩松:《集体所有制、集体所有权及其实现的企业形式》,法律出版社2009年版,第11页。

有制成为普遍的制度选择。如何在土地"均分化"的基础上实现农业的规模经营，获取更高的生产效率，成为各国理论界和实务界十分关心的问题。马克思先后在不同著作中指出，集体所有制可以作为一种过渡形态。恩格斯在1843年的《大陆上社会改革运动的进展》一文中指出："欧洲在三个文明古国——英国、法国和德国都得出了这样的结论：在集体所有制的基础上来改变社会结构的那种急剧的革命，现在已经是急不可待和不可避免的了。""只有经过以集体所有制为基础的社会革命，才能建立符合他们抽象原则的社会制度。"[1]在1874~1875年初成文的《巴枯宁"国家制度和无政府状态"一书摘要》中，马克思写道："凡是农民作为土地私有者大批存在的地方，凡是像在西欧大陆各国那样农民甚至还占据多数的地方，凡是农民没有消失，没有像在英国那样为雇农所代替的地方，就会发生下列情况：或者农民会阻碍和断送一切工人革命，就像法国到现在所发生的那样，或者无产阶级（因为私有者农民不属于无产阶级；甚至在从他们的状况来看他们已属于无产阶级的时候，他们也认为自己不属于无产阶级）将以政府的身份采取措施，直接改善农民的状况，从而把他们吸引到革命方面来；这些措施，一开始就应当促进土地私有制向集体所有制的过渡，让农民自己通过经济的道路来实现这种过渡；但是不能采取得罪农民的措施，例如宣布废除继承权或废除农民所有权；只有租佃资本家排挤了农民，而真正的农民变成了同城市工人一样的无产者、雇佣工人，因而直接地而不是间接地和城市工人有了共同利益的时候，才能够废除继承权或废除农民所有制；尤其不能像巴枯宁的革命进军那样用简单地把大地产交给农民以扩大小块土地的办法来巩固小块土地所有制。"[2]这里讲的"集体所有制"，在概念上已是区别于"国家

---

[1]《马克思恩格斯全集》第1卷，人民出版社1956年版，第575、590页。
[2]《马克思恩格斯选集》第2卷，人民出版社1972年版，第634~635页。

所有制"形式的另一种类型的公有制形式。该种表述与20世纪以来各国通行的"集体所有制"概念,其含义已完全相同。这正是马克思主义经典文献对于"集体所有制"概念的首次明确表述。[1] 这一表述具有重大的理论意义,"集体所有制"概念的提出是马克思、恩格斯在向社会主义过渡的问题上,首次针对如何改造小农及小土地私有制的道路、方法和措施,在这种改造的具体路径设计上,马克思将集体所有制与合作社紧密联系在一起。马克思指出:"在集体所有制下,所谓的人民意志就会消失,而让位于合作社的真正意志。"[2] 马克思在《法兰西内战》中指出:"如果合作制生产不是作为一句空话或一种骗局,如果它是排除资本主义制度,如果联合起来的合作社按照总的计划经济组织全国生产,从而控制全国生产,制止资本主义生产下不可避免的无政府状态和周期的痉挛现象,那么,请问诸位先生,这不就是共产主义,'可能'的共产主义吗?"[3] 马克思在《资本论》第23章中论述了小土地私有制向集体所有制过渡中,应当采取的是合作社的形式。"只要这种劳动(合作社劳动)是由作为社会劳动的劳动的形式引起,由许多人为达到共同结果而形成的结合和协作引起,它就同资本完全无关,就像这个形式本身一旦把资本主义的外壳炸毁,就同资本主义无关一样。"[4] 因此有学者认为:这里所谓的"集体所有制",就是以合作社为单位的共同所有制。[5] "这个时期之所以很快地成为过去是因为对农民的压迫耗尽了农民的土地的地力,使他的土地贫瘠。

---

[1] 韩元钦:"马克思关于'集体所有制'和'集体经济'概念的论述",载《联合与创新》2006年第5期。

[2] 《马克思恩格斯选集》第2卷,人民出版社1972年版,第637页。

[3] 《马克思恩格斯选集》第2卷,人民出版社1972年版,第379页。

[4] 《马克思恩格斯全集》第25卷,人民出版社1974年版,第435页。

[5] 韩元钦:"马克思关于'集体所有制'和'集体经济'概念的论述",载《联合与创新》2006年第5期。

现在，农民需要的是大规模组织起来的合作劳动。"[1] 马克思在1880年5月起草的《法国工人党纲领导言》中写道："生产资料属于生产者只有两种方式：①个体占有方式，这种方式从来没有作为普遍现象而存在，并且日益为工业进步所排斥；②集体占有方式，资本主义社会本身的发展为这种方式创造了物质的和精神的因素；鉴于这种集体占有制只有通过组成为独立政党的生产者阶级——无产阶级的革命活动才能实现；……法国工人社会主义者提出其经济方面的最终目的是恢复全部生产资料的集体所有制……"[2] 恩格斯曾总结道："我的建议要求把合作制推行到现存的生产中去……至于在向完全的共产主义经济过渡时期，我们必须大规模地采用合作生产作为中间环节。这一点马克思和我从来没有怀疑过。"[3] 据此，可以看出，在马克思主义思想体系中，集体所有制是作为改造小农的私有土地所有制的一种方式，是最终实现全民所有制的一种过渡形态，其有利于克服单个农民小生产的弊端，实现规模农业的规模效益。集体所有制是一定范围内的社会成员全体在协作和对土地及靠劳动本身生产的生产资料共同占有基础上的个人所有制。由此也决定了集体所有权是集体成员直接享有的所有权，是集体成员对集体生产资料不可分割地共同占有基础上的所有权，是把集体成员的共同意志和利益同集体成员的个人意志和利益的有机统一的所有权。[4]

在我国，1931年2月，中共苏区中央局发布《土地问题和富农策略》的通知，标志着党实现土地由苏维埃所有到农民所有的政

---

〔1〕《马克思恩格斯全集》第25卷，人民出版社2001年版，第465页。
〔2〕《马克思恩格斯全集》第19卷，人民出版社1963年版，第264页。
〔3〕《马克思恩格斯全集》第36卷，人民出版社1974年版，第416页。
〔4〕韩松：《集体所有制、集体所有权及其实现的企业形式》，法律出版社2009年版，第62页。

策转变。[1] 通知指出:"土地问题的彻底解决是土地国有,土地国有的实现,只有在全国苏维埃胜利与全国工农专政的实现的条件下才有可能。农民是小生产者,保守自私是他们的天性。""他们热烈地起来参加土地革命,他们的目的,不仅要取得土地的使用权,主要的还是取得土地的所有权。""所以,目前正在争取全国苏维埃胜利斗争中,土地国有只是宣传口号,尚未到实行阶段。必须使广大农民在革命中取得他们唯一热望的土地所有权,才能加强他们对于土地革命和争取全国苏维埃胜利的热烈情绪,才能使土地革命更加深入。"[2] 最初实施土地农民所有的政策是为了调动小农的革命积极性。

新中国成立以后,我国关于集体所有制的实践深受斯大林关于苏联集体所有制理论的影响,建立起了全民所有制和集体所有制的两套所有制体系,并在集体所有制下建立起农地的集体所有权。农地所有权制度经历了从个体农户所有,到完全的集体所有、集体经营,再到集体享有所有权、农民享有使用权(俗称"包干到户")的变迁过程。[3] 三十年的实践表明,"包干到户"是非常有效的制度,与改革前相比,1978~1984年的农业增长速度惊人,保持了年均7.4%的增长率。1981~1984年,家庭承包制从局部到普遍施行的3年时间里,农业年平均增长速度高到10.9%。[4] 但随即因为继承制度和土地调整制度的影响,家庭承包经营制度产生了"农地

---

[1] 谢双明:《马克思主义东方农民问题理论研究》,安徽大学出版社2007年版,第99页。

[2] 转引自武力、郑有贵主编:《解决"三农"问题之路——中国共产党"三农"思想政策史》,中国经济出版社2004年版,第121页。

[3] 綦好东:《新中国农地产权结构的历史变迁》,载《经济学家》1998年第1期。

[4] 蔡昉等:《中国农村改革与变迁:30年历程和经验分析》,格致出版社、上海人民出版社2008年版,第31页。

细碎化"的问题,进而成为我国农村经济发展的制度性障碍。据此,我国农业发展面临着必须经历马克思所讲的"改造小农经济"的阶段。我国现阶段农村经营的状况,归根到底还处于一种小农经济的生产方式,而由于小农经济具有经营小块土地、使用落后的生产技术、农业生产封闭循环而与其他产业关联度低、农产品商品率低、资本形成不足、比较利益低等特征,往往成为一个国家快速发展、摆脱贫困的制度障碍。[1] 我国改革开放以来,在改造小农经济过程中已经实现了第一个飞跃,即以家庭经营为主、以市场为取向,改造了我国的旧有集体农业即集体小农经济。但由于现阶段我国农村家庭经营的局限性,我国仍需对小农经济进行进一步的改造。特别是我国绝大多数地区在推行家庭承包制的过程中,都采取了"农地均占"的做法,即按人口或劳动力平均分配土地,从而形成了一种超小型规模经营状况,不利于广大农户的市场化、社会化进程。有学者研究表明,农地细碎化是造成20世纪80年代中期以后农业产出和效率下降的因素之一;农地细碎化也造成了土地利用的浪费现象。农地细碎化浪费了中国大约3%~10%的土地有效面积,使生产每吨谷物的劳动力成本增加了115元,土地生产率降低了15.3%。[2] 马克思早已指出:"一切现代方法,如灌溉、排水、蒸汽犁、化学处理,应当在农业中广泛采用。但是,我们所具有的科学知识,我们所有的耕地技术手段,如机器等,如果不实行大规模的耕作,就不能有效地加以利用。"[3] 据此,在农村劳动力逐步转移的前提下,通过农地使用权的流转,发展适度规模经营,以改

---

[1] 熊吉峰、郑炎成:"转轨时期我国小农经济改造思想演变与争议",载《湖北经济学院学报》2003年第5期。

[2] 转引自蔡昉等:《中国农村改革与变迁:30年历程和经验分析》,格致出版社、上海人民出版社2008年版,第67页。

[3] 《马克思恩格斯选集》第3卷,人民出版社1995年版,第128页。

变土地的过于分散与零碎经营，构造具有一定经营规模、有较强竞争力的家庭农场等新型农业生产经营主体，是我国未来农业发展的必由之路。如果说从"土地国有化"到"土地分配给农民平均使用"是列宁对马克思主义土地问题理论在俄国的创造性运用的话，那么我国在"包干到户"的人民创造之后，积极引导有条件的农户进行农地使用权流转，以期实现农地的适度规模经营，是克服现行土地制度导致的农地细碎化的主要路径，有利于进一步壮大农民集体的经济实力。在这个意义上，农地使用权流转是实现农业生产市场化和产业化的主要路径。

（二）地租理论是一所伟大的学校

对于马克思主义地租理论研究应当首先梳理马克思主义地租理论思想的发展历程和基本内容，在此基础上，着重考察马克思主义地租理论和思想的当代意义与当下价值。地租作为马克思土地理论的一个重要部分，历来受到研究者的重视。但一般学者认为，对地租的研究偏重于典型资本主义市场经济下的状态，主要应当适用于完整的土地私有制的情形。对于我国实行城市土地国家所有、农村土地集体所有的制度情况下，马克思主义地租理论的现实意义和价值并不大。然而早有学者指出，社会主义地租制，是社会主义商品经济的一种管理手段，虽然它利用了资本主义商品经济的管理形式，但它与资本主义地租制有本质的区别。资本主义地租制使土地资本及其利润进入资本家的腰包，社会主义地租制使土地资本及其利润为社会（国家或集体）所有。虽然都叫地租，但不同所有制有不同结果，这是不能混淆的。[1] 在我国统筹城乡发展的过程中，

---

[1] 马炳全等：《论社会主义地租与地价》，中国农业科技出版社1991年版，第61页。

第一章 马克思主义话语体系中的农地及其流转问题

地租理论仍是一所伟大的学校。[1] 在转型时期,土地及其收益决定着农民对国家的向背。[2] 如何使我国的土地使用者用付费的方式实现社会生产,并创造出一种在土地所有者和使用者之间"双赢"的利益分配格局,值得深入研究。

在我国城乡统筹、推进新型城镇化的新阶段,级差地租无疑是在实践中应用最广泛的,因而也是本书研究的重点。在农业生产中,只有当土地自然条件的差别同时与土地经营的垄断结合在一起的时候,级差地租才会形成。首先,级差地租产生的自然条件主要有:其一,由于土地肥沃程度的差异而产生的级差地租。在我国现阶段,由于全国各地自然条件的巨大差异,农地的肥沃程度存在明显不同,因此,由于土地肥沃程度的差异而产生级差地租的现象,在我国仍然是相对普遍存在的。其二,由于土地距离销售市场的远近而产生的级差地租现象在现阶段依然普遍存在。我国由于地大物博,各地的发展存在巨大的"非均衡"现象,而作为市场而言,总是与人口密集区紧密相连的,因此,土地距离市场的问题更加普遍,而且由于运输成本的上升变得更加突出。其三,在市场经济的大环境下,农民对土地追加投资,投入生产资料和劳动力的差异也是十分明显的。对于土地投入的差别决定了各农业生产单位由于资本有机构成和集约化水平不同而引起土地产出率的不同,各农户之间会因为投资的不同而产生额外的经济收益或额外经济损失,由此会造成土地级差地租 II。[3] 综上,马克思论及的级差地租产生的三个自然条件,在我国现阶段均是客观存在的。而关于土地级差地

---

[1] 参见周其仁:《还权赋能:奠定长期发展的可靠基础——成都市统筹城乡综合改革实践的调查研究》,北京大学出版社2010年版,第3页。

[2] 徐勇:《现代国家、乡土社会与制度建构》,中国物资出版社2009年版,第126页。

[3] 杨沛英:"马克思级差地租理论与当前中国的农地流转",载《陕西师范大学学报(哲学社会科学版)》2007年第4期。

租产生的社会条件和原因，马克思在论述资本主义级差地租产生的社会原因时，着重讲了两个方面：一个是土地的有限性和社会对农产品的绝对需要；另一个是土地的资本主义经营垄断。[1] 笔者认为，在我国现阶段，这两个方面都是存在的，尽管其实质与资本主义社会有异，但其表现形式仍是有部分相同点的。我国的土地尤其是耕地的有限性已经引起了国家的高度重视。据第一次全国土地调查显示，截至1996年10月31日，我国耕地面积为19.5亿亩；到2006年10月31日，这个数字已经锐减为18.27亿亩，平均每年净减少1240万亩。中国人均耕地面积只有1.38亩，其中有9个省区人均耕地面积低于1亩，3个省区人均耕地面积低于0.5亩。在全世界26个人口超过5000万的国家中，我国人均耕地量仅比孟加拉国和日本略多一点，排在倒数第三位。[2] 根据"十一五"规划纲要，到2010年末全国耕地面积必须确保不低于18亿亩这条红线。保护有限耕地的目的在于保障我国人民的基本粮食需求。总之，在我国现阶段，土地尤其是耕地是极为稀缺的，但社会对农产品的需要却是刚性的和不断提高的。其次，在我国现阶段的土地市场仍是一个二元市场，国家垄断土地一级市场，集体土地只有在被国家征收后才能进入建设用地使用权一级市场。因此，可以说，马克思所讲的级差地租产生的所有条件在我国现阶段仍然是存在的，因此，级差地租这个理论工具仍具有强大的理论解释力和现实作用力。在我国，土地的使用权与所有权是分离的，土地使用权流转也是经常发生的，充分利用地租、资本利息、土地价格等理论和实践工具，可以帮助我们处理好土地使用与转让中的各种经济关系和经济

---

〔1〕 杨沛英：" 马克思级差地租理论与当前中国的农地流转"，载《陕西师范大学学报（哲学社会科学版）》2007年第4期。

〔2〕 "18亿亩耕地红线面临严峻考验"，http：//www.caijing.com.cn/2009-12-25/110344911.html，2013年1月1日访问。

利益。

在集体建设用地使用权流转中,重点解决的是绝对地租的收取和级差地租所产生的收益的分配问题。对于集体建设用地使用权流转产生的收益如何分配的问题,一直是人们争论的焦点。有人认为应将流转收益全部归于土地的所有者——农民集体;有人认为流转收益应归政府;但更多人主张要兼顾国家、农民集体、农民个体三者的利益,根据不同情况确定一定的分配比例。[1] 显然前两种意见是不可取的,将流转收益完全归属于某一主体,明显损害了其他主体的利益,该种分配方式并未实现主体之间的利益平衡,据此,笔者认为利益分配应兼顾农民个体、农民集体和政府三者的利益。一般而言,在集体建设用地流转中,绝对地租应当归属于集体土地的所有权主体,即农民集体。我们不同意绝对地租应当无条件地由国家收取的观点。在集体建设用地使用权流转过程中,如果纯粹是由土地的自然肥力或自然生产力所引起的级差地租,那么则应当由农民集体收取,因为这是由天然禀赋所致;如果级差地租是由土地的区位优势引起,那么级差地租应由政府、农民集体和农民个体共同收取,因为土地区位优势的获得是由政府或农民集体投资所致;当然,土地的区位优势形成的过程中,主要是由地方政府和中央政府大规模投资而形成的基本设施,如道路、蓄水排水设施、桥梁等,地方政府和中央政府应当通过税收的形式获取回报;最后,垄断地租是由于经营者对某种特殊土地的垄断所引起的,这种特殊土地作为一种天然禀赋,其所有权同样也是国家的,垄断地租应当由国家收取;在分配比例上应偏重于农民,由于农村社会保障体系尚未建立起来,失地农民的合法权益以及失地后的生活保障问题尤为重要。因此我们建议在流转收益的分配比例上对农民个体权益进行

---

[1] 郭洁:《土地资源保护与民事立法研究》,法律出版社2002年版,第295页。

倾斜式保护。

在土地承包经营权流转中,重点解决的是级差地租的收益分配问题。由于土地肥力和位置之间的差别是显然的,超额利润转化为级差地租Ⅰ没有任何困难,级差地租Ⅰ是自然存在的。级差地租Ⅰ的量即地租,在通常情况下,土地所有者和土地使用者在订立租约时就已经确定了,但超额利润转化为级差地租Ⅱ时会遇到一些困难。只有在重新签订租约时,土地所有者才有机会提高地租,把追加投资带来的利润包括在地租内,从而在下一个租期内,将这种超额利润部分地或全部地转化为级差地租Ⅱ。[1] 在我国,1984年《宪法》确定了农民集体作为农村土地的所有者。既然农民集体是法定的土地所有者,按照马克思的观点,由于自然力而产生的这部分超额利润转化为土地所有者所得的级差地租Ⅰ应该是没有疑义的。但是,在我国过往的实践中,国家通过农业税的形式参与了级差地租Ⅰ的分配,而"农民集体"作为农村土地的所有者,则通过与农户的承包合约而收取级差地租,包括在让农民交纳的各种地方性费用之中。作为土地承包者的农民,实际上要"双重交租"。[2] 从2006年1月1日起国家全部免除农业税,且严格限制农民集体收取各项规费,因此,农民的"双重交租"问题已经得到圆满的解决。承包土地的农民可以和作为土地所有者的农民集体争夺的部分主要是可能形成级差地租Ⅱ的超额利润。级差地租Ⅱ越低,土地使用者的投资积极性越高,越有利于集约化经营,因为土地上的连续投资不断带来的利益,会驱使土地经营者追加投资,从而可能使粗放式的经营变革为集约式的经营。降低级差地租Ⅱ最有效的方法就

---

[1] 梁琦:"关于增加农民收入的分析——基于马克思地租理论的思考",载《南京社会科学》2002年第5期。

[2] 梁琦:"关于增加农民收入的分析——基于马克思地租理论的思考",载《南京社会科学》2002年第5期。

是农民集体与农户尽可能签订长期的土地承包合约，使农民获得固定的使用权。[1] 诚如马克思所言："私有财产的真正基础，即占有，是一个事实，是不可解释的事实，而不是权利。只是由于社会赋予实际占有以法律的规定，实际占有才具有合法占有的性质，才具有私有财产的性质。"[2] 在我国第一轮土地承包中，土地承包期规定为15年；在1995年开始的第二轮土地承包中，承包期限延长至30年；而近期中央更是提出将农民的土地承包经营权从"长期稳定"改为"长久不变"，从法律的角度解读，即实现了土地承包经营权的永佃化，但不能理解为土地承包经营权没有期限。[3] 这对于稳定农民对土地经营的预期，扩大土地投入，促进土地承包经营权流转以及克服集体土地所有权主体"虚位"的弊端等均具有重大意义。[4] 在上述两大前提下，农民自由流转其土地承包经营权，并获取一定地租收益，其合法性和合理性应当是没有疑义的，但在农民自由流转其土地承包经营权的实践中，土地承包经营权流转不畅已经是不争的事实，其症结便在于地租。土地承包经营权价格的核心组成部分是地租，地租实体的变化是土地承包经营权价格的基础，土地承包经营权流转价格始终是以地租实体为核心，受供求关系的影响围绕着地租上下波动，所以地租实体的萎缩是土地承包经营权流转价格低廉的决定性因素。[5] 作为土地承包经营权流转的受让方所能支付的地租是十分低廉的，其主要原因有二：其一，绝

---

[1] 梁琦："关于增加农民收入的分析——基于马克思地租理论的思考"，载《南京社会科学》2002年第5期。

[2] 《马克思恩格斯全集》第1卷，人民出版社1956年版，第382页。

[3] 陆剑："'二轮'承包背景下土地承包经营权制度的异化及其回归"，载《法学》2014年第3期。

[4] 高圣平、严之："'从长期稳定'到'长久不变'：土地承包经营权性质的再认识"，载《云南大学学报（法学版）》2009年第4期。

[5] 黄丽萍："马克思地租视角下的农地使用权流转"，载《福建论坛（人文社会科学版）》2006年第5期。

对地租实体的缩减。马克思所称产生绝对地租的情形是农业的有机构成低于工业的有机构成,从我国的现实看,农业的有机构成确实低于工业的有机构成。但在国际市场日趋一体化的情况下,绝对地租产生的前提条件发生了变化,不再仅仅是一国农业部门的有机构成低于社会平均资本的有机构成,而是世界农业部门的有机构成低于世界社会平均资本的有机构成。[1] 作为我国而言,农业发展水平与发达国家相比,仍处于非常落后的阶段,在一些国家,其农业有机构成已经高于社会平均的有机构成。因此,在相同资本投入的情况下,农业部门所能获得的剩余劳动和利润率也在降低,作为绝对地租实体的农产品价值和生产价格的余额已经缩小或已经不存在。因此,发达国家为了刺激农民生产的积极性,政府为农业提供了大量的补贴。在此情形下,我国农民从事农业生产所产出的效益受到了极大的影响,其利用农地从事农业生产的积极性也受到了极大的抑制。因此,在现阶段,国家通过各种措施保障从事农业生产的农民的收益,才能保障土地承包经营权流转中的流出方能够取得基本的绝对地租。其二,级差地租实体的缩小。由于农业发达国家对农业的追加投资使农业劳动生产率和农产品产量不断提高,世界农产品的总量已经能够满足有支付能力的需求,在农产品已经能够满足有支付能力需求的前提下,按照马克思的分析,这些增加的供给将把一部分劣等地从耕地中排挤出去,农产品的社会生产价格下降,不再由劣等地的生产条件决定。[2] 而由于我国农业生产的规模和劳动生产率较低,因此,在我国土地承包经营权流转的实践中,不但流转价格十分低廉,劣等地的地租更是无从谈起。

---

[1] 黄丽萍:"马克思地租视角下的农地使用权流转",载《福建论坛(人文社会科学版)》2006年第5期。

[2] 黄丽萍:"马克思地租视角下的农地使用权流转",载《福建论坛(人文社会科学版)》2006年第5期。

综上，虽然国家采取了免除农业税和土地承包经营权长久不变的措施，有利于克服国家作为主体与农民争夺级差地租的现象，但这些措施尚未解决的是农民集体被严重削弱后所带来的"集体困境"，即农民集体的所有权主体的虚化和弱化以及由此带来的农民集体无法向农民提供基本公共产品的困境和难题。笔者认为：农民自由流转土地承包经营权并获取收益后应当向农民集体缴纳部分收益，这是对于所有权主体的必要尊重，也是保障农民集体存在和发展的必要前提。而在农民自发流转土地承包经营权的过程中，由于农业生产和农产品的国际一体化趋势十分明显，我国农业由于科技水平、规模和劳动生产率等限制，土地承包经营权中的转出方所能获得的收益十分有限，作为政府，应当制定政策促进我国农村的适度规模经营，提高劳动生产率和科技含量，并提高对规模经营者的补贴水平，如此一来，才能真正实现土地承包经营权流转的初衷，使我国农业生产水平实现质的飞跃。

（三）小结

从经济学的视角考察，地权的核心就是农民个体和农民集体分享地租和土地资本化收益的权利。考察农民地权是否扩大，必须抓住两个核心：①农民分享地租是不是增加了；②农民占有土地资本化收益是不是增加了。[1] 因此，我们考察农地使用权流转过程中的地租问题，应当保障农民个体和农民集体的权益，而不应当仅仅保障农民的利益。当然，这些地租分配方式只是基于我国现阶段的国情所作出的制度安排。马克思曾经指出："在将来某个特定的时刻应该做什么，应该马上做些什么，这当然完全取决于人们将不得

---

[1] 李昌平：《大气候：李昌平直言"三农"》，陕西人民出版社2009年版，第116页。

不在其中活动的那个既定的历史环境。"[1] 在未来社会,"土地只能是国家的财产。把土地交给联合起来的农业劳动者,就等于使整个社会只听从一个生产者阶级摆布。土地国有化将彻底改变劳动和资本的关系,并最终完全消灭工业和农业中的资本主义生产。只有到那时,阶级差别和各种特权才会随着它们赖以存在的经济基础一同消失。靠他人的劳动而生活将成为往事。与社会相对立的政府或国家将不复存在!农业、矿业、工业,总之,一切生产部门将用最合理的方式逐渐组织起来。生产资料的全国性的集中将成为自由平等的生产者的各联合体所构成的社会的全国性的基础,这些生产者将按照共同的合理的计划进行社会劳动"[2]。在共产主义社会,生产力高度发展,全部生产资料包括土地都属于全民所有,土地所有权已不再存在,因而一切地租就自然而然地消失了。马克思曾说:"从一个较高级的社会经济形态的角度来看,个别人对土地的私有权,和一个人对另一个人的私有权一样,是十分荒谬的。甚至整个社会一个民族,以至一切同时存在的社会加在一起,都不是土地的所有者。他们只是土地的占有者,土地的利用者,并且他们必须像好家长那样,把土地改良后传给后代。"[3]

---

[1] 《马克思恩格斯全集》第4卷,人民出版社1995年版,第643页。
[2] 《马克思恩格斯选集》第3卷,人民出版社1995年版,第129~130页。
[3] 《马克思恩格斯全集》第25卷,人民出版社1974年版,第875页。

第二章　我国农地使用权流转制度的历史前见与法哲学思考

我国农地使用权流转制度的历史前见与法哲学思考

> 经济仅仅是社会的一个方面，并且必然被"嵌入"一个成功的社会。[1]

一、我国农地流转制度的历史前见与"流转"概念之形成

考察我国农地使用权流转制度，就必须追溯到该制度在我国的最初起源，因为"某些法律概念的研究之所以有它现在的形式，这几乎完全归功于历史，除了将它视为历史的产物外，我们便无法理解它";[2] 历史的影响还会为概念高度抽象以致僵化的逻辑方法清扫路径，为我们理解法律概念提供一个历史性的视角，它在照亮昔

---

〔1〕[美] 阿瑟·奥肯：《平等与效率》，王奔洲等译，华夏出版社1987年版，第10页。

〔2〕[美] 本杰明·卡多佐：《司法过程的性质》，苏力译，商务印书馆1998年版，第31页。

日的同时也照亮了今天和未来。[1] 这也正是福柯强调对事物进行谱系学考察的缘由。对于我国封建时代的农地状况及其具体运作,学界多有争议:

第一,对于封建土地所有制下土地所有权究竟属于谁的疑问。作为我国传统封建社会重要经济基础的封建土地所有制,对于其具体存在形式、发展变化,以及在历史上的作用等问题,学界均有深入研究和不同见解。[2] 而争论最多的,无疑是中国封建时代土地所有权究竟属于谁的疑问。有人断定中国封建时代长期实行土地私有制;相反地,有人认为中国封建时代只有土地国有制。新近有学者认为:从土地的最终权属观念来看,既是皇帝的,又是国家的。也就是说,土地既是私人的,又是公共的,公私之间缺乏有效分界。这就导致,当允许平民利用土地时,平民虽可以相对独立地支配或处分土地,但却不能对抗国家以地租和劳役方式进行的剥削。[3] 其实,公与私的界分,民法与刑法的分野主要是西方文明的产物,以国外之"履"适我国之"足",更多的时候只是徒具其形,而不具其实。笔者认为,古代中国社会中并无私法生存之土壤。[4] 中国封建时代私法的无由发达有着深刻的社会、历史和文化原因。中国传统文化中缺乏权利意识,民法在中国古代没有生存的土壤,因为那里没有公民,法律像其他任何东西一样,出自皇

---

[1] 李雨峰:《枪口下的法律:中国版权史研究》,知识产权出版社2006年版,第14页。

[2] 李文治:《明清时代封建土地关系的松解》,中国社会科学出版社1993年版;李文治、江太新:《中国地主制经济论——封建土地关系发展与变化》,中国社会科学出版社2005年版;方行:《中国封建经济论稿·地主经济篇》,商务印书馆2004年版。

[3] 俞江:"地权源流:中国自古以来土地所有权究竟属于谁?",载《中国改革》2010年第3期。

[4] 刘华、陆剑:"对中国古代版权理念缺失的法文化考察",载《中国版权》2006年第1期;刘华、陆剑:"'观念权利'缺乏背景下的'实在权利'",载《中国版权》2006年第6期。

第二章 我国农地使用权流转制度的历史前见与法哲学思考

帝,律典是皇帝告诫官吏如何准确运用刑罚的指示。即使有人以更通用的近代意义的非刑事法律来理解"民法",这种解释在中国也很难适用。所有我们视为导致民事法律义务的行为,如结婚,财产的销售和抵押、借贷,侵犯地产和财产及销售产品时违背保证,在中国都很容易导致刑罚。对中国人来说如果卷入法律,就等于卷入刑罚。[1] 对于"户婚田土"一类的"民间词讼",更多的情况下,裁判依据的并非法条,而是礼。[2] 礼之所以重要,不仅因为它们是古老的、反映了古之圣贤的智慧的行为规范。礼的主要作用是能够在危机时刻充当重建和谐社会秩序的共同基础。[3] 日本学者滋贺秀三从审判依据的角度考察了构成清代社会秩序基础的规范因素,他指出清代的成文法构成了"国法",但绝不是所有或大多数案件中裁判者的裁判都引照国法,从数量上看,未提及国法便得出结论的案件更多。甚至即使是引用国法的案件也未必意味着裁判者严格地受到法律条文的拘束。事实上清代官吏裁判案件时更多地是以"情"、"理"作为判断的依据。[4] 在此背景下,我国古代土地的最终所有权毫无疑问是附属于国君的,而作为一般土地所有权的享有者,地主阶层和自耕农享有的只是一般意义上的所有权,该所有权是以"户"为单位享有,而非个人,而其他主体所享有的仅仅是租种土地的权利。寺田浩明对中国传统"土地所有"的解读十分精辟:"但是在旧中国,尽管说是土地所有,着眼点却只在于把税

---

〔1〕[美]钟威廉:"大清律例研究",载高道蕴等主编:《美国学者论中国法律传统》,清华大学出版社2004年版,第410页。

〔2〕梁治平:"礼法文化",载梁治平编:《法律的文化解释》,生活·读书·新知三联书店1998年版,第399页。

〔3〕[美]皮文睿:"儒家法学:超越自然法",载高道蕴等主编:《美国学者论中国法律传统》,清华大学出版社2004年版,第95页。

〔4〕[日]滋贺秀三:"清代诉讼制度之民事法源的概括性考察——情、理、法",载王亚新、梁治平编:《明清时期的民事审判与民间契约》,法律出版社1998年版,第34页。

粮负担作为不言而喻的义务之后的土地经营。简而言之,持有土地只意味着以某种方式获得收益后扣除税粮而剩下的差额,或者说是靠这种差额谋生的一种称呼而已。而且其持有形式不过是用前一经营者私人立下的契约文书证明自己正当地继受了该土地的经营而已。所谓地域性秩序,在当时人们的观念中无非就是皇帝支配下各自按照一定生业谋生的无数小家或万民的共存状态。"[1]

第二,近年来关于我国历代乡村地权的分配状况和租佃关系等问题争论颇多。传统学者如李文治、江太新在考察中国地主制经济时就提出:土地过度集中必将导致土地改革。什么时候土地过度集中,这时的经济就会衰退,农民反抗就会强烈;什么时候农民小土地所有制越发达,这时土地买卖就频繁、经济就繁荣。[2] 传统观点认为:土地兼并及其由此产生的土地占有不均是古代农民贫苦和奋起革命的主要动因,地权的流转"其中虽然充斥着经常性的小土地买卖,却只有不断重演的以特权为基础的土地兼并,具有实质性的作用"。[3] 黄仁宇、钱穆、王彦辉、柴荣、杨鹤皋[4]等均表达过类似的观点。在近代革命年代中,也多有此说法,如毛泽东、邓子恢等人对农村的调研和对农民阶级的划分。[5] 晚近以来,学者

---

〔1〕 [日] 寺田浩明:"权利与冤抑",载王亚新、梁治平编:《明清时期的民事审判与民间契约》,法律出版社1998年版,第210页。

〔2〕 李文治、江太新:《中国地主制经济论:封建土地关系发展与变化》,中国社会科学出版社2005年版。

〔3〕 程念祺:《国家力量与中国经济的历史变迁》,新星出版社2006年版,第41页。

〔4〕 [美] 黄仁宇:《中国大历史》,生活·读书·新知三联书店1997年版;钱穆:《中国历代政治得失录》,生活·读书·新知三联书店2001年版;王彦辉:"汉代的'分田劫假'与豪民兼并",载《东北师大学报》2000年第5期;柴荣:"透视宋代的土地兼并问题",载《西南民族学院学报》2003年第1期;杨鹤皋:《宋元明清法律思想研究》,北京大学出版社2001年版。

〔5〕 毛泽东:《毛泽东选集》第1卷,人民出版社1991年版,第68页;邓子恢:《邓子恢文集》,人民出版社1996年版,第11页。

第二章 我国农地使用权流转制度的历史前见与法哲学思考

们对此提出了不同观点:如章有义先生认为,我国古代的乡村地权分配既有集中,又有分散,并非一直是在不断集中;地主富农一般占地50%~60%,因此对占地70%的说法提出了质疑;地主和佃农的关系并非土地关系的全部,小土地所有者一直占有相当大的比重等,在学界引起了较大的反响。[1] 乌廷玉认为,在旧中国占人口6%~10%的地主富农占有全国土地的28%~50%,占人口90%~94%的农民占有全国土地的50%~72%。[2] 赵冈先生则提出,将中国的传统社会认定为封建地主经济制是一项很不幸的误判。如果地主阶级是指拥有田产数百亩或上千亩的人家,则经过几百年的人口压力的压迫,地主人家大都自然地消失不见。而残存的几家,为数很少,不称其为一个"阶级"。[3] 秦晖教授也认为中国古代地权总体上是不断分散的,而不是集中。[4] 温铁军认为,土地占有上的不平等,很可能不是旧中国农村贫困、小农破产的主要原因。进而推论,土改的政治意义大于经济意义。[5] 曹幸穗在考察苏南地权分配时也发现,19世纪末到20世纪30年代,苏南地权同时经历了分散与集中的两个过程,土地占有权并不是越来越集中于少数大地主手中,而是越来越多的中小地主共占土地。[6] 高王凌则从地

---

[1] 章有义:《明清徽州土地关系研究》,中国社会科学出版社1984年版;章有义:《近代徽州租佃关系案例研究》,中国社会科学出版社1988年版;章有义:《明清及近代农业史论集》,中国农业出版社1997年版。

[2] 乌廷玉:"旧中国地主富农占有多少土地",载《史学集刊》1998年第1期。

[3] 赵冈、陈钟毅:《中国土地制度史》,新星出版社2006年版;赵冈编著:《农业经济史论集——产权、人口与农业生产》,中国农业出版社2001年版;赵冈:《历史上的土地制度与地权分配》,中国农业出版社2003年版;赵冈:《中国传统农村的地权分配》,新星出版社2006年版;赵冈:《永佃制研究》,中国农业出版社2005年版。

[4] 秦晖:"'优化配置'?'土地福利'?——关于农村土地制度的思考",载秦晖:《农民中国:历史反思与现实选择》,河南人民出版社2003年版,第42~53页。

[5] 温铁军:《三农问题与制度变迁》,中国经济出版社2009年版,第97页。

[6] 曹幸穗:《旧中国苏南农家经济研究》,中央编译出版社1996年版,第20~21页。

租率的视角,对过去农地制度研究中的基本观点进行了质疑。他认为,地租率不是50%,而是30%;[1]温铁军也认为,就全国一般而言,地租率大体在35%～45%之间。[2]特别值得关注的是大量实证资料的运用和再挖掘,使在"政治正确"话语中越发模糊的历史真相得以逐步还原。根据1919年的《中国农商统计表》统计显示,当时拥有100亩以上的地主极少,拥有10亩以下土地的农民太多。譬如,从全国看,拥有土地不满10亩的有11 829 123户,拥有10～30亩地的有8 281 187户,拥有30～50亩土地的4 959 899户,拥有50～100亩土地的有3 022 101户,拥有100亩以上的有1 456 219户。[3]正如学者批评的那样:"对中国土地制度的研究,一直是国内历史学、特别是马克思主义史学的一个重要内容。它的主要意向之一,即是证明旧制度的'罪恶',和把中国问题的症结归之于'地主土地所有制'和'地主阶级',因此也成为一个高度意识形态化的研究。"[4]据此,去意识形态化,真正回归学术研究便成为我国农地制度研究的重要课题,晚近以来学者们的努力值得肯定。

第三,由于本书所考察的仅仅是农地使用权的流转,而非所有权的流转,因此,笔者所关注的是在我国历史上,何时农地使用权开始进入流通环节,并形成一定规模的农地使用权流转市场。大部分学者认为:在明清时期,随着社会经济的发展,地权市场的发育出现了新的迹象:①地权与资本之间的相互转化。资本流向土地,

---

〔1〕 高王凌:《租佃关系新论——地主、农民和地租》,上海书店出版社2005年版。

〔2〕 温铁军:《三农问题与制度变迁》,中国经济出版社2009年版,第121页。

〔3〕 [日]长野郎:《中国土地制度的研究》,强我译,中国政法大学出版社2004年版,第14页。

〔4〕 高王凌:《租佃关系新论——地主、农民和地租》,上海书店出版社2005年版,第3页。

第二章 我国农地使用权流转制度的历史前见与法哲学思考

在明清之前,史不绝书,但是,通过出卖土地,获得资本后用于商业经营,至明清时才见于史端;②土地经营权进入市场。明代以来,定额租制得以长足发展,至清代前期,已在全国范围内占据主导地位,地主的土地所有权与经营权逐渐分离,土地经营权呈市场化发展趋势。正因如此形成大规模的土地交易,土地市场化趋势日益加快。[1] 近代两权分离的重要的制度特征是土地所有权对使用权的制约关系相对放松,货币地租的流行以及后来发展起来的"一田二主"和永佃制都体现了这一制度思想,反映出土地所有权与使用权分离思想的深化。[2] 土地经营权(使用权)日益市场化主要表征为:其一,土地经营权以押租形式进入市场。所谓押租制,就是一种佃农交纳押金才能佃种地主土地的制度,也就是地主以收取押金转让土地经营权的制度。它标志着土地经营权的商品化、货币化;其二,田面权进入土地市场。在这种租佃制度下,地主的土地所有权发生分解,分割为田底和田面,田面权和田底权相并列,成为永久性的独立物权。这些权利只有在不能付租时才会受到威胁。[3] 只要地主没有退还押金,收回田面,农民就可以终生使用,传诸子孙,拥有永久佃耕权,即使田主变换了也不能改变该种情况。"田面权"独立地位的确定一方面让部分土地所有者面临地权分化的危险,另一方面也产生了新的土地产权所有者,即一批只拥有"田面权"的所有者。从理论上说,这批"田面权"的所有者能自由经营土地而不受"田底"业主的干涉,但由于"田面权"权益的实现关系着"田底权"价值的实现,因此,二者相互独立,

---

[1] 胡钢:"明清时期土地市场化趋势的加速",载《古今农业》2005年第2期。

[2] 王昉:"传统中国社会农村地权关系及制度思想在近代的转型",载《学术论坛》2007年第3期。

[3] [美]黄宗智:《法典、习俗与司法实践:清代与民国的比较》,上海书店出版社2007年版,第83页。

却也互相依存。[1] 佃农购买所得经营权与田主保留的所有权,各地有专门的对应语,如:田底—田面、田骨—田皮、根田—面田、大苗—小苗、大租—小租。无论何种称谓,其内含均大同小异,都是说,经营权的进一步发展,分解为占有权与使用权,并各自以独立的姿态进入市场。[2] 而近代以来田面权流转首先是以买佃者的田面权的永久化为前提,田面权流转是指佃农具有了租佃的转让权。田面权流转大体上有三种方式:出卖、典当和出租。[3] 田面权的进一步流转导致了"一田多主"现象的产生,明代以后流行于江南、华南的"一田多主"是指:同一块地,被分成"田底"和"田面",各自成业,田底称"大租",其业主称"大租主";田面称"小租",其业主称"小租主"。"大租主"只管收租纳粮,不管田里之事,"小租主"管起耕收割,每年固定向"大租主"输租。大租主和小租主可以自由专卖田底和田面,互不相干。小租主还可以将田面佃人,形成"一田三主"的局面。[4]

关于"一田二主"与永佃权的关系问题是学界争议的焦点之一。所谓永佃权,是指支付佃租,永久在他人土地上为耕作或畜牧之权。"永久"在他人土地上为耕作或畜牧之权,此将造成土地所有权与使用的永久分离。[5] 赵冈教授用永佃权理论来解释中国的"一田二主"的地权结构,并将永佃权等同于田面权。[6] 史尚宽先生亦认为:"中国的永佃权,旧称之为佃,户部则例'民人佃种旗

---

[1] 孙琦、曹树基:"土地耕种与'田面权'之争",载《上海交通大学学报(哲学社会科学版)》2008年第2期。

[2] 胡钢:"明清时期土地市场化趋势的加速",载《古今农业》2005年第2期。

[3] 冯尔康:"清代的押租制与租佃关系的局部变化",载《南开学报》1980年第1期。

[4] 吴向红:《典之风俗与典之法律》,法律出版社2009年版,第46页。

[5] 王泽鉴:《民法物权2——用益物权·占有》,中国政法大学出版社2001年版,第61页。

[6] 赵冈、陈钟毅:《中国土地制度史》,新星出版社2006年版,第404页。

第二章 我国农地使用权流转制度的历史前见与法哲学思考

地,地虽易主,佃户仍旧,地主不得无故增租夺佃',盖即永佃权之意……我亦间有田面权(永佃权)与田底权(土地所有权)之称。"[1] 笔者认为,永佃权本是西方物权法上的概念,而"一田二主"则是我国民间的习俗或规则,后世因民国民法中有永佃权之规定,因此,诸位学人便有从永佃权的法理逻辑来理解田面权的习惯。事实上,田面权和永佃权的区别还是比较明显的。永佃权的形成是租佃制度发展的产物,而田面权的形成则是由于土地所有权制度变化。永佃权从佃户之间的"私相授受"到合法化,是产生田面权的原因之一,但"一田二主"形成后,田面权又可以分离出永佃权来。因此,永佃权既存在于一般地主制下,也存在于"一田二主"制下,始终作为一种独立的土地权利体现于土地租佃关系之中。[2] 清代时,永佃作为租佃制中的特殊形态,已经普及江南地区、黄河两岸、西北边陲和东南海岛,成为乡村的主要土地制度安排之一。[3] 根据章有义的研究,皖南休宁县朱家,由清顺治十一年至咸丰七年所置买的100宗田地中,至少有70宗涉及永佃。[4] 可见永佃制在明清两代土地秩序中的重要地位。如前所述,在"一田二主"制下,佃户具有部分所有权,只要他认为合适,就可以将土地田面权继承、转租、抵押或者出卖;而永佃权则为用益物权,民国时期的《中华民国民法典》第845条第1款规定:"永佃权人不得将土地出租于他人。"其目的是防止永佃权人"从中渔利"、

---

[1] 史尚宽:《物权法论》,中国政法大学出版社2000年版,第206~207页。

[2] 杨国桢:"论中国永佃权的基本特征",载《中国社会经济史研究》1988年第2期。

[3] 音正权:"明清'永佃':一种习惯法视野下的土地秩序",载《华东政法学院学报》2000年第2期。

[4] 章有义:"清代鸦片战争前徽州地区土地制度——休宁朱氏置产簿剖析",载《中国社会科学院经济研究所集刊》第四集,中国社会科学院出版社1983年版,第78~80页。

妨害土地的有效利用。由此可以看出，正是由于"一田二主"制度的盛行，导致业主对土地的控制能力减弱，加快了土地的商品化与分散化，使得地主无法控制和干预农民间的田面权交易[1]。据此，明清以来我国农地流转所指向的主要是田面权的流转，虽然田面权人享有对于田面进行处分的权利，在一定程度上甚至具有所有权的性质，黄宗智将"一田二主"称之为双层土地所有权[2]，但如前所述，（中国古代土地）所有的对象与其说是"物"，不如说是一种"经营权"，因为成为转移和持有对象的始终是眼下的经营收益行为[3]。据此，笔者认为在中国的土地权利架构下，田面权所表征的主要也是一种经营权，田面权流转所涉及的也仅仅是农地使用权和经营权的流转，从实质而言，佃农所关注的并不是权利的移转，而仅仅是负有粮税义务的土地上自由进行经营收益（当时称为"管业"）的一种地位，并且同一块土地上可以建立不同的"业"，此种田面权流转状态是皇权对土地所有权绝对垄断形态下的"生存策略与交易谋略"，构成了"观念权利"缺失下的"无权利的生存"[4]。其实，土地的所有权与使用权的"两权分离"并非是当代农村的制度创新，也非20世纪80年代大包干以后才出现，而是在人地关系高度紧张的国情制约下，符合资源配置规律的历史现象[5]。据此，可以看出田面权制度与我国现行的土地承包经营权制度存在一定的类似之处，从发生学上看，两者存在一定的类亲缘

---

[1] 张一平：《地权变动与社会重构：苏南土地改革研究（1949～1952）》，上海世纪出版集团2009年版，第52页。

[2] ［美］黄宗智：《法典、习俗与司法实践：清代与民国的比较》，上海书店出版社2007年版。

[3] ［日］寺田浩明："权利与冤抑"，载王亚新、梁治平编：《明清时期的民事审判与民间契约》，法律出版社1998年版，第200页。

[4] 参见吴向红：《典之风俗与典之法律》，法律出版社2009年版，前言。

[5] 温铁军：《三农问题与制度变迁》，中国经济出版社2009年版，第115页。

第二章 我国农地使用权流转制度的历史前见与法哲学思考

关系。[1] 因此，有学者甚至主张：当下在不触动所有权的前提下，将土地承包经营权"田面化"是一条出路。[2] 顺着该条出路，将使土地承包经营权流转更加顺畅。

现代意义上的"流转"，从其字面含义来看，共有两层：①经常流动转移，不固定在一个地方；②指商品或资金在流通过程中的周转。[3] 从词义上看，农地流转的涵义较为宽泛，有许多相似的概念，如农地转让、农地流动、农地交易、农地买卖等。这些概念都表示农地的流转、流动，但其实质差别很大，且按照不同的标准可以作不同的分类。从法律意义上分析，流转主要是指权利的变动。据此，按照权利变动的内容不同，可以将农地权利的流转分为农地所有权的流转和农地使用权的流转。在我国，农地所有权的流转具有单向性，只能从农民集体流向国家，并且只能采用集体土地征收的方式，但集体土地征收的方式并不是市场行为，因此通常并不纳入流转的范畴。[4] 农地使用权流转是指在所有权不变的前提下，使用权人将农地使用权作为一种商品来让渡。根据我国《物权法》、《土地管理法》、《农村土地承包法》等法律的规定，农地使用权是一个权利束，具体可分为土地承包经营权、集体建设用地使用权和宅基地使用权。由于这三种权利均属于对农地"非所有利用"作出的制度安排，因此，在《物权法》的用益物权篇中对该三种权利均有明确的规定。实际上，备受社会各界关注的农地使用权流转，从法律的角度来说，主要是农地使用权基于市场交换而产生的变动，即土地承包经营权、集体建设用地使用权、宅基地使用

---

[1] 刘云生："永佃权之历史解读与现实表达"，载《法商研究》2006年第1期。
[2] 吴向红：《典之风俗与典之法律》，法律出版社2009年版，第126页。
[3] 中国社会科学院语言研究所词典编辑室编：《现代汉语词典》，商务印书馆1980年版，第718页。
[4] 张璐："农村土地流转的法律理性与制度选择"，载《法学》2008年第12期。

权的市场化流转。在我国的话语习惯中,农地流转所指向的主要是农地使用权的流转,而非所有权的流转。土地承包经营权流转是农地使用权流转的重要组成部分,但并非是唯一组成部分,在《物权法》颁布实施以前,土地承包经营权流转甚至直接被代称为农地流转或土地流转。但自《物权法》颁布实施,集体建设用地使用权和宅基地使用权的流转也日益为理论界和实务界所关注和重视。其实,从起源上看,土地承包经营权流转是20世纪80年代初期形成的概念,是中国特有的称谓词。改革开放以来很长一段时间里,以货币、市场为媒介的农地流转都没有形成,但是承包者之间相互交换农地或者让渡农地经营权的现象屡见不鲜。这种非货币化的、非行政性的农地流转比较特殊,不管是在中国历史上,还是在西方国家都未曾出现过。因此,只好用"流转"这个概括力很强、外延较宽的词汇予以表述。"流转"的弹性比较大,既可以指农地的货币化交易,又可以指农地的非货币化交易。实事求是地讲,也只有"流转"这个词,才能准确描述改革开放以后中国农户承包土地的实际流转状况。[1] 可以说,"流转"本身并非严格的法律概念,只是实践中从宽泛意义上对土地承包经营权的各种变动的统称;[2] 有学者甚至建议直接用"移转"概念替代"流转",[3] 但笔者认为,流转概念是基于历史形成的话语习惯,"流转"最能恰当表达我国农地使用权各种权利变动形式混乱、无序的实践现状,且可以避免某些不必要的意识形态式的争议。

---

〔1〕 邓大才:《土地政治——地主、佃农与国家》,中国社会科学出版社2010年版,第17页。

〔2〕 张平华等:《土地承包经营权》,中国法制出版社2007年版,第188页;温世扬、武亦文:"土地承包经营权转让刍议",载《浙江社会科学》2009年第2期。

〔3〕 胡吕银:《土地承包经营权的物权法分析》,复旦大学出版社2004年版,第146页。

第二章 我国农地使用权流转制度的历史前见与法哲学思考

二、农地流转权利的法哲学思考：
中国经验与权利假设

（一）中国经验：地方政府抓住土地开发权

在我国的改革开放历程走到了第三十个年头的时候，伴随着我国经济改革取得了举世瞩目的成就，关于"中国经验"与"中国模式"的探讨成为国内外学界的热点。[1] 在30年的时间里，我国走出了一条既不同于20世纪资本主义发展的典型模式，如亚洲"四小龙"模式、日本模式、德国模式和美国"盎格鲁——撒克逊"模式，也不同于20世纪社会主义和发展中国家发展中的典型模式，如苏联模式、中国改革开放前模式、拉美模式和民族社会主义模式。改革开放三十年所形成的"中国模式"，与之相伴相生的是独特的"中国经验"。根据官方的表述，这些经验至少包括：渐进式改革成为我国改革的普遍规则、经济体制转轨与社会结构转型的同步进行、社会稳定优先原则和稳步的民主化探索、长期坚持低生育率政策和减少贫困政策、人口大国向人力资源大国的转变和对

---

[1] 陆学艺等：《中国经验——改革开放30年社会建设实践》，陕西人民出版社2008年版；郑永年：《中国模式：经验与困局》，浙江人民出版社2010年版；潘维主编：《中国模式——解读人民共和国的60年》，中央编译出版社2009年版；赵启正、[美]约翰·奈斯比特、[奥]多丽丝·奈斯比特：《对话：中国模式》，新世界出版社2010年版；李志军等：《比较视阈中的中国经验》，中国社会科学出版社2009年版；陈国富、段文斌主编：《中国经验：内生道路与持续发展》，经济科学出版社2009年版；江金权：《中国模式研究——中国经济发展道路解析》，人民出版社2007年版；沈云锁、陈先奎主编：《中国模式论》，人民出版社2007年版；韩保江：《中国奇迹与中国发展模式》，四川人民出版社2008年版。

外开放、走向世界,努力扩大外交空间等六大方面。[1] 国内外学者最为关注则是我国在保持社会稳定的前提下,采取的渐进式改革思路所取得的巨大成就,而这一思路对于其他发展中国家也最有借鉴的价值和意义。自20世纪70年代后期中国进入改革开放以来,中国的政治社会结构已经发生相当深刻的变化,有学者用发展政治学的概念,把这一进入经济改革中期的中国政治社会结构政治模式概括为"后全能主义型的技术官僚的权威政治模式"。为什么会形成全能主义模式呢?邹谠教授认为:"这种全能主义渊源于20世纪初期以来面临的全面危机,当时国家在军阀混战中解体,社会各领域中传统制度在崩溃,日常生活中不少问题不能用传统思想与常规方法来解决,有些仁人志士认为只有社会革命才能从根本上克服整个社会各个领域的危机,他们认为只有先建立一个强有力的政治机构,深入和控制每一阶层或每一领域,才能改造或重建社会、国家和组织制度,并以此克服全面危机。因此,通过全能主义的全民动员的社会革命,是克服全面危机的基本路径。"[2] 中国的权威体制具有"后全能主义"体制的特点,更具体地说,这一体制是从改革以前的社会主义全能体制演变过来的,它的形成机制是这样的:一方面,中国经济、社会与文化生活领域已经在市场经济资源配置的影响下,出现了有限的多元化,原先完全受党政控制的板块型的"单位"社会内部,分化出自主性的经济社会组织;另一方面,现行的政治体制,仍然继承了全能体制下的组织资源,如执政党的一党领导,党组织对社会生活领域的参与与组织渗透,国家政权对传媒、国家机器、社团组织,对作为国家命脉的大中企业的有效控制

---

〔1〕 中国网:"'中国经验'的内涵和基本要点",http://www.china.com.cn/chinese/OP-c/1034179.htm,2013年1月1日访问。

〔2〕 [美]邹谠:《二十世纪中国政治》,香港牛津大学出版社1994年版,第69~70页。

第二章 我国农地使用权流转制度的历史前见与法哲学思考

等。这种在市场经济条件下的权威政治,保留并继承了全能主义政治的大部分政治资源,并运用这些政治资源作为工具,来完成中国向市场经济秩序的平衡过渡。正是在这个意义上,中国的现行政治体制,具有远比拉美与东亚权威主义国家更强的宏观控制能力,具有更有效的处理突发事件与危机的能力,以及对风险形势的承受力与适应力。[1] 但在现行政治体制下,党和政府所掌握的资源,除了传媒、国家机器、社团组织,对作为国家命脉的大中企业以外,最为核心的资源是对经济发展的主导权。在 1994 年分税制改革后,通过税收机制,中央可以获取地方经济发展所获得的绝大多数资源,而通过任职激励和给予地方政府体制外的补贴等手段鼓励地方政府大力发展经济,并引发地方政府竞相发展 GDP 的"锦标赛"体制。[2] 张五常教授从合约约束竞争的角度出发,将中国的经济制度看成是一个庞大的合约组织,提出了中国地区竞争的特点是县际竞争,并对由县一级行政区划引发的经济现象作了合理且详细的论述。张教授认为中国这种以县为主体出让土地并与上级政府和投资者进行收入(税收)分成的体制是一种非常具有效率的经济制度。在这个制度下,县级政府作为土地使用权的分配人,按照利益最大化的原则选择将土地授予私人使用,而地区间的激烈竞争能够促使经济高速增长。[3] 曹正汉、史晋川深刻论述了 1980 年以后,中国地方政府在决定其工作重心(即发展战略)的行为上,具有"抓住经济发展的主动权"之特征。这种行为特征的表现之一便是 1992~2000 年,地方政府为应对中央政府的市场化改革所采取的战略转型之举措,即地方政府由原来经营一家一户企业,转向把所辖

---

[1] 萧功秦:"中国后全能型的权威政治:发展中的优势与陷阱",载萧功秦:《中国的大转型——从发展政治学看中国变革》,新星出版社 2008 年版,第 285 页。

[2] 周飞舟:"锦标赛体制",载《社会学研究》2009 年第 3 期。

[3] 参见张五常著·译:《中国的经济制度》,中信出版社 2009 年版。

区域当做一家企业来经营；相应地，其控制地区经济的方式也由"抓住办企业的权利"转向"抓住土地开发权"。上述结论揭示了在中国转向市场经济的过程中，地方政府的演变方向不是单纯的公共服务政府，而是凭借其对地区性生产要素的控制权，转向从整体上控制和经营地区经济。[1] 有学者将其称为"大兴土木"[2]。地方政府发展经济的主导方式是抓住土地开发权，而在快速城市化的进程中，有限的城市国有土地根本不能满足地方经济的发展。因此，加快农村土地的"农转非"工作便成为地方政府除了招商引资以外，乃至于日常工作的主要议题之一。分税制下地方政府在推进工业化、城市化过程中，面临着发展地方经济的巨大压力。它们往往不得不以各种优惠的土地条件吸引项目，招商引资。其低成本发展的首要条件，就是能够从农民那里低价取得土地。这对地方政府来说，既能加快本地区经济增长速度，又能实现地方政府财政收入显著增长，还能做到任期内政绩的最大化。[3] 有学者将其称为"地根经济"，并认为：当代中国转型发展进入地根经济的特殊阶段的界标，就是国家开始运用土地政策参与宏观调控。总结和比较世界各国和地区近代以来的发展历史，不难看出，运用土地政策参与宏观调控，通过收紧或放松"地根"为宏观经济"加油门"、"点刹车"，恐怕为中国的转型发展所独有。所谓"地根经济"，换句话说，完全可以称为"土地审批经济"。在生产要素市场化一往直前发展的形势下，中国政府在土地供给上仍然拥有充分的"发言权"、决定权和审批权，其根源就在于中国特殊的土地制度，在于

---

〔1〕曹正汉、史晋川："中国地方政府应对市场化改革的策略：抓住经济发展的主动权——理论假说与案例研究"，载《社会学研究》2009年第4期。

〔2〕周飞舟："大兴土木：土地财政与地方政府行为"，载《经济社会体制比较》2010年第3期。

〔3〕许经勇："'三农问题'与资本原始积累"，载《福建行政学院福建经济管理干部学院学报》2004年第4期。

中国的土地公有制提供的"模糊空间"。[1]

(二)"权利假设"的理性思辨

诺斯和他的合作者曾经为西方世界的现代经济增长作过一个简明的结论,即有效的经济组织(产权)是经济增长的关键。[2] 不过他后来发现,有效的产权安排只是国家与私人努力互相作用所产生的多种可能结果中的一种,而不是在相对要素价格变化条件下必然而唯一的结果。为什么有些国家致力于保护有效产权而实现了长期经济增长,另一些国家却只得到短期的国家租金最大化而陷入无效体制的长期困境?有学者将其称为"诺斯难题"。[3] 西方学者在探讨我国农村土地制度时,似乎只运用了诺斯的"有效的经济组织(产权)是经济增长的关键"的"权利假设"结论,而并未关注"诺斯难题"。对于我国农村土地制度的研究和讨论,更多地是从权利或产权的视角切入,认为现行的包括法律制度在内的制度框架并没有清晰地界定产权,而产权不清晰直接导致了对农民土地权益的侵害,据此提出应对法律中规定的土地权利或土地产权制度进行重构。在传统西方经济学和法学理论中,明晰产权有利于避免"公地悲剧",降低交易成本,为有效率地开发资源提供必要的动力机制和避免公权力对私权的过度侵袭,[4] 并认为产权改革是我国农村土地制度变革的不二法门。我国有学者在对我国农村改革的进程进

---

[1] 靳相木:《地根经济:一个研究范式及其对土地宏观调控的初步应用》,浙江大学出版社2007年版,第34~35页。

[2] North Douglass, Thomas Robert, *The Rise of the Western World: A New Economic History*, Cambridge University Press 1973.

[3] 周其仁:"中国农村改革:国家与土地所有权关系的变化——一个经济制度变迁史的回顾",载《中国社会科学季刊》1995年第6期。

[4] Frank Xianfeng Huang, *The Path to Clarity: Development of Property Rights in China*, 17 Colum. J. Asian L. 191, 214 (2004).

行了全方位的研究后，亦表示国家保护有效率的产权制度是保证经济长期增长的关键。但是，国家通常不会自动提供这种保护，除非农户、各类新兴产权代理人以及农村社区精英广泛参与新产权制度的形成，并分步通过沟通和讨价还价与国家之间达成互利的交易。[1]

晚近已有学者以中国经验为例对"权利假设"（rights hypothesis）提出质疑，转轨期的中国并没有建立起良好的和完整的保护私有产权的制度，尤其是没有建立良好的农村私有财产保护的法律制度体系，但中国经济却奇迹般地腾飞了。中国经济发展的主要原因是强有力的政府。在保证政治稳定的前提下，民众的权利和自由受到了必要的限制，而这种限制使政府可以顺利地推行各种经济政策，而强有力的政府及其政策推动了中国经济的发展。相比于其他转型国家的民主体制，该种体制更富有效率。民权保障与民主决策无疑会增加制度动作的现实成本，也可能会延缓经济政策的强力推行。[2] 但也有学者认为：中国的经济发展的动力主要来自底层，是自下而上由普通民众推动的结果。亿万民众具有推动制度变革的首创精神和企业家品质。而中国经济发展的主要原因是普通民众在经济领域获得了有限的自由。过去 30 年的发展不是限制公民权利和自由的结果，不是强有力的政府推动的结果，而是企业家和普通民众运用契约自由进行交易的产物，是他们有效利用市场为自己谋利的产物，是亚当·斯密"看不见的手"发挥作用的产物。无论是宪政经济学的理论考察，还是发达国家的历史经验都表明，确立宪

---

［1］ 周其仁："中国农村改革：国家与土地所有权关系的变化———一个经济制度变迁史的回顾"，载《中国社会科学季刊》1995 年第 6 期；董国礼：《中国土地产权制度变迁：1949～1998》，《中国社会科学季刊》2000 年秋季号。

［2］ Donald C. Clarke（郭丹青），*Economic Development and the Rights Hypothesis: The China Problem*, 51 Am. J. Comp. L. 89.

第二章 我国农地使用权流转制度的历史前见与法哲学思考

政和一个有限政府,有效保护个人的基本权利和自由,是持续发展和提高发展水平的决定因素。因而,未来中国欲实现持久和高水平的发展,应当尽快走上宪政之路,有效限制政府的权力,保护个人的基本权利和自由。[1] 笔者认为,我国经济腾飞的秘诀无疑与廉价的劳动力和廉价的土地具有密切的关联,利用二者完成现代化所必需的资本积累是最为便利和快捷的,而我国农村独特的土地制度架构为该种积累提供了最大的可能。有学者将农民集体土地的制度安排称为"有意的制度模糊",[2] 笔者并不赞同该说法。早期的土地革命及随后1949年以来的每次农村土地产权制度安排,如土地改革、集体化,都深深地打上了国家意志的烙印,可以将其称之为"强制性制度变迁"。但农村土地的集体所有权最终呈现出当下的混乱状态,乃是1978年以后逐步变化的结果,而该种变迁并不是有意识的制度变迁,准确地说应当属于"摸着石头过河"的产物。据此,笔者认为,我国农地制度改革的思路并非是一以贯之、政策连续性贯彻下的产物,相反,它是不断"试错"、"摸着石头过河"的混合产物,尤其是晚近以来,党和国家最高领导阶层在实用主义和实践哲学指引下,不断理念更新,不断突破常规,"试一试"的结果。可以这么说,新中国成立60余年以来,前30年,农地变迁的主要动力来自于国家,后30年,农地变革的主要力量则来自于基层农村,当然后一种变革的合法性确认仍需由国家层面来持续和完成。诚如诺斯所言,"国家的存在是经济增长的关键,然而国家又是人为经济衰退的根源,这一悖论使国家成为经济史研究的核

---

[1] 王建勋:"公民的权利和自由是'奇迹'的主因",载《法制日报》2010年6月7日。

[2] [荷] 何·皮特:《谁是中国土地的拥有者?——产权与有意识的制度模糊》,林韵然译,社会科学文献出版社2008年版。

心"[1]。因此,我国国家力量的强大是不容否认的事实,而公民社会的发育不良也是事实,在此背景下,利用农地制度缺陷完成快速的资本积累确实是中国经济发生奇迹的重要原因之一,尤其是近年来,集体土地征收和国有土地使用权出让已经成为城市建设和发展的必由之路,地方政府利用集体土地征收和国有土地使用权出让之间的利差,进行经营城市的活动,引领了中国经济的快速发展。廉价的土地成本也是创造中国奇迹的基本要素之一。有学者描述了日本的"钉子户",便可说明问题:在日本,虽有《政府征收法》,但日本政府很少动用政府征收权,充分体现政府对私人财产的尊重和保护。例如,日本"最牛钉子户"因不肯搬迁,致使东京成田机场1号跑道拖延十多年才竣工,2号跑道无法修到规定长度致使飞机起降屡发险情,3号跑道至今还停留在图纸上不能动工。[2] 在转型国家,一方面,除了秩序的刚性需求以外,效率很多时候是应当优先于公平的,毕竟发展的机遇一旦错过,后果很严重;另一方面,虽然在现阶段该种制度优势仍在产生"红利",但该种单一的模糊所有权所引发的问题也广为诟病。该种利用农地制度缺陷完成快速的资本积累,进而引领城市化、工业化的发展路径,有学者称其为"摊大饼"式的发展模式,对一个地区收入分配的效应是,一边是政府扩大土地开发和建设规模使农民受损,另一边它最终使得这个地区内的政府工作人员直接受益;[3] 从社会层面考察,该种发展模式可谓是一把双刃剑:一方面,它限制了农民获得更多的土地收益,可能引发一系列的社会问题。有学者研究表明,近20年

---

〔1〕 [美]道格拉斯·C.诺思:《经济史中的结构与变迁》,陈郁、罗华平等译,上海三联书店、上海人民出版社1994年版,第20页。

〔2〕 "日本最牛钉子户迫使机场改道",载《新京报》2007年4月6日,A32版,转引自王达:《房屋征收拆迁法律制度新问题》,中国法制出版社2010年版,第41页。

〔3〕 周飞舟:"大兴土木:土地财政与地方政府行为",载《经济社会体制比较》2010年第3期。

第二章 我国农地使用权流转制度的历史前见与法哲学思考

来,农民被征地约 1 亿亩,获得的征地补偿费与市场价的差价约为 2 万亿元。[1] 改革开放以来,至少有 5000 万~6000 万农民彻底失去了土地,他们有的成为城市居民,但还有近一半没有工作,没有保障。土地问题已占全部农村群体性事件的 65%。[2] 另一方面,农地制度缺陷为农村土地的"农转非"工作提供了相当的便利,在这个意义上,中国特色土地制度是中国经济取得快速发展的秘密。[3] 正是因为我国城乡二元的土地制度,使我国可以以较低的成本扩展城市和建设基础设施,从而为中国经济发展和城市扩张提供基础条件。在 1997~2003 年的 7 年间,我国耕地从 19.5 亿亩锐减到 18.5 亿亩,而这一时期我国人口却增加 7000 万人。我国现行的土地批租制的巨大利益成为各级政府以各种名目"圈地"的制度性原因。批租一块地政府就一次性地收取巨额的土地收益,而给农民的补偿却较少。巨大的级差收益支撑起"经营城市"所需要的资金。据国土资源部统计,截至 2000 年底,全国累计收取土地出让金 7300 亿元。一些市、县的土地出让金收入已经占到当地财政收入的 35%,有的竟然高达 60%。据资料显示,土地用途转变增值的土地收益分配中,政府大约得 60%~70%,村级集体经济组织得 25%~30%,农民得到的少于 10%。[4] 如果说在后全能时代,中央政府层面具有强大的动员能力,是因为其所掌握的资源,包括传媒、国家机器、社团组织和作为国家命脉的大中企业。这种国家治

---

[1] 于建嵘:"20 年来农民被征地 1 亿亩 补偿与市价相差 2 万亿",http://www.eeo.com.cn/Politics/official/2010/11/05/184896.shtml,2013 年 1 月 1 日访问。

[2] 于建嵘:《抗争性政治:中国政治社会学基本问题》,人民出版社 2010 年版,第 137 页。

[3] 贺雪峰、魏华伟:"土地问题的六个常识",载《社会科学战线》2010 年第 2 期。

[4] 许经勇:"'三农问题'与资本原始积累",载《福建行政学院福建经济管理干部学院学报》2004 年第 4 期。

理方式是执政党以在革命战争年代获取的强大政治合法性为基础和依托，通过执政党和国家官僚组织有效的意识形态宣传和超强的组织网络渗透，以发动群众为主要手段，在政治动员中集中与组织社会资源以实现国家的各种治理目的，进而达成国家的各项治理任务。[1] 那么在地方政府和村庄层面，则存在着"后全能时代的村庄悖论"。国家从农村全面退出，村庄只能维持基本的公共事务，但国家在基层的动员能力，尤其是集中资源办大事，包括维稳、招商引资、发展经济的能力并未削弱。学界已有学者深入研究了县乡之间的利益联结，研究发现目标管理责任制作为在当代国家正式权威体制上创生的一种实践性的制度形式，在权威体系内部以及国家与社会之间构建出了一套以"责任——利益连带"为主要特征的制度性连接关系，[2] 而它本质上是建立在行政发包和晋升竞争基础上的"政治锦标赛机制"。[3] 另有学者认为：正是这种制度性连接关系使得改革之后的国家表现出了更积极和有效的社会动员能力，以帮助国家有效地实现经济与社会等方面的相关目标。[4] 在县乡两级政府之间，存在着明显的利益连接，有学者以"压力型体制"[5] 来描述该种关联状态，但上述分析并未解答"后全能时代的村庄悖论"，即县乡两级政府，尤其是乡镇一级是如何有效激励和约束村庄，包括村庄的领导层和积极分子。在税费改革后，乡镇

---

[1] 唐皇凤："常态社会与运动式治理——中国社会治安治理中的'严打'政策研究"，载《开放时代》2007年第3期。

[2] 王汉生、王一鸽："目标管理责任制：农村基层政权的实践逻辑"，载《社会学研究》2009年第2期。

[3] 周黎安：《转型中的地方政府：官员激励与治理》，上海人民出版社2008年版。

[4] 狄金华："通过运动进行治理：乡镇基层政权的治理策略——对中国中部地区麦乡'植树造林'中心工作的个案研究"，载《社会》2010年第3期。

[5] 荣敬本、崔之元等：《从压力型体制向民主合作体制的转变：县乡两级政治体制改革》，中央编译出版社1998年版。

第二章 我国农地使用权流转制度的历史前见与法哲学思考

基于税费的"收入"以及借由各种名目的摊派被国家的制度强制性斩断,而事权上收、工资统发作为税费改革的后果或者配套措施,使得乡镇财政变得越来越"空壳化"。县里许多部门的"专项资金"也开始越来越"绕开"乡镇政府,由县职能部门直接实施;工资的统发制度实际上将乡镇财政完全"挖空",而转移支付的费用则根本不足以支持乡镇正常的运作。[1] 在此背景下,乡镇一级几乎没有了任何可以用来激励和约束村庄的领导层和积极分子,微薄的低保收入甚至被用作了治理的资源和手段。[2] 据此,笔者认为理解这一悖论的核心便在于农地制度。在"后全能主义"时代,农地制度成为地方政府最为重要的治理资源和抓手。在描述地方政府的行为模式时,戴慕珍教授使用新词组"地方的国家社团主义"(local state corporatism),亦有学者将其称为"地方公司主义"。[3] 如果将基层政府,尤其是县域政府、乡镇政府称为公司的话,那么农地无疑是公司最重要的资产。地方政府形成了依赖"土地财政"的现象,所谓"土地财政",就是地方政府以土地为政策工具,为开拓地方预算内(制造业和服务业税收)和预算外(土地出让金)财政收入来源,在区域竞争中通过低价、过度供给工业用地以及高

---

[1] 周飞舟:"从汲取型政权到'悬浮'型政权——税费改革对国家与农民关系之影响",载《社会学研究》2006年第3期。

[2] 郭亮:"从'救济'到'治理手段'——当前农村低保政策的实践分析:以河南F县C镇为例",载《中共宁波市委党校学报》2009年第6期。

[3] Oi Jean, 1992, "Fiscal Reform and the Economic Foundation of Local State Corporatism", *World Politics*, 45 (1), pp. 99 ~ 126; 1995, "The Role of the Local State in China's Transition Economy", *China Quarterly*, 144, 1998; "The Evolution of Local State Corporatism", in Andrew Walder (ed.), *Zouping in Transition: The Processs of Reform in Rural NorthChina*, Cambridge, Mass: Harvard University Press. 也有中国学者提出,该学说既不能有效解释苏南以外的农村"地方政府公司"很少成功,也不能说明20世纪90年代中叶以后苏南型的"地方政府公司"何以普遍发生私有化现象。参见秦晖:"农民需要怎样的'集体主义'",载乡镇论坛杂志社编:《农民土地权益与农村基层民主建设研究》,中国社会出版社2007年版,第290页。

价、限制性出让商、住用地的行动而采取的财政最大化策略。与通常简单地把"土地财政"理解为地方政府低价征地、高价卖地不同,上述诠释的一个关键是指出地方政府在其出让土地行动中绝大部分(工业用地)是不直接获利的,甚至是亏损的。地方政府往往还需要用商、住用地招、拍、挂获得的收支盈余来横向补贴工业用地协议出让后的收支亏损。如前所述,这种不惜血本进行制造业招商引资的行为,目标不仅仅在制造业可带来的增值税,更在于制造业发展对本地服务业推动所带来的营业税和商、住用地出让金收入。[1] 中国自21世纪初以来开始了一轮以城市化、工业化、国际化为助推力的高速增长,其重要动力机制便在于农地制度。正是在这个意义上,赋予了"中国问题的根本是农民问题,而农民问题的关键是土地问题"这一命题深刻的现代内涵。在以往的研究中,已有学者注意到了农村土地承包经营权调整所具有的治理功能,在税费改革之前,面对着不断增加的欠款压力和国家政策留给自己的并不宽裕的选择空间,乡村干部除了运用"软硬兼施"的"正式权力的非正式运用"以外,[2] 在其他乡村,则表现为运用社区组织所掌握的公共资源,在欠款农户要求政府和村里为其办事时,也祭出"相互拉扯"的杀手锏,而集体土地的分配正是乡村干部工具箱中最重要的工具。[3] 村庄资产的主要组成部分是土地,因此对于资产的支配,突出地体现在对于土地的处分权上。在张静调查的西村,这种处分权事实上获得了上下的默许,采访中的多数村民认

---

[1] 陶然、汪晖:"中国尚未完之转型中的土地制度改革:挑战与出路",载《国际经济评论》2010年第2期。

[2] 孙立平、郭于华:"软硬兼施:正式权力非正式运作的过程分析",载清华大学社会学系主编:《清华社会学评论》特辑,鹭江出版社2000年版。

[3] 吴毅:《村治变迁中的权威与秩序》,中国社会科学出版社2002年版,第236页。

为，村庄的土地调整权是正当的。[1] 而在后税费时代，土地承包经营权流转、宅基地使用权流转、集体建设用地使用权流转及其收益分配等问题，均成为连接县、乡镇两级政府和村庄权力阶层最重要的桥梁和纽带，也正成为乡镇两级政府和村庄权力阶层所倚重的仅存的治理资源和抓手。

综上，西方学者提出的"权利假设"疑问，是基于西方经济社会发展的一般经验，其话语的背景和语境是西方的；在中国的语境下，利用农地制度缺陷完成快速的资本积累，进而引领城市化、工业化的发展路径是一把双刃剑，随着经济社会的发展，该路径越来越偏离民众的基本诉求，使基层政权可能面临合法性的危机。诚如凌斌对《秋菊打官司》所解读的那样：不仅因为指望"救人"就任由救人的人随便"打人"，会导致官逼民反，而且，由于愤慨"打人"而忘了打人的人也能"救人"，那一样是个悲剧。[2] 因此，未来有效限制和规范政府在农地领域的权力范围和行使程序，保护农民集体和农民个体的基本权利和自由仍是我国通过农地制度实现经济和社会可持续发展的动力和方向。

（三）法哲学视野中的农地流转权利限制及其正当性考量

单纯从法律法规的抽象层面来看，农民拥有强度很高的土地财产权，但从实际经济关系看，地方政府和农民集体的掌控者却有强度很高的土地控制权。权利贫困（poverty of rights）是中国农村贫困现象的主要原因，而农民权利的贫困主要表现为土地财产权利的

---

〔1〕 张静：《现代公共规则与乡村社会》，上海书店出版社2006年版，第110页。
〔2〕 凌斌："村长的困惑：《秋菊打官司》再思考"，载强世功：《政治与法律评论》，北京大学出版社2010年版，第205页。

贫困。[1] 但从中国奇迹的发生来看，我们不得不追问，这种农地权利的贫困，是否契合了其他国家农地权利受到公法越来越多限制的趋势呢？在资本主义刚刚兴起的19世纪，西方国家的公民对财产的取得、使用和处分等获得了宪法和民法典授予的广泛自由，但到了20世纪，财产的个人主义倾向逐渐被社会化倾向所取代。在西方法学史上，最早论及权利限制问题的是英国人约翰·密尔。他表示要"探讨社会所能合法施用于个人的权力的性质和限度"，[2] 康德也指出："严格的公正也可以表示为这样一种可能性：为根据普遍规制，能使所有人的意志相协调而产生一种普遍的相互的强制。"[3] 康德将权利的限制看做是权利自身的内在要求。自19世纪末以来，自由财产经受了社会连带主义、历史法学和法律实证主义的猛烈抨击。[4] 这表明"个人权利的观念及其价值丧失了至高无上和不可动摇的地位"。[5] 林纪东教授认为："由尊重个人本位之法律，至尊重社会本位之法律社会化现象，为20世纪法律之主流，所有法律，直接间接均受其影响。"[6] "大陆法系中公认的基本法律分类是公法和私法，私法主要包含民法和商法两个部分。"[7] "私法是整体法律制度的一个组成部分，它以个人和个人

---

[1] 洪朝辉："论中国农民土地财产权利的贫困"，载《当代中国研究》2004年第1期。

[2] [英]约翰·密尔：《论自由》，程崇华译，商务印书馆1962年版，第1页。

[3] [德]康德：《道德形而上学》，转引自杨春福：《权利法哲学研究导论》，南京大学出版社2000年版，第186页。

[4] 梁慧星："原始回归，真的可能吗？——读"权利相对论"一文的思考"，载梁慧星主编：《民商法论丛》第4卷，法律出版社1997年版。

[5] 刘美希："论私法理念现代变迁的法哲学理论基础"，载《法学论坛》2010年第3期。

[6] 林纪东：《行政法》，台湾三民书局1977年版，第18页。

[7] [美]约翰·亨利·梅利曼：《大陆法系》，顾培东等译，法律出版社2004年版，第72页。

第二章 我国农地使用权流转制度的历史前见与法哲学思考

之间的平等和自觉（私法自治）为基础，规定个人和个人之间的关系。"[1] 但随着经济社会的发展，在大陆法系国家私法社会化已经成为一大趋势。私法社会化是指民法以社会为中心，在以抽象的自由、平等及个体权利为前提下，侧重于实质的平等与权利所应承担的社会义务，在利益结构上，当个人利益与社会利益重合时，强调以个人利益为出发点与归宿，进而认为国家与社会对私权的一定程度内的干预是私权的内在要求。[2] 梁慧星教授也认为：近代民法的物质基础是19世纪的社会经济生活，而现代民法的物质基础是20世纪的社会经济生活。近代民法的理念为形式正义，价值取向为社会安定性，模式为抽象的人格、财产所有权的保护的绝对化、私法自治、自己责任。现代民法的理念为实质正义，价值取向为社会妥当性，模式为具体的人格、财产所有权的限制、对私法自治和契约自由的限制、社会责任。[3] 农地权利属于物权的范畴，而物权作为一种民事权利，是整个财产法乃至民法的基础。只有明确物的归属，才有物的有效利用和流转。但在现代社会，任何权利都不是绝对的，物权也一样。物权也有自己发挥效用的"作用域"，即法律所规定的、行使这些物权所需满足的条件以及为实现这些物权所需要履行的义务。有学者认为：作为一种权利，《物权法》中规定的物权所宣示的实际上并不仅仅是权利，而更多地是支撑和行使这一权利所必须倚赖的义务和责任。[4] 梁慧星教授认为，权利的内部限制指权利本身负有义务，权利应为社会目的而行使，目的在于实

---

[1] [德] 卡尔·拉伦茨：《德国民法通论》，王晓晔等译，法律出版社2003年版，第1页。

[2] 李石山："私法社会化研究"，武汉大学法学院民商法学2002年博士学位论文，第46页。

[3] 梁慧星主编：《从近代民法到现代民法》，中国法制出版社2000年版，第171页。

[4] 黄晓慧："物权法的哲学之维"，载《法治论坛》2007年第3期。

践公益优先原则,必要时牺牲个人利益以维护社会公益;权利之外部限制是在承认权利之不可侵性、权利行使之自由性的前提下,以公法的措施适当限制权利之不可侵性,以民法上的诚实信用原则、权利滥用之禁止原则及公序良俗原则限制权利的自由性。[1] 对于物权的限制可以分为内部限制和外部限制,自愿限制与强制限制,紧急情况下的限制与一般情形下的限制,[2] 公法限制和私法限制[3]。笔者认为,在农地领域,由于其既与国家性质和意识形态密切相关,又与国计民生和粮食安全联系在一起,因此,对农地进行限制的核心问题应当是如何依据社会公共利益需要限制农地当事人的权利。在农地使用权流转过程中,我国的《物权法》、《农村土地承包法》等法律对农民的自由流转权利进行了诸多限制,该种限制的具体内容是什么,是否具有理论上和实践上的正当性,值得我们进一步考量。

第一,土地承包经营权流转中的限制。按照《物权法》和《农村土地承包法》的规定,土地承包经营权流转必须首先符合以下六个条件:①不改变性质和土地用途。②流转的期限不得超过承包期年限。③受让方需有农业经营能力。④本集体经济组织的成员优先原则。⑤土地承包经营权转让的,应当经发包方同意;采取转包、出租、互换或者其他方式流转的,应当报发包方备案。⑥土地承包经营权转让的,承包方需有稳定的非农职业或者有稳定的收入来源。

首先,由于土地承包经营权流转是农地用益物权的有条件转

---

[1] 梁慧星:《民法总论》,法律出版社 1996 年版,第 286~287 页。

[2] 张平华:"私法视野里的权利限制",载《烟台大学学报(哲学社会科学版)》2006 年第 3 期。

[3] 参见程萍:《财产所有权的保护与限制》,中国人民公安大学出版社 2006 年版;丁文:"权利限制论之疏解",载《法商研究》2007 年第 2 期;丁文:《物权限制研究》,中国社会科学出版社 2008 年版。

让，不得改变土地的性质和用途，农地的用途管制事关粮食安全和城乡规划的问题，以此作为对土地承包经营权流转进行管制的理由是恰当的。其次，土地承包经营权作为一种用益物权，而用益物权是有期限的，所以对用益物权的期限作出限制性规定也是恰当的。再次，为了更好地配置土地资源以发挥其农业经营生产的作用，受让方必须具有能够根据生产需要有效开展农业生产经营获得的能力，否则，受让人本身或者生产经营方面的客观条件不具备，如受让人没有劳动能力或劳力，没有资金或相应的技术，则可能导致当事人的经济目的不能实现，造成土地等自然资源的浪费，影响经济效益的发挥。[1] 最后，在我国古代即存在"先问近邻"（近邻的先买权）的制度，由于我国农村仍是"半熟人社会"，邻里之间的交往仍然比较密切，从当前的实际和习惯出发确立集体内成员的优先权，既是考虑到村庄共同体的关联，也是照顾农业生产的特点，即同一集体成员内的农地一般比较接近，更容易合并打理。但问题在于对土地承包经营权转让过程中的限制因素，即关于承包方有稳定的非农职业或者有稳定的收入来源，并需经发包方同意，该限制并不恰当。在实践中，随着农民就业的多元化以及社会保障制度的逐步健全，农民的收入来源也呈现多样化的趋势，农民阶层内部的分层与分化现象已经越来越普遍，各地区农民与土地的关系也日益复杂，土地作为生存根本的功能正在削弱，在沿海发达地区和大中城市近郊区，一部分农民已放弃农业生产，转向从事第二、三产业，这一群体农户自愿将土地承包经营权转让给他人，实现身份转换退出农村对于加快城市化、节约农村用地均是有益的。根据该规定，土地承包经营权转让必须经发包方同意，但在实践中，发包方根本无力审查或预见转让方是否有稳定的非农职业或者有稳定的收入来

---

[1] 张平华等：《土地承包经营权》，中国法制出版社2007年版，第203页。

源,更何况,谁又能保证在承包期内都具有比较稳定的收入来源呢?立法者应当相信农民也是理性的经济人,既然自愿将土地承包经营权转让给受让方,那么对自己家庭成员的今后生存能力肯定会作出比较合理的预测。另外,"经发包方同意"的规定也违背了《物权法》法理,从用益物权的特性来看,转让须经发包人同意的说法与土地承包经营权的物权性存在显见的抵牾。除此之外还有哪个他物权本身的处分还要求诸所有权人的同意?对出让方的非必要限制和对受让人的歧视性区分也绝非一项物权的题中之意。[1] 无论发包人是否同意转让均缺乏法定或科学依据,发包人也不可能在此问题上为承包人作出合理的安排,其结果是这一规定要么流于形式,要么成为发包人寻租的手段。因此,笔者认为这是立法者通过限制土地承包经营权流转,达到"逼民自保"的目的。在现实中,"发包方同意"往往成为农民集体进行权力寻租和村庄治理的工具,对政府和干部来说,承包合同也成为他们手中力臂最长的一个杠杆。通过这个杠杆,计划生育、催粮要款、农田基建、修桥修路这些通常难以实现的目标,都可以通过这种间接然而省力的方式达到。从这个角度讲,土地承包并不仅仅反映一种单纯的经济关系,而是种种复杂的权力关系的一个集结,是一种启动全面治理的过程。[2] 对于权利人本身而言往往是弊大于利。

第二,农民集体建设用地使用权流转中的限制。到目前为止,我国立法对农民集体建设用地使用权的流转依然持否定态度。根据《土地管理法》第63条的规定,对于使用农民集体所有土地用于建设用途的,除宅基地外,只限于以下三种情况:兴办乡镇企业、建

---

〔1〕 温世扬、武亦文:"土地承包经营权转让刍议",载《浙江社会科学》2009年第2期。

〔2〕 赵晓力:"通过合同的治理——80年代以来中国基层法院对农村承包合同的处理",载《中国社会科学》2000年第2期。

设乡村公共设施和公益事业。建设用地使用权是否包括集体所有的土地的问题在《物权法》的制定过程中引起了巨大的争议。《物权法》（草案）的规定是，国有建设用地使用权如何流转，集体建设用地使用权就在多大范围内可以流转，这就实现了国有土地使用权和集体土地使用权的法律地位平等。但最终出台的《物权法》却规定，集体土地变性为建设用地仍需先由国家征收，然后以国家的名义出让。这就使国家继续垄断土地一级市场，而不允许集体土地直接进入土地一级市场。通过该限制，实现的是国家土地利益的最大化，而极大地限制了农民集体和农民个体土地权益的实现。虽然十八届三中全会《决定》已经允许集体经营性建设用地直接入市流转，但仍需及时更新法律制度框架。

第三，宅基地使用权流转中的限制。《物权法》第153条规定宅基地使用权的取得、行使和转让，适用土地管理法等法律和国家有关规定。《土地管理法》第62条第1款规定："农村村民一户只能拥有一处宅基地，其宅基地的面积不得超过省、自治区、直辖市规定的标准。"第4款规定："农村村民出卖、出租住房后，再申请宅基地的，不予批准。"可以看出，我国对农村宅基地使用权采取的是"限制流转"，且严格禁止农民私有住宅和宅基地使用权向城镇居民流转。宅基地使用权不能单独流转，在农村私有房屋买卖交易中，宅基地使用权可以被动地在本集体经济组织成员内部流转，流转方式包括出售、出租、继承、赠与、遗赠等。宅基地使用权能否在不同集体经济组织成员之间流转，我国法律没有明确规定，但基于宅基地使用权的取得具有成员权的特性，一般认为是不允许的。该规定将农民的宅基地使用权流转范围严格限制在本集体经济组织成员内，导致农民的宅基地使用权及其上的房屋的价值急剧降低，根本无法实现其市场价值。十八届三中全会《决定》对此进行了创新，"房地分离"的设计路径仍需从法律层面中进行适当的制度建构。

综上,我国法律法规中对于农地使用权流转的限制性规定,并不完全是基于社会公共利益对于私人物权的限制,更多体现的是一种家长主义的法律干预模式,家长主义的核心特征是为了保护行为人的利益而限制行为人的自由。[1] 流转权利受到不当限制的背后是城乡二元结构的残留,是基层政权治理的需求,已有学者发出这样的疑问:这种土地制度能够长期有效地支撑农村经济的进一步发展吗?[2]

三、小结

第一,我国封建时代土地的最终所有权毫无疑问是附属于国君的,而作为一般土地所有权的享有者,地主阶层和自耕农享有的只是一般意义上的所有权,而其他主体所享有仅仅是租种土地的权利。晚近以来学界对于旧中国土地占有状况和地租率的研究表明,土地占有上的不平等,很可能不是旧中国农村贫困、小农破产的主要原因。据此,去意识形态化,真正回归学术研究便成为我国土地制度研究的重要课题。土地所有权与使用权的"两权分离"并非是当代农村的制度创新,明清以来的田面权流转所涉及的也是农地使用权和经营权的流转,从实质而言,佃农所关注的并不是权利的移转,而仅仅是在负有粮税义务的土地上自由进行经营收益的一种地位。现代意义上的"流转"从起源上看是20世纪80年代初期形成

---

〔1〕 孙笑侠、郭春镇:"法律父爱主义在中国的适用",载《中国社会科学》2006年第1期;黄文艺:"作为一种法律干预模式的家长主义",载《法学研究》2010年第5期。

〔2〕 洪朝辉:"'中国特殊论'与中国发展的路径",载《当代中国研究》2004年第2期。

的概念，是中国特有的称谓词。"流转"概念的弹性比较大，只有"流转"这个词，才能准确描述改革开放以后比较混乱的农地流转状况。

第二，改革开放以后，我国地方政府发展经济的主导方式便是抓住土地开发权，但在快速城市化的过程中，有限的城市国有土地根本不能满足地方经济发展的需要，因此，加快农村土地的"农转非"工作便成为地方政府日常工作的主要议题之一。对"权利假设"需进行理性思辨，我国对农地保护的法律制度体系并不健全，但中国经济却奇迹般地腾飞了。我国经济腾飞的秘诀无疑与廉价的劳动力和廉价的土地具有密切的关联，利用二者完成必要的资本积累是最为便利和快捷的，而我国独特的农地制度架构为该种积累提供了最大可能。但该种发展模式是一把双刃剑，用之不当，则可能引发地方政权的合法性危机。在后税费时代，农地使用权流转及其收益分配问题成为连接县、乡镇两级政府和村庄权力阶层最重要的桥梁和纽带，也正成为乡镇两级政府和村庄权力阶层所倚重的治理资源和抓手。

第三，"权利要求一个权利主体"。[1] 所有物权均需有一个明确的主体，对于物权的确认和保护无非是对这些主体的意志能力的确认和保护。[2] 主体依据其自身意志实施民事行为是民法的基础，但为抑制意思自治产生的弊端，不得不依靠民法基本原则对其进行束缚，以求达到个人利益与社会利益的平衡，"理性之声告诉我们，为使我们自己的需要适应他人的需要，为使公共生活具有意义，对

---

[1] [德] 拉德布鲁赫：《法学导论》，中国大百科全书出版社1998年版，第63页。

[2] 高富平：《中国物权法：制度设计和创新》，中国人民大学出版社2005年版，对

个人行为施以一定的道德限制和法律约束是必要的"。[1] 但该种限制和约束必须是有限的。只在立法者有充分的理由相信大多数人都无法理智选择的场合,对自由市场的限制才是合理的。[2] 农地使用权流转权利受到不当限制的背后是城乡二元结构的残留,是基层政权治理的需求,该种限制并不完全是基于社会公共利益对于私人物权的限制,更多体现的是一种家长主义的法律干预模式。

---

[1] [美] 博登海默:《法理学:法律哲学与法律方法》,中国政法大学出版社2004年版,第10页。

[2] 徐祖林、左平良:"自由市场及对自由市场限制的法哲学分析",载《湖南社会科学》2006年第5期。

第三章 我国农地使用权流转制度的当代演进与解读

> 无论从哪个角度审视中华人民共和国土地政策的变迁史,它都堪称20世纪中国的一部大事记。[1]
> 在我国土地政策的演变过程中,国家权力一直在主导土地制度的变迁(1978~1988年例外)。为了保证国家利益至上、工业化至上、城市化至上,土地始终是政府手中的工具和筹码。[2]

一、关系产权:理解我国农地使用权流转困境的一个视角

自土地革命以来,农地问题一直是中国社会各界关注的焦点问题。有学者从西方产权经济学的视角对这一时段我国农地制度的演

---

[1] [荷]何·皮特:《谁是中国土地的拥有者?——制度变迁、产权和社会冲突》,林韵然译,社会科学文献出版社2008年版,第9页。
[2] 李昌平:《大气候:李昌平直言"三农"》,陕西人民出版社2009年版,第97页。

变进行了深入的解读。[1] 产权理论认为产权是一束权利,即产权界定了产权所有者对资产使用、资产带来的收入、资产转移诸方面的控制权,为人们的经济行为提供了相应的激励机制,从而保证了资源分配和使用的效率。[2] 产权拥有者能够自由地行使其对财产的权利,且他人不得干涉该权利,也就是说,自由行使和排他性是产权的基本特征。但我国农村现行的集体产权概念本身并不是一个主流经济学的产权概念,它是具有中国特色的财产权利安排。学者认为与传统西方经济学所定义的产权概念相比,我国农民对农地所享有的产权是不完整的、残缺的,并称之为"模糊产权"。[3] 这种研究策略的一个好处是,便于与标准的研究范例和在此范例中已经取得的研究成果相衔接,但它也存在一系列问题:首先,这种研究策略引导人们忽略对所谓的"偏离状态"的研究,而对中国这样一个"偏离状态"是常态的国家来说,这种忽略的弱点倒是不容忽略的;其次,对"偏离状态"的忽略,容易暗示性地引导人们把在这种状态中起作用的因素看成是干扰或导致混乱的因素,从而忽略对其内在的规则性和逻辑的研究;最后,作为这种研究的结果,通常告诉人们"不是什么",而很少告诉人们"是什么",而后者正是研究工作所要追求的目标。[4] 正因如此,有学者尝试把产权作为一个"关系性"的分析概念,并提出"关系产权"这个概念,以概括"产权是一束关系"这样一个命题。这个命题的基本出发点与

---

[1] 周其仁:"中国农村改革:国家与土地所有权关系的变化——一个经济制度变迁史的问题",载《中国社会科学季刊》1995 年第 6 期;董国礼:"中国土地产权制度变迁:1949~1998",载《中国社会科学季刊》2000 年秋季号。

[2] 周雪光:"关系产权:产权制度的一个社会学解释",载《社会学研究》2005 年第 2 期。

[3] [荷]何·皮特:《谁是中国土地的拥有者?——制度变迁、产权和社会冲突》,林韵然译,社会科学文献出版社 2008 年版。

[4] 刘世定:《占有、认知与人际关系》,华夏出版社 2003 年版,第 2 页。

"产权是一束权利"的经济学思路不同:"关系产权"的思路不着眼于组织的边界和排他性权利,而是强调组织与环境之间建立在稳定基础上的相互关联、相互融合、相互依赖;产权的结构被用来维系和稳定一个组织与它们的环境之间的关系。[1]笔者试图将"关系产权"的分析框架运用到我国农地使用权流转困局的制度分析上。

(一)关系产权视角下我国农地集体所有制度的生成与运作

对于我国农地集体所有这样的制度安排,我们并不应当仅仅将其看做是一种所有权或产权的规范,更应当将其看做是一种"关系产权",是"一束关系"。我国农地集体所有的特点与"关系产权"的独特性异常契合,这种独特性体现在:①产权只有在特定的制度环境中才能得以理解,它是制度环境对组织制度加以制约的结果;②建立在产权基础上的关系是一种持续性的、稳定的、具有双边性或多边性的社会关系;③关系产权是建立在更为广泛的制度保障、共享认知的基础之上的。[2]

第一,我国农地集体所有制度安排其产生和运作的场域是基于农村熟人社会的独特社会结构。在我国早期追逐工业化尤其是重工业化和城市化的过程中,稳定农民和固化地权成为我国的战略性制度选择,并根据资本积累的现实需求形成了一套基于特定历史环境的地权配置。在村庄内部,则由村庄权力的享有者行使部分集体所有权,并以此作为治理的工具和凭借。据此,笔者认为应该从村落与其周边环境、村落中的人与土地之间的关系这两个角度来认识农地集体产权所扮演的角色。而关系产权这个概念的提出所关注并强

---

〔1〕 关于关系产权的概念及其特征等表述,参见周雪光:"关系产权:产权制度的一个社会学解释",载《社会学研究》2005年第2期。

〔2〕 周雪光:"关系产权:产权制度的一个社会学解释",载《社会学研究》2005年第2期。

调的恰恰是农地集体产权与制度环境之间的相互塑造，它强调产权是制度环境对组织加以制约的结果，产权是建立在更为广泛的制度保障、共享认知的基础之上的。在组织内部则通过产权的建立和运作而建立一种类似于亲情关系的"圈子"。

第二，社会学的思路引导我们注意我国农地集体所有对其所处环境的依赖，强调制度环境对我国农地集体所有及农地流转行为的制约。从这个角度来看，在经济学家看来是"产权残缺"的现象，在我们看来恰恰是产权与周边制度环境"互构"的结果。在农地集体所有产生之初，该制度是国家为了实现工业化而强化自我剥夺和自我积累的结果，而晚近以来农地集体所有所产生的主体模糊的问题，恰恰是具体行动者，尤其是地方政府适应"GDP锦标赛"大环境的战略选择。地方政府发展经济的主导方式是抓住土地开发权，而在快速的城市化过程中，有限的城市国有土地根本不能满足地方经济的发展。因此，加快农村土地的"农转非"工作便成为地方政府除了招商引资以外，乃至于日常工作的主要议题之一。分税制下的地方政府在推进工业化、城市化过程中，面临着发展地方经济的巨大压力。他们往往不得不以各种优惠的土地条件吸引项目，招商引资。其低成本发展的首要条件，就是能够从农民那里低价取得土地。这对地方政府来说，既能加快本地区经济增长速度，又能实现地方政府财政收入显著增长，还能做到任期内政绩的最大化。[1] 有学者将其称为"地根经济"。[2]

第三，"关系产权"可以作为一个组织的身份和承诺的有效信号。一定的"关系产权"决定了相应的制度逻辑，而这些制度逻辑

---

〔1〕 许经勇："'三农问题'与资本原始积累"，载《福建行政学院福建经济管理干部学院学报》2004年第4期。

〔2〕 靳相木：《地根经济：一个研究范式及其对土地宏观调控的初步应用》，浙江大学出版社2007年版，第34～35页。

第三章 我国农地使用权流转制度的当代演进与解读

在很大程度上界定了一个组织与其他组织的交往方式或者内部运行方式,从而限制了企业相应的行为。这种制度逻辑使得产权基础上的关系具有"圈内归属"的稳定性,为组织提供了一个明确的身份和可信的承诺,成为该组织与其他组织或环境建立各种关系的基础。在制度形成初期,农地集体产权的重要价值恰恰是表明成员的身份以及该身份所具有的特定的权益,而随着社会的变迁,农民身份已不再是固定的概念。这种身份制约又构成了当下农地流转的重大障碍,"关系产权"概念有利于从另外一个视角去理解当下我国农地使用权流转的困境。

第四,产权作为一个"关系性"概念,有助于我们认识"庇护主义"和"地方法团主义"的微观基础。如果基于中国文化与传统的现实性,站在中国这个语境之下考察"关系",可以将其理解为一种文化现象,强调"关系"是中国文化的体现;而从秩序控制这个层面考察,"关系"则可视为中国社会的一种独特的规范性秩序。[1] "关系"之所以能够成为一种规范,关键在于"关系"的背后是芸芸众生在互动中生成的,对自我与他人的角色的一种定位和认同,并发展成为人与人之间支配、被支配以及相互支配的权力配置。[2] 就关系的本质而言,是一种"隐形契约"或称为"关系型契约"。[3] 在乡村这个关系网络中,"关系契约具有增值的作用,通过自身的地位将关系变为拟亲缘的过程中产生出来,并以此为基础不断复制扩大这种网络,建构出一个具有个人地位和资源拥有量庞大的社会空间和秩序体系。形成网络的同时,也通过信赖送礼等

---

[1] 易军:《关系、规范与纠纷解决——以中国社会中的非正式制度为对象》,宁夏人民出版社2009年版,第51页。

[2] 易军:《关系、规范与纠纷解决——以中国社会中的非正式制度为对象》,宁夏人民出版社2009年版,第4页。

[3] [美]麦克尼尔:《新社会契约论》,雷喜宁、潘勤译,中国政法大学出版社2004年版,第1页。

形式的物质投入和礼尚往来、相互关照的情感投入达至亲密的默契，以不断巩固和增强关系结构，使关系在交往中不断增值并为各方带来好处".[1] 社会关系网络理论中的关系无论是工具性的，还是情感性的，或二者兼而有之，都局限在网络关系中的成员。关系网络内部由一些具有可转化的资源构成，它们包括社会地位、权利量、身份、人际圈、亲密程度甚至财富等，它们可以综合为一种力量决定成员之间的社会地位和交际行动上的关系策略。[2] 当然，情理与利益的互惠其实是这个人际互动体系的核心要素。农地集体产权作为一种"关系性"产权，其运作的场域是村庄，而村庄是一种关系结构和规范结构模式的组合，这层关系要求个体受制于组织机制的规范制约，个体不能违背组织机制，这便形成了对于集体产权的利益分配是按照集体内部"公平"原则作出的判断，如土地调整问题，尽管国家层面三令五申不允许任何形式的土地调整，但在实践中，土地调整问题屡禁不绝，甚至有发展的态势，频繁的土地调整是当前我国村级土地制度实践最为重要的特征之一，[3] 这便是集体产权内部的关系性因素的作用，作为不发达地区农民基本生活保障的土地仍应按照集体内部"公平"原则和地方性规范去处理，而不仅仅是一个法律问题。"庇护主义"和"地方法团主义"理论框架所强调的是乡村干部在充当国家的代理人和地方的当家人两个不同角色之间所存在的张力和矛盾，[4] 在传统农村格局下他

---

〔1〕 易军：《关系、规范与纠纷解决——以中国社会中的非正式制度为对象》，宁夏人民出版社2009年版，第56页。

〔2〕 易军：《关系、规范与纠纷解决——以中国社会中的非正式制度为对象》，宁夏人民出版社2009年版，第53页。

〔3〕 朱冬亮："土地调整：农村社会保障与农村社会控制"，载《中国农村观察》2002年第3期。

〔4〕 徐勇："村干部的双重角色：代理人与当家人"载，《二十一世纪》1997年第8期。

们往往更倾向于保护地方的利益，但在后税费时代，村庄面临着结构性的变革，在此背景下，如何维持"关系产权"中"关系契约"成为关系村庄未来走向的重大问题。

1. 生成的语境：配套的制度环境与固化的地权

从1949年新中国成立以来，作为一个人口膨胀而资源短缺的农民国家追求工业化，[1]受苏联的影响，中央决策层将资本密集型的重工业视为国家发达的主要标志，因此我国选择了重工业优先发展和进口替代的发展战略。只要中共高层在苏联式样的工业化路径上走出第一步，他们就不得不走出第二步，他们为了保住第二步不至于前功尽弃，就不由自主地走出第三步、第四步，[2]形成了"重工业化的弥散效应"。重工业发展需要庞大的资本积累，在外部世界的封锁下，中国的工业化就只能走内部资本积累的道路。这样，农业、农村和农民就不得不为国家的初步工业化提供庞大的和主要的资源支持。我国不得不从20世纪50年代中后期开始在农村推行统购统销、户籍制度和人民公社等俗称为"三驾马车"的互为依存的体制，进行一次史无前例的、高度中央集权下的自我剥夺，[3]对农村经济实现严密的控制迫使农民为国家的经济建设提供大量的资源。农民为国家的工业化作出了巨大的牺牲，从而有力地降低了工业产品的人工成本，顺利地实现了资本的高度和快速积累。据估计，在1952～1982年的30年期间，国家通过工农产品的价格"剪刀差"、农业税和农村储蓄的净流出等三条渠道，从农村提取了6127亿元的经济剩余，相当于1982年全部国营企业的固定

---

[1] 温铁军：《三农问题与制度变迁》，中国经济出版社2009年版，第9页。

[2] 这是20世纪30年代的历史学家蒋廷黻先生在《中国近代史》中提出的一个非常精彩的观点，他提出并论证了洋务运动中的"防卫现代化的弥散效应"，笔者对此概念进行了借用和延伸。转引自萧功秦：《中国的大转型——从发展政治学看中国变革》，新星出版社2008年版，第57页。

[3] 温铁军：《三农问题与制度变迁》，中国经济出版社2009年版，第18页。

资产原值。[1] 再加上改革开放之后，农业产出通过"剪刀差"形式贡献的资本，在60多年内，农民和农业为国家建设提供了大约2万亿元的资本积累。[2]

另外，我国通过限制城乡人口流动、户籍制度、粮食配给和低度城市化的策略，使农民的身份性和地权相对固化，一方面，农地逐渐福利化；另一方面，国家收获了巨大的制度收益，即社会稳定，但弊端便是土地的社会保障功能越来越大于其作为生产资料的功能，造成了农村土地的闲置和浪费；城市化进程的缓慢，也导致了农村长期难以走出"过密化"的困境。[3] 农村发展面临着制度性的障碍。1955年6月，国务院颁布了关于建立户籍制度的指示，奠定了现代中国最重要的社会差别的合法基础。于是，所有人被要求去设在农村高级合作社和城市街道的公安部门正式登记他们的居住地。从那时起，居住身份成了一种先赋的、可遗传获得的地位，即简单地依据一个人的户籍所在地来决定一个人的全部生计和福利。由此，中国的农民成了一个受隔离的次等地位群体，而且所有农民的自由流动和迁移都被明确地加以禁止。[4] 在整个50年代，……中国政府在城市和乡村之间构筑了一堵墙，这是中国历史上未曾有过的。它这样做的主要目的，是将潜在的底层束缚在土地上，以便于完成新国家所追求的工业化进程。[5] 当1949年后开始

---

[1] 周其仁："中国农村改革：国家和所有权关系的变化"，载《中国社会科学季刊》1993年夏季卷。

[2] 张启良："值得关注的城市化浪潮与失地农民现象"，载《统计研究》2005年第1期。

[3] "过密化"概念参见［美］黄宗智：《长江三角洲小农家庭与乡村发展》，中华书局2000年版。

[4] ［美］苏珊瑞：《在中国城市中争取公民权》，王春光、单丽卿译，浙江出版联合集团、浙江人民出版社2009年版，第37页。

[5] ［美］苏珊瑞：《在中国城市中争取公民权》，王春光、单丽卿译，浙江出版联合集团、浙江人民出版社2009年版，第27页。

建设社会主义国家的时候,中国搬用了苏联开创的大量实践经验,努力复制苏联限制大城市扩张的经验。[1] 从法理层面上讲,农民的身份化意味着公民权的不统一和国民待遇原则的丧失,是对历史造成的人与人之间不平等状况的忽视。[2] 正是在户籍制、农产品统购统销制、单位制和公社制这四大制度制约下,形成了所谓"城乡分割、一国两策"的基本治理格局,[3] 并且通过意识形态不断强化这一格局。

综上,我国农地集体所有制度是特定环境下生成的产物,并对所生成的环境产生了一定的路径依赖,而当周边制度环境已经发生了根本性变化的情形下,继续强调甚至强化该种"城乡分割、一国两策"的治理策略、农村集体土地和城市国有土地的两分格局,将对我国农地使用权流转行为产生根本性的制约。

2. 运作的场域:作为(半)熟人社会的村落

费孝通先生认为在中国"以农为生的人,世代定居是常态,迁移是变态"。传统的中国农村是典型的乡土社会,而乡土社会重要的特征便是其独特的熟人社会结构,该种结构表现为较强的封闭性和保守性。"在差序格局中,社会关系是逐渐从一个一个人推出去的,是私人关系的增加,社会范围是一根根私人联系所构成的网络。"[4] 在农村社会中人际格局的远近,是以农民自己为中心延伸开去的,按距自己心理距离的远近来划分,而不是按照自身利益诉求程度划分。1949年以后,农村社会生活的最大改变之一是农地

---

[1] [美]苏珊瑞:《在中国城市中争取公民权》,王春光、单丽卿译,浙江出版联合集团、浙江人民出版社2009年版,第33页。

[2] 卢荣善:"农业现代化的本质要求:农民从身份到职业的转换",载《经济学家》2006年第6期。

[3] 陆学艺:《中国农村状况及存在问题的原因》,载汝信等主编:《2001年中国社会形势分析与预测》,社会科学文献出版社2001年版,第160页。

[4] 费孝通:《乡土中国 生育制度》,北京大学出版社1998年版,第30页。

制度的改变。明清以来的农村土地虽然是私有的，但土地的流动被严格限制在族人和本村人之间。集体化后，土地变成了集体的财产。农地的集体所有制，其实就是村庄所有制，农地所有制的性质变化了，但村庄的封闭性没有改变，农地村庄所有制很可能还加剧了这种封闭性。威廉·雷夫利认为，农地集体化以前，外村人可以通过土地买卖的方式进入某个村庄。但农地集体化以后，这样的机会基本消失了。[1] 在集体化和公社化运动中，国家采取了稳农限农的措施，在长达20多年的时间里，农民处于固定不动的状态，跳出"农门"异常困难。1978年，中国的农业人口由1960年的52 476万人增长为81 029万人，农业人口在总人口中的比例，则由1960年的79.3%上升到84.2%，不仅很少有人口迁移意义上的农民流动，更少有外出务工经商的农民流动。[2] 农民的身份固化使其更依赖土地，形成了基于村落和身份的共同体，作为共同体的成员，村庄中的农民可以享受重要的和基本的农地权利，如申请取得宅基地权利的主体只能是集体组织内部的成员，并且只能是以户为单位取得，其他人员则不能取得农民宅基地权利，至少是不受法律保护的。据此，农地集体所有制不仅仅具有经济上的重要价值，它还是国家政权赖以建立的基础，具有重要的政治意义。从政治学最直接的意义来看，集体的作用有两个方面：一是维护社会秩序，保证国家稳定和社会安全，达到社会控制的目的；二是征取税收，为国家奠定坚实的财政经济基础。集体所有制下的农村集体不仅是农民集体进行农业生产的劳动组织的基本单位，也是国家治理农村的

---

〔1〕 转引自高永平：《执着的传统》，中国文史出版社2007年版，第230页。
〔2〕 徐勇、徐增阳：《流动中的乡村治理》，中国社会科学出版社2003年版，第17页。

第三章 我国农地使用权流转制度的当代演进与解读

基层单位,更是农民生活的基本单位。[1] 在这个基本单位中,作为熟人社会的一员,一方面,村民与村民之间彼此了解,谁的才干如何,品质如何,大家都了然于心;另一方面,因为大家彼此熟悉,而自然而然地产生信用及规矩,没有谁会(或敢)越出这种信用和规矩,否则他就会受到大家强有力的惩罚。[2] 但随着社会变迁,行政村逐步形成,且在撤村并组运动中,行政村的范围越来越大,使行政村的社会格局与自然村的熟人社会不尽相同。自然村的熟人因为拥有村落共同的生活空间而相互知根知底,行政村作为规划的社会变迁,虽然拥有相同的行政空间,却可能缺乏共同的生活空间,村民们是在本自然村内串门、拜年、办红白喜事,在本自然村举行各种仪式,举行诸种游戏的。结果,行政村虽然为村民提供了相互脸熟的机会,却未能为村民提供充裕的相互了解的公共空间。[3] 根据《土地管理法》等法律的规定,集体所有权的主体为"三级所有"。《物权法》第60条未敢突破现有的法律规定,忠实延承了"三级所有"的规范模式,将各级"农民集体"定位为农地所有权主体,而由相应的"集体经济组织"代为行使所有权。在实践中,一般是由"村集体经济组织"代村民委员会行使土地所有权,或者由"村内集体经济组织"代村民小组行使土地所有权。[4] 无论学界对于所有权主体的虚位问题是如何争论的,也不管在实践中是"村集体经济组织"还是"村民委员会"或村民小组在实际

---

[1] 刘金海:《产权与政治——国家、集体与农民关系视角下的村庄经验》,中国社会科学出版社2006年版,第29页。

[2] 贺雪峰:《乡村治理的社会基础——转型期乡村社会性质研究》,中国社会科学出版社2002年版,第43页。

[3] 贺雪峰:《乡村治理的社会基础——转型期乡村社会性质研究》,中国社会科学出版社2002年版,第48~49页。

[4] 陈小君:"农村土地制度的物权法规范解析——学习《关于推进农村改革发展若干问题的决定》后的思考",载《法商研究》2009年第1期。

行使集体土地所有权主体之职责,有一点是可以肯定的,农地集体所有的土地制度具有其自身运作的场域,该场域中的成员生活在(半)熟人社会的村落中,彼此之间存在着较强的关联和关系。在实际调研中,笔者也发现村民对村民小组无疑有着更高的认同,而对村民委员会的认同则相对较弱,这契合了学界关于村民小组是熟人社会,而行政村为半熟人社会的基本结论。但随着撤村并组运动的开展,各地行政村的范围越来越大,行政村是半熟人社会的性质也在发生变化,同时,该种变化也对农村土地集体所有权的行使和集体成员权利、利益的实现带来了新的课题。但不管怎么样,农地集体所有制度所运作的场域边界是十分明晰的。

3. 运作的机理:作为价值共识的地方性知识和地方性规范

"地方性知识"这个概念由美国人类学家克利福德·吉尔兹提出,他认为法律是一种具有地方性意义的技艺,它的运作凭靠的乃是地方性知识。地方在此处不只是指空间、时间、阶级和各种问题,而且也指特色,即把对所发生的事件的本地认识与对可能发生的事件的本地想象联系在一起。[1] 由于地方性知识总是在特定的情境中生成、运用并得到辩护的,因此,对知识的考察不仅要关注普遍的准则,还要强调形成知识的独特的、具体的情境。简要地说,地方性知识包含的基本内容可以概括为以下三个方面:[2] ①以所在社区为中心的地方性的规则与制度体系。本地的人际交往规则、人际信任规则;本地独特的经济制度、习惯法律制度、亲属制度、仪式制度、区域性通婚与象征制度、民间互助性的福利制度

---

[1] [美]克利福德·吉尔兹:"地方性知识:事实与法律的比较透视",邓正来译,载梁治平主编:《法律的文化解释》,生活·读书·新知三联书店1998年版,第73、126页。

[2] 参见王道勇:《国家与农民关系的现代性变迁——以失地农民为例》,中国人民大学出版社2008年版,第59~60页。

体系,以及地方传统与民间互助的关系。②以所考察社区为中心的地方性思想观念体系:如生命观、幸福观、民间正义观、民意、权力观和地方性观念认同体系。③以所考察社区为中心的地方性生活体系:包括方言体系、习俗体系与饮食体系等。第一项内容一般也被称为"地方性资源",即乡土社会所内生的、可资利用的事物,它是地方性知识所承载的主体内容。在农村集体土地所有权所运作的村落共同体中,有可能不借助社会其他成分的帮助而独立进行其自身的再生产,即通过自身的手段(内部社会化)最终把下一代培养成与自己相似的成年人,从而使社区结构及其文化以这种方式世代存续下去,作为传统社会的组成部分,这种社区只是它所组成的更广泛的社会一个较小的变异体,可以在更小的范围内做那个更大的单位即社会能够做的一切,这种社区具有强烈的地域认同感和忠诚感[1]。他们拥有自己的方言体系、习俗体系与饮食体系,分享共同的人际交往规则、人际信任规则;在亲属制度、仪式制度、区域性通婚与象征制度、民间互助性的福利制度体系的勾连下,他们形成了类似的生命观、幸福观、民间正义观等地方性观念认同体系。而地方性规范是同一地方的人们所共享的关于行动正确与错误的准则。但地方性规范并非一定与国家意识形态相对立,相反,国家意识形态往往正是通过地方性规范来影响人们的行动的。地方性规范的核心不在于其与国家意识形态的关系,而在于一个地方的人们关于正确与错误评价标准的共享水平。地方性规范的一个作用是整合地方上的人们的行动,从而克服集体行动中的"搭便车"行为。在法律多元论者的眼中,地方性规范就是民间法,法律是对社会关系确认、抽象和概括的表现和产物,但其生成与发展依赖于特定的情境。从这个意义上而言,法律在本质上是一种地方性知识。

---

〔1〕 冯钢:"整合与链合——法人团体在当代社区发展中的地位",载《社会学研究》2002 年第 4 期。

法律无非是"隐蔽在法律理论和法律实践中的一系列政治、社会和经济生活的不断重现或'地方志'。用同一种方式来说,法律以各种形式依赖于有关历史的主张,所以它既界定又依赖一系列复杂的地方志和区域理解"[1]。而地方性规范构建了同一地方的人们生活的意义之网,可以用来评判他们的行动是正确抑或错误,并伴随以相应的奖惩措施。在中国传统社会,由于国家权力缺少对基层社会的深入渗透,基层社会自治程度较高,基层社会自治既依赖于强制性的族规家法,又依赖于人们关于什么是正确和什么是错误的地方性规范,正是内化的道德准则使强制性规范可以有效发挥作用。当国家权力十分强大,国家有能力安排基层社会事务,并为基层供给基本公共产品时,自主性的地方性规范的成长就变得既无必要,也无可能。进一步说,国家权力介入越深的地方,地方性规范的成长就越困难,地方性规范的自主性就越低。而国家权力越是难以介入的地方,自主性的地方性规范的成长就越容易,也越被需要,地方性规范就越强。[2] 作为制度约束的民间法,作为一种社会规范、组织机制和制约规范,是内涵于当下村落共同体的制度结构中的,如现实农村中的"面子观"的约束,由于村落共同体中的成员存在着多次博弈的可能和需要,他们之间似乎存在着"隐形契约",其实质乃是双方对于未来利益互惠与合作的预期和期待。以土地承包经营权调整为例,尽管在国法层面,对于土地承包经营权调整是严厉禁止的,但在村庄层面土地承包经营权调整却是从来没有间断的,在一些地方,村庄中仍然存在强大的土地承包经营权调整的"地方性共识",这种共识使人们存在一个共同的公平观念,并因此促成土地承包经营权调整的制度性实践,进而成为人们在日常生活

---

〔1〕[德]弗里德里希·李斯特:《政治经济学的国民体系》,陈万煦译,商务印书馆1961年版,第165页。

〔2〕贺雪峰:《村治模式:若干案例研究》,山东人民出版社2009年版,第28页。

中判断应当如何的标准，那么这种地方性共识就在实践层面成了地方性规范。共识是人们观念层面的趋同认识，而规范则是实践层面起作用的具体约束力量。[1] 该种"地方性共识"其实质就是人们所共享的一种地方性知识，并基于该种知识而产生的一种地方性规范。

（二）关系产权视角下我国农地使用权流转的困局

当我们提出地权镶嵌于一定的关系之中时，也就意味着，必须在特定的社会场景和制度背景中来理解中国的地权问题。既然地权是一种人与人之间的关系，那么就必须在实践中把握地权的本质特征。这实际上也就将我们的视野从抽象的逻辑思辨引向了社会实践，并在动态的过程之中来展示由地权引发的各种权力与利益关系。[2] 在农地使用权流转的实践中，面临着集体建设用地使用权流转混乱、宅基地使用权流转不能和土地承包经营权流转不彰的困境，从关系产权的视角，可以对农地使用权流转的难题进行全方位的透视。

1. 产权不彰的困惑：农地使用权流转的主体

学界对于我国集体所有权的论述，基本的结论就是主体缺位与虚置。但如果学人们停止对"最高权力"的浪漫想象，回到权力结构的现实中来，现实便是集体土地的所有者并未虚位，只是被遮蔽了，因此，集体所有权主体的缺位是一个假问题，由服从国家意志的乡里中间层填补这一"缺位"也不是什么问题，如果他们代表的是国家，那么农民与他们之间的关系，就是与国家之间的一种自古

---

〔1〕 陈柏峰："地方性共识与农地承包的法律实践"，载《中外法学》2008年第2期。

〔2〕 马良灿："地权是一束权力关系"，http://www.civillaw.com.cn/article/default.asp?id=50055，2013年1月1日访问。

有之的权力关系。真正的问题只发生于这样的情形：乡里中间层利用国家意志，并以国家的名义践踏农民利益。[1] 而现今农地使用权流转中的核心问题便是乡里中间层利用鼓励农地使用权流转的国家政策和意志，以国家之名，行侵害农民利益之行为。在农地流转领域由于国家管制的深度介入，使得作为事实上的所有权主体的村集体或村集体组织能够利用手中的职权，阻碍农民正常的农地流转，而强迫农民进行不当的农地使用权流转，从中谋取利益。经济发展和行政干预是土地流转的两大动力：前者是生产力发展推动生产关系变革的必然结果，因此能够建立在农民自愿基础上；后者是地方政府在"两个率先"压力下急于求成的反映，是长期被压抑的土地资源配置权在新的机遇下的空前释放。事实上，一些地方通过下指标、压任务强迫农民流转土地；一些地方派出"征地工作组"进村入户征用土地；一些地方冲破现行法律和政策限制，越过国家土地用途管制，使土地规模集中和大量流向非农用途，使农村土地纠纷和利益冲突凸现。[2] 而在部分地区，透过村集体组织主导的集体建设用地流转，村庄的权势阶层从中获取了巨大的收益。据统计，珠江三角洲地区通过隐形流转的方式使农村集体建设用地实际超过集体建设用地的50％，而在粤东、粤西等地，这比例也超过20％。[3] 产权主体问题对农地流转的另一个重大影响便是农民集体或集体经济组织在实际行使集体产权的权力时，往往对集体成员的农地使用权流转行为进行不当的限制，以农村土地承包经营权流转为例：在土地承包经营权的流转上，我国现行立法试图将流转闭

---

〔1〕 吴向红、吴向东："传统地权秩序对土地承包权的挑战"，载《法学》2007年第5期。

〔2〕 参见王景新："乡村现代化中土地制度及利益格局重构——对江苏、浙江发达地区的调研"，载《现代经济探讨》2004年第3期。

〔3〕 宋志红：《集体建设用地使用权流转法律制度研究》，中国人民大学出版社2009年版，第19页。

合在同一农村经济组织内部的农户和成员之间,法律允许甚至鼓励本集体经济组织内部的流转,但却严格限制或者禁止土地承包经营权与权利人的分离。[1] 对于土地承包经营权转让过程中需要经过"发包人同意",且承包方需有稳定的非农职业或者有稳定的收入来源,该限制性规定已经受到学界的广泛批评。[2] 对于其他流转方式尽管已经不存在立法上的明确限制,但是由于出租、转包等方式事实上是土地承包经营权中部分权利的短期让渡,其受让人所取得的并非作为用益物权意义上的土地承包经营权。

2. 身份变迁的困境:农地使用权流转的话语

我国建国初期的地权制度设计是以将农民固定在土地上、固化地权为目标的,但由于城市化的推进和非农就业机会的增加,越来越多的农民身份在不断发生转变,导致其生活发生了根本性的变更,农民阶层内部正在发生着急剧的分化,对农地未来的利益预期也不尽相同。对于已经脱离或即将脱离乡村的农民而言,农地使用权流转便成为可能的选择之一,但此时对于农民会不会非理性地进行农地使用权流转,使部分贫困农民丧失土地,进而成为危及社会稳定的因素的问题,学界却形成了"生存伦理"与"理性意识"这两种理论资源的论争。在农民的行为选择中,究竟是首先考虑"安全第一"的生存规则,还是"利润最大化"的利益追求?俄国组织和生产学派的代表人物恰亚诺夫最早从经济学角度分析这一问题。他认为,农民在两个主要方面区别于资本家:他依靠自身劳动力而不是雇佣劳动力,难以核算其工资;他的产品主要满足家庭自身的消费而不是在市场上追求最大利润,无法衡量其利润。因此,农民的行为无法用单位生产成本和收益进行衡量,"小农经济"形

---

[1] 周应江:"论土地承包经营权的身份制约",载《法学论坛》2010年第4期。

[2] 朱虎:"土地承包经营权流转中的发包方同意——一种治理的视角",载《中国法学》2010年第2期。

成了一个独特的体系并遵循自身的逻辑和原则。[1] 小农的经济行为是非理性的,农民与资本主义时代的"经济人"毫无共同之处,他们不是冷冰冰的"理性动物"而是代表着"一种新的人类文化,一种新的人类自觉"。[2] 斯科特是恰亚诺夫理论的继承者,他在考察东南亚地区特有的生产、生活和交往方式的基础上,论证了"安全第一"是农民最基本的生存伦理原则。在他看来,农民的经济行为是基于道德而不是理性,他们奉行"安全第一"的原则,在这一原则的支配下,农民所追求的不是收入的最大化,而是较低的风险分配与较高的生存保障。正因为如此,小农总是选择收益虽低但风险更小的生产技术,而放弃那些虽然具有较高收益的期望值但收益不确定的新技术。[3] 不少学者不同意对农民经济行为的非理性阐释,诺贝尔经济学奖获得者西奥多·舒尔茨认为传统农业中小农经济行为缺乏理性的观点是一种"幼稚的文化差别论",[4] 农民在考虑成本、利润及各种风险时,与资本主义企业主具有同样的"理性"。无论是种植的谷物数量与种类,耕种的次数和深度,还是播种、灌溉和收割的时间,手工工具、灌溉渠道、役畜与简单设备的配合,等等,都是考虑边际成本的收益后所作出的理性选择。因此,农民是理性的经济人。波普金支持舒尔茨的观点,认为农民与商人一样,都会在权衡长短期利益及风险因素之后,为追求最大生产利益而作出合理的选择,在这个基本问题上并不存在本质的差

---

[1] [俄] A. 恰亚诺夫:《农民经济组织》,萧正洪译,中央编译出版社1996年版。

[2] [俄] A. 恰亚诺夫:"社会农学的基本思想与工作方法",载《恰亚诺夫选集》第4卷,海牙1967年版,第21页,转引自秦晖、苏文:《田园诗与狂想曲——关中模式与前近代社会的再认识》,中央编译出版社1996年版,第308页。

[3] [美] 詹姆斯·C. 斯科特:《农民的道义经济学:东南亚的反叛与生存》,程立显、刘建等译,译林出版社2001年版。

[4] [美] 西奥多·舒尔茨:《改造传统农业》,梁小民译,商务印书馆1999年版,第23页。

第三章 我国农地使用权流转制度的当代演进与解读

别。正是基于这一分析,他作出了"理性的小农"这一论断。[1] 农民理性是农民在长期的农业生产环境中形成的意识、态度和看法,它们不是来自于经典文献,而是来自于日复一日的日常生产和生活,至少包含勤劳、勤俭、算计、互惠、人情、好学、求稳和忍耐等内涵。[2] 由此可见,在涉及其生计的问题时,农民也是理性的经济人,会权衡其利益的得失。

随着小农户不断被卷入市场经济,出现了社会化小农的趋势,即"社会化+小农",或者说与外部世界交往密切,融入现代市场经济,社会化程度比较高但经营规模较小的农户。社会化小农既不同于排斥社会化、拒绝市场、对强权具有依附性的传统小农,也不同于采取企业化经营的大农场主。[3] 社会化小农崇尚"货币伦理",力图实现可支配收入最大化。[4] 由于小农的行为主要考虑的是如何实现货币收入的最大化,导致了其行为的功利性和短视性,笔者将之称为"货币伦理在农村的兴起"。已有学者通过实证研究表明:农户的行为是经济理性的。农户家庭所作出的每一个经济行为都是符合效用最大化原则的。即使最终证明个别行为没有达到效用最大化,但其出发点或初衷是这样的。在农地使用权流转行为方面,农户的决策一样具有经济理性。[5] 尤其是农地流转过程中的经济特征因素的影响方向完全符合研究假设,这在一定程度上说

---

[1] S. Popkin, *The Rational Peasant: The Political Economy of Rural Society in Vietnam*, Berkeley: University of California Press, 1979.

[2] 徐勇:"农民理性的扩张:'中国奇迹'的创造主体分析——对既有理论的挑战及新的分析进路的提出",载《中国社会科学》2010 年第 1 期。

[3] 徐勇、邓大才:"社会化小农:解释当今农户的一种视角",载《学习月刊》2006 年第 7 期。

[4] 邓大才:"社会化小农动机与行为",载《华中师范大学学报(人文社会科学版)》2006 年第 3 期。

[5] 史清华、贾生华:"农户家庭农地流转及形成根源——以东部沿海苏鲁浙三省为例",载《中国经济问题》2003 年第 5 期。

明，随着农地经营负担的取消及惠农政策的实施，农户农地使用权流转的理性特征更加显著。[1] 在一定意义上，当下的"三农"问题就是农民问题，农民问题就是就业问题，就业问题就是消费支出诱致的货币压力问题。只有实现农民的社会化、就业的社会化，才能带来小农急需的货币收入，缓解货币支出的压力。从"货币伦理"的视角便可以理解社会化小农的行为与动机。部分已经定居城市或即将定居城市的农民已经有了套现地权的现实诉求，在北京、上海等大城市的郊区，因房屋买卖而导致的宅基地使用权被动流转，已经十分普遍。据调查，京郊大部分村镇的宅基地流转案例占宅基地总数的10%左右，有的甚至高到40%以上。[2] 既然农民也是理性经济人，那么民法所需做的仅仅是尊重其主体的意志，而为了所谓的保护行为人的利益而限制行为人的自由，这是我国现行立法中普遍存在的家长主义的核心特征。在中国的政治传统和语境下，为防止政府以家长主义之名随意剥夺或限制公民的自由，必须对家长主义法律干预的设立加以严格控制。[3] 因为宅基地是亿万农民的生存根本，因此，必须由农民享有该利益并不得转让，一旦转让，农民就没有保障了，这是典型的"逼民自保"思维。在我国，由于国家保障和民间组织的缺失，导致农村社会保障的缺乏，只有通过"土地保障"即农户自我保障了。要改变此种状况，解决农村社会保障问题，当然要靠发展经济增加财政实力，更要鼓励乡村社会各种民间组织的发展，以民间组织的合作、互助保障弥补政府保障之不足，而不应当在土地制度上做文章，通过限制农民宅基

---

[1] 黎霆等："当前农地流转的基本特征及影响因素分析"，载《中国农村经济》2009年第10期。

[2] 韩俊主编：《中国农村土地问题调查》，上海远东出版社2009年版，第316页。

[3] 黄文艺："作为一种法律干预模式的家长主义"，载《法学研究》2010年第5期。

地使用权的流转、用限制农户土地处置权的办法来"官逼民自保"。[1] 据此,随着农民身份转变的加速,一方面,我国需要通过立法等措施保障农民理性选择、套现地权的自由;另一方面,国家也应当对农地使用权流转进行管制,而管制的重点应当在农地规划和农业用途上。

3. 关系松散的困局:农地使用权流转的路径

新中国建立之初,中国是一个典型的传统农业国。1952年,中国的城镇化率仅为12.8%,到1958年达到17.2%;到了改革前夕的1978年,虽然工业体系初步建成,但城镇化率20年间只提高了0.7个百分点,仅为17.9%。可此间中国的总人口却从6.5亿增加到9.6亿,在净增的3亿多人口中,绝大多数是农业人口;中国实行改革开放以后,农业和农村人口较快减少和城镇人口快速增加。到2004年,农业人口从9亿下降到7.97亿;城镇人口从1978年的1.7245亿增加到2004年的5.4283亿,26年间净增3.7038亿,其中主要是从农村转移到城镇的人口。截至2004年,中国的城镇化率已达到41.5%。[2] 到2020年,中国的城镇化率最高可能达到60%,农业就业人数的比重将从2004年的47%降为30%左右。[3] 由此可见,中国的城镇化正在和必将不断加速,而伴随其过程的则是农业剩余劳动力和农村人口向城镇转移。由此带来的是农地社保功能的渐次消退,农业和农民将经历由身份向职业的转变。在传统社会,即便土地私有,但因为传统社会相对封闭稳定,村民对村庄生活有着长远预期,村庄也就是费孝通所讲的"熟人社

---

[1] 秦晖:"'优化配置'?'土地福利'?——关于农村土地制度的思考",载秦晖:《农民中国:历史反思与现实选择》,河南人民出版社2003年版,第52页。

[2] 陆学艺:"构建和谐社会必须重视社会结构中的农村问题",载《湖北社会科学》2006年第1期。

[3] 卢荣善:"农业现代化的本质要求:农民从身份到职业的转换",载《经济学家》2006年第6期。

会"的样子,在这种社会,村庄有对付不讲集体利益只讲个人诉求的"钉子户"的机制。在今天农村人财物不断流出,外来信息、商品大量涌入,农民在城乡之间大规模频繁流动的现实下,传统的对付"钉子户"或"搭便车"行为的方法已经失效,在"长久不变"的背景下,个别农户利用土地权利肆无忌惮地当"钉子户"和明目张胆地要"搭便车"的情形,就可能成为农村的常见景象。[1] 简而言之,传统的关系,即基于信任、友谊、亲情和习惯的关系,如亲缘关系、朋友关系、邻里关系等日益式微;而现代关系,即建立在利益和契约基础上的关系并未完全建立。由此导致村庄内部的关联和关系进一步松散化和功利化,地方性规范与地方性知识被弃用或搁置,导致传统村庄的舆论压力等约束和惩罚措施不再发生作用。以土地承包经营权流转为例,在税费改革前的农民自发土地承包经营权流转中,绝大多数都是口头契约,因为当时的农地流转是被迫的,是基于税费的压力不得已而为之。但随着税费改革的深入,种田变得有利可图,因此毁约现象比比皆是,也带来了当地土地流转的纠纷解决的难题。由于村庄结构的进一步嬗变,村民的原子化程度不断加深,不信任、不合作、不团结成为很多村庄的现实写照,由此进一步导致土地承包经营权在村庄集体内部流转的不畅,而由于我国政策和法律对于土地承包经营权外部流转的不当限制,外部流转陷入困难与不能。因此普通村民只能依托"官转",而对于"官转"约束机制的缺失,[2] 在实践中其已经导致土地承包经营权流转秩序的失范。

---

[1] 贺雪峰:《地权的逻辑》,中国政法大学出版社2010年版,第134页。

[2] 参见陆剑:"农地流转纠纷中的政治与法律:鄂中个案研究",载苏力主编:《法律和社会科学》第7卷,法律出版社2010年版。

（三）关系产权的更新：农地使用权流转制度良性运作的前提

第一，关系产权的确权是农地使用权有序流转的前提。为了明确产权的主体，尤其是消除村集体对集体成员农地使用权流转的不当限制，我国应当尽快着手和加强对集体土地尤其是集体建设用地、宅基地的确权登记发证工作，明晰集体建设用地和宅基地产权。产权明晰是流转的前提，只有依法确定集体土地的权属范围，明晰集体建设用地和宅基地使用权的产权主体，才能保障交易的安全性。

第二，关系产权的身份性突破是农地使用权有序流转的关键。农地使用权流转制度具有保守性、封闭性，受到的各种限制比较多。在农地流转关系中，集体经济组织成员身份对受让人的影响最大，非集体经济组织成员受让农村土地受到严格限制。这一身份限制使得土地流转范围狭窄封闭，一般仅局限于本集体成员之内。对于宅基地使用权的流转限制更为严格，且在土地承包经营权流转形式上采用转让流转方式，以征得发包人同意为前置条件，也不尽合理。如前所述，对农民身份和地权的固化是特定历史阶段的产物，是关系产权与环境相适应的结果。在当下城乡统筹的背景下，对农村土地流转进行严格的身份限制是不合理的，其阻碍了土地流转的顺畅进行，影响了农村土地市场的发展。

第三，关系产权中的关系强化与弱化。伴随着农民流动的加速和职业的转变，关系产权中的关系也正在发生着弱化和蜕变，由"强关系"向"弱关系"转变。在中国，60多万个行政村及其涉及的村落共同体向何处去，显然是牵扯全局的问题，不仅关乎农民，也关乎整个中国市场经济、整个中国社会的将来。村落共同体是否能够在社区脱域化和居民个体化趋势下生存、适应与转型？它有没有未来？我们必须认识到，我国的城市化进程是需要很长时间才能实现的,在这一前提下,必须关注仍然存在的"在地"农民的生存状况。在我国农村,村集体在村庄事务的处理和公共产品的供给中仍然扮演着重要的角色。因此,通过农地的这种集体占有当然造就必要的集体认同,使部分不发达地区的土地和人紧密地联系在一起仍是相当重要的。[1] 当今农村社会正处于传统文明与现代文明的转型期,重亲属朋友和乡邻关系的熟人社会结构并没有完全终结,以"货币伦理"为表征的现代社会结构尚未完全在农村形成。支撑农村熟人社会结构的骨架,即"关系"仍然存在,它在农村社会生活中仍发挥着重要作用。事实上,在当下大部分的农村社会,农民在受"货币伦理"支配的同时,也会受到传统观念、交往圈子等社会因素的影响。据此,关系产权在村庄中仍有其生存的空间和可能,流转过程中个体行为不单是一种简单的土地交易行为,更是一种内涵丰富的社会交往行为。而村庄共同体可能发展为独占体,如果解体则权益落于私有制。所以,共同体有可能向扩张为更大的社会结合体的方向发展,也可能往独占体方向发展。由此,村落共同体在现代社会能否继续存在并发挥社会团结作用的关键,也就在于是否存在着社区共同体联结社会的可能性。具体说,取决于:其一,向内能否适当地强化村落共同体的经济规制团体的性质和功能,有效地把家庭共同体置于经济上的互助互补,而不仅是文化上的手足之情;其二,向外能否在现代职业团体发挥越来越大的社会整合作用的情况下,找到打破村落边界,既联合外部社会又保持村落共同体团结的原则与途径,把村落共同体发展成为社会结合体的一部分。[2] 因此,当下应当加强村庄中家庭共同体经济上的互助

---

[1] 参见赵旭东:"礼物与商品:以中国乡村土地集体占有为例",载《安徽师范大学学报(人文社会科学版)》2007年第5期。

[2] 毛丹:"村落共同体的当代命运:四个观察维度",载《社会学研究》2010年第1期。

互补,发展农村互助合作组织;未来农村发展到一定阶段时,则需打破村落边界,通过农地使用权流转过程勾连村庄与外界的联系和往来。

二、循序渐进:土地承包经营权流转制度的演变与治理

(一) 土地承包经营权流转的发生与发展

从实际流转情况来看,早在20世纪80年代初,中国农村的家庭联产承包责任制刚刚落实,东部地区一些比较富裕的农村就出现了以转包为主要表现形式的土地承包经营权流转现象。例如1984年在浙江省丽水地区缙云县东川公社笕川大队,发生土地转包的占农户总数的10.1%,占耕地总量的11.6%。[1] 至今,土地承包经营权流转已经发展了近30年,但始终面临着诸多困境,虽然流转的面积和比重在增加,但进展仍十分缓慢,相对于中国1.5亿农村劳动力转移规模而言,流转的比例仍然很小。根据农村政策研究室调查显示:[2] 截至1984年年底,转出农地的户数占总承包户数的2.7%,转出的耕地只占总耕地的0.7%;1984~1992年,全国农村固定观察点调查资料显示,完全没有转让过耕地的农户比重达93.8%,转让一部分耕地的农户比重仅1.99%;从全国的情况来看,20世纪80年代后期以来,农户自发进行的土地使用权流转,基本保持在1%~3%之间,沿海一些发达地区和城郊地区的比例稍高一些。农业部1993年进行的抽样调查结果表明,1992年全国共

---

〔1〕 孔德鳌:"关于农村土地流转制度创新的思考",载《经济论坛》2006年第8期。

〔2〕 中共中央书记处农村政策研究室:《中国农村社会经济典型调查(1985)》,中国社会科学出版社1988年版,第84页。

有473.3万承包农户转包、转让农地1161万亩,分别占承包农户总数的2.3%和承包耕地总面积的2.9%。[1] 1993年抽样调查表明,[2] 1992年全国共有473.3万承包农户转包、转让农地1161万亩,分别占承包农户总数的2.3%和承包地总面积的2.9%;1995年,农业部农研中心对全国近3万农户进行了抽样调查,[3] 在全部样本中,有4.09%的农户将自己承包的一部分土地转包给他人经营,只有1.99%的农户转出了全部承包地;1998年,一项对8省所做的抽样调查显示,[4] 参与流转的土地只占全部土地的3%~4%,流转比例相对高的浙江省也只有7%~8%;2002年浙江这一比例也只有12.4%的比例,年均增长仅1个百分点,而其他省份则更为缓慢;2003年农业部在农村固定观察点对全国东、中、西部20 842户的抽样调查显示,全国土地流转面积占总耕地面积的9.1%,其中,东、中、西三大区域分别为9%、11.6%、3.86%,是1992年农地流转水平的2~3倍,且流转速度和规模呈不断上升趋势。[5] 2005年的调查表明,有67%的农户没有进行土地流转(转出或转入),转包或转让过耕地的农户中,有65%的农户只转让家中部分土地,有35%的农户转让家里的所有土地。[6] 2007

---

〔1〕 陈锡文、韩俊:"如何推进农民土地使用权合理流转",载《学习与研究》2002年第6期。

〔2〕 农业部农村合作经济研究课题组:"中国农村土地承包经营制度及合作组织运行考察",载《农业经济问题》1993年第11期。

〔3〕 中华人民共和国农业部:《中国农业发展报告(1995年)》,中国农业出版社1996年版。

〔4〕 姚洋:"非农就业结构与土地租赁市场的发育",载《中国农村观察》1999年第2期。

〔5〕 戴中亮:"农村土地使用权流转原因的新制度经济学分析",载《农村经济》2005年第1期。

〔6〕 叶剑平等:"中国农村土地流转市场的调查研究——基于2005年17省调查的分析和建议",载《中国农村观察》2006年第4期。

年，对于七省二市的调查发现，以土地承包经营权流转面积占总承包耕地面积的比重计算，浙江省是所调查省市中最高的，达到19.8%，其次分别为：重庆市10.84%，四川省10%，湖北省10%，黑龙江省8.9%，湖南省6%，辽宁省2%[1]。2009年的调研显示，在受访农户中，分别有80.2%和44.4%表示其所在村承包地（田）流转方式有"转包"和"出租"[2]。由此可见，在农村实践中，尽管土地承包经营权流转相比20世纪90年代已经有了巨大的增长，但土地承包经营权流转市场并未形成，仍处于自发流转的初级状态，该种自发状态主要表现为以下三点：①土地承包经营权流转往往是在村庄内的熟人、亲戚、朋友之间进行，而不是通过市场与村庄外界进行交易。2007年对山东等10省的调查表明，[3] 65.1%的人直接与受让人（彼此熟悉）协商，21.7%的人选择通过村委会与人协商，16.3%的人选择通过熟人介绍，只有2.3%的人通过土地流转商（中介）协商来确定流转。②土地承包经营权流转往往并不签订正式的书面协议或合同，而仅仅是口头的约定。据调查显示，在转出土地的农户中，有86%的农户在转出土地时没有签订书面合同，尤其是在不收取报酬、转出期限不定期或转出期限很短的情况下更是如此。在签订的书面合同的农户中，有46%的农户所签订的合同是由双方共同起草，有22%的农户所签订的合同是由第三方起草的[4]。③土地承包经营权流转呈现出短期

---

[1] 蒋省三、刘守英、李青：《中国土地政策改革：政策演进与地方实施》，上海三联书店2010年版，第45页。

[2] "农村土地问题立法研究"课题组："农地流转与农地产权的法律问题——来自全国4省8县（市、区）的调研报告"，载《华中师范大学学报（人文社会科学版）》2010年第2期。

[3] 胡家强、葛英姿："关于土地承包经营权若干问题的调查报告"，载《调研世界》2008年第4期。

[4] 叶剑平等："中国农村土地流转市场的调查研究——基于2005年17省调查的分析和建议"，载《中国农村观察》2006年第4期。

化和随意化的形态,土地承包经营权流转的期限往往都在1年之内,超过1年的较少,且流转期限也不确定,造成流转各方均无法获得较高收益。调查显示,近半数的土地流转未约定期限。在转出的农户中,有46%的农户转出土地没有约定期限,剩余的54%有约定期限的农户中又有一半的农户的约定期限为1年以内,只有6%的农户曾经约定过超过10年的流转期限。[1] 国务院发展研究中心2007年的调查显示,土地流转租金全国平均只有293元/亩,东、中、西三大区域平均分别为417元/亩、185元/亩、171元/亩,即使经济最发达的江苏苏州市和上海金山区,租金也分别仅有595元/亩、468元/亩。[2] 综上,我国土地承包经营权流转市场的发育仍处于初级阶段,而土地承包经营权流转是与农村发展所面临的政策环境、内部推力和外部拉力等诸多环境密切相关的。因此,笔者认为这三个维度对我国土地承包经营权流转制度具有重大意义。所谓"推拉力量",是笔者借用刘易斯假设的农村为缓解人地矛盾转移剩余劳动力而产生的推力,以及资本与现代部门解决劳力不足而产生的拉力概念。[3] 内部推力维度,主要是指在三十年改革开放发展过程中,我国农村的人地关系从极度矛盾到局部缓和,经历了一次蜕变,从农村内部来看,改变发生的主要原因是农村工业化的发展所带来的劳动力转移,农村非农产业和城镇化加速,离农离土的人口激增,引发了农地大规模的流转,为基层行政和自治组织重新配置土地资源提供了"历史契机"。以农村非农经济发达的江苏、浙江地区为例,其土地承包经营权流转的规模已经相当可观了。到

---

〔1〕 叶剑平等:"中国农村土地流转市场的调查研究——基于2005年17省调查的分析和建议",载《中国农村观察》2006年第4期。

〔2〕 国务院发展研究中心课题组:"2749个村庄调查",载《农村金融研究》2007年第8期。

〔3〕 黄宏伟:"20世纪90年代中国农民跨区域流动的成因分析",载《农村经济》2005年第1期。

第三章 我国农地使用权流转制度的当代演进与解读

2002年年末,江苏全省土地流转面积占农户承包面积12.5%。浙江省土地流转起步早,到2001年年底,土地流转326万亩,占农户承包土地面积13.5%。2002年年末,绍兴县土地流转17万亩,占农户承包面积的44.3%;义乌市土地流转占承包面积31.8%。[1] 由此发现:乡村内部经济发展所带来的就业机会和与此相伴的劳动力转移是土地流转的巨大动力。外部拉力维度,主要是指由于我国城市化的不断推进和城市发展所带来的非农就业就业机会的大大增加。1978年我国的城市化率为17.9%,2008年我国的城市化率为45.7%,平均每年提高0.91个百分点。1978年我国的城镇人口有17 245万人,2008年达到60 667万人,30年增加了4.34亿人,平均每年增加1447万人。[2] 而在1978年我国的第二、三产业职工人数只有11 835万人,2008年第二、三产业有46 826万人,30年共增加34 991万人,平均每年增加1166万人。非农产业的劳动力从1997年开始,已经占50.1%,超过了50%的临界点,进入了工业化国家的就业结构。[3] 我国城市化的不断推进,使更多农民获得了进入城市的机会,使其"离土又离乡";而城市发展所带来的非农就业机会的增加,更使未进城农民也获得了从事非农职业的机会,使其"离土不离乡"或"离乡不离土"。总而言之,农地不再是这部分农民的生存根基,土地承包经营权流转也就成为该部分农民的主要选择。

---

[1] 参见王景新:"乡村现代化中土地制度及利益格局重构——对江苏、浙江发达地区的调研",载《现代经济探讨》2004年第3期。

[2] 陆学艺:"当前中国社会生活的主要矛盾与和谐社会建设",载《探索》2010年第5期。

[3] 陆学艺:"当前中国社会生活的主要矛盾与和谐社会建设",载《探索》2010年第5期。

(二) 土地承包经营权流转的文件治理: 以"一号文件"为线索

中国共产党集体领导体制下的"文件治国"现象独具特色。有学者将这种现象概括为"文件政治"现象,[1] 也有学者将其称为"文件治理"。[2] 文件治理方式恰好符合这一时代特征,与法律的权威性、刚性、连续性、稳定性不同,文件治理方式既有权威性,又有灵活性、变通性、一定的弹性,调适性强。政策的多变(通过文件得以实现)是后发现代国家转型时期的重要特点,法律的相对稳定则是成熟现代国家的表现。[3] 由于土地承包经营权的出现初期并未获得法律和政策上的合法性,是我党在实践中逐步认同和确立的,而对土地承包经营权流转的规制亦是如此,对土地承包经营权流转规制沿革的考察,可以深刻地揭示出我国对土地承包经营权流转制度进行"文件治理"的过程、策略及其考量。"三农"问题在改革开放初期曾是"重中之重",中共中央在1982~1986年连续五年发布以农业、农村和农民为主题的中央"一号文件",对农村改革和农业发展作出具体部署;时隔18年,2003年12月30日发布《中共中央、国务院关于促进农民增加收入若干政策的意见》,中央"一号文件"再次回归农业。2004~2010年,中央在新世纪已连续出台了七个指导"三农"工作的中央"一号文件"。[4] 在这

---

[1] Guo guang Wu, "Documentary politics: hypotheses, process and case studies", *The decision process in Deng's China*, edited by Carol L. Hamrin and Suisheng Zhao, M. E. Sharpe, Inc., 1995, p.26.

[2] 施从美:"当代中国文件治理变迁与现代国家成长——以建国以来中央颁发的土地文件为分析视角",载《江苏社会科学》2010年第1期。

[3] 施从美:"当代中国文件治理变迁与现代国家成长——以建国以来中央颁发的土地文件为分析视角",载《江苏社会科学》2010年第1期。

[4] 所有党的文献均参见于建嵘:《中国农民问题研究资料汇编》,中国农业出版社2007年版。

共计十二个"一号文件"中,对于土地承包经营权及其流转问题多有涉及,现分述如下:

1978年年末,安徽少数位于经常受洪旱之灾地区的生产队,首先是秘密地,尔后在地方政府同意后开始尝试将土地、其他资源及产出定额承包给单个农户的制度,一年后这些队的亩产远远高于同样地区的其他生产队。在取得显著成效后,家庭责任制于1981年为各方所普遍接受,到1983年,我国农村地区几乎所有的农户都开始采用这一新的农作制度。[1] 1980年9月,中央印发了《关于进一步加强和完善农业生产责任制的几个问题》的通知(即"75号文件"),决定在边远和贫困落后的"三靠"地区(吃粮靠返销,生产靠贷款,生活靠救济)试行包产到户[2],启动了家庭联产承包责任制改革。1982年,"一号文件"《中共中央批转〈全国农村工作会议纪要〉》首次明确了包产到户是社会主义农业经济;1983年1月,中央"一号文件"《当前农村经济政策的若干问题》重点说明了家庭联产承包责任制"是在党的领导下中国农民的伟大创造,是马克思主义农业合作化理论在我国实践中的新发展"。而家庭联产承包责任制的实施,使土地承包经营成为当时的主要制度选择。随着该制度的实施,在1978~1984年中国农业产出的年均增幅高达7.7%。[3] 尽管自那以后,农业仍以4.1%的客观速度增长,但种植业部门的增长却突然陷入停滞,两种最重要的作物——粮食和棉花的产出增长下降,其结果是,早先对中国农业的乐观情绪让位于悲观情绪。由于中国大多数重要领导人坚持粮食自给自足

---

[1] 林毅夫:《制度、技术与中国农业发展》,上海人民出版社2008年版,第33页。

[2] 杜润生:《杜润生自述:中国农村体制变革重大决策纪实》,人民出版社2005年版,第115页。

[3] 陈志刚:"农地产权结构与农业绩效",南京农业大学2005年博士学位论文。

思想，粮食生产的绩效不佳已危及市场导向改革的未来。[1] 于是在1984年"一号文件"，即《关于一九八四年农村工作的通知》中，明确农村工作的重点是：在稳定和完善生产责任制的基础上，提高生产力水平，疏理流通渠道，发展商品生产。而作为提高生产力水平的举措之一，该"一号文件"鼓励土地逐步向种田能手集中。社员在承包期内，因无力耕种或转营他业而要求不包或少包土地的，可以将土地交给集体统一安排，也可以经集体同意，由社员自找对象协商转包，但不能擅自改变向集体承包合同的内容。转包条件可以根据当地情况，由双方商定。在目前实行粮食统购统销制度的条件下，可以允许由转入户为转出户提供一定数量的平价口粮。自留地、承包地均不准买卖，不准出租，不准转作宅基地和其他非农业用地。1985年"一号文件"《中共中央、国务院关于进一步活跃农村经济的十项政策》和1986年"一号文件"《中共中央国务院关于一九八六年农村工作的部署》重点关注了农产品统派购制度改革和农村产业结构调整方面的问题，对土地承包经营权问题未有涉及。

综上，在20世纪80年代，五个"一号文件"重点阐释了家庭联产承包责任制的重要性和合法性，巩固了土地承包经营权的地位，但特别值得注意的是，在1984年的"一号文件"中，鼓励土地逐步向种田能手集中，其路径是转包或交回集体，但承包地不准买卖，不准出租，不准转作宅基地和其他非农业用地。在20世纪80年代初期，发达地区农村出现了一些土地承包经营权流转的现象，但这些流转均为农民自发形成的，并没有明确的政策依据，因此表现为隐蔽的交易，在法律层面并没有获得合法性的认同。有学者认为对土地承包经营权流转的最先规定始于1985年国家政策上

---

〔1〕 林毅夫：《制度、技术与中国农业发展》，上海人民出版社2008年版，第64页。

第三章 我国农地使用权流转制度的当代演进与解读

允许有偿转包土地。[1] 也有学者认为：真正承认农村土地承包经营权合法性的是1988年4月七届全国人大第一次会议对《宪法》的修改。[2] 笔者认为，1984年"一号文件"无疑是第一次打开了农村土地承包经营权流转的政策口子，是对现实中已经出现的土地承包经营权流转现象的政策回应和认可，尽管对于流转的形式和内容均进行了严格的限制，只允许土地承包经营权进行转包，而禁止转让、出租等形式，但仍可以视为政策允许土地承包经营权流转的萌芽。不容忽视的是，"经集体同意"是土地承包经营权流转的必要条件，最高人民法院在1986年出台的《关于审理农村土地承包合同纠纷案若干问题的意见》的司法解释中规定"承包人在未经发包人同意私自转包、转让承包合同的，承包合同无效"。由此可见，"为了进一步鼓励土地产出的最大化，自20世纪80年代中期以来农民可以有限地买卖土地合同。拥有较多的租入土地的人可以雇用他人帮助耕种土地。效率更高的农民如今能够扩大其租种土地的面积，而其他人则可以出售其土地合同，寻求其他就业。因此，总的趋势是从公社到家庭责任制，再到有限的土地商品化。"[3] 土地承包经营权流转在政策层面已经被允许，但仍受到诸多限制。

从2004年以来连续七个"一号文件"中都强调稳定和完善以家庭承包经营为基础、统分结合的双层经营体制，保障农民的土地承包经营权，认真执行承包期30年不变的规定。[4] 2005年"一号

---

[1] 黄建水、粟丽："中国农村土地流转问题的法律思考"，载《政法论坛》2001年第1期。

[2] 刘淑春："改革开放以来中国农村土地流转制度的改革与发展"，载《经济与管理》2008年第10期；丁文良、童日晖：《农村土地承包经营权流转制度立法研究》，中国农业出版社2009年版，第65页。

[3] [美]李侃如：《治理中国：从革命到改革》，胡国成、赵梅译，中国社会科学出版社2010年版，第257页。

[4] 《中共中央国务院关于切实加强农业基础建设进一步促进农业发展农民增收的若干意见》(中发〔2008〕1号)。

文件"强调：针对一些地方存在的随意收回农户承包地、强迫农户流转承包地等问题，……尊重和保障外出务工农民的土地承包权和经营自主权；2009 年"一号文件"亦强调：抓紧修订、完善相关法律法规和政策，赋予农民更加充分而有保障的土地承包经营权，现有土地承包关系保持稳定并长久不变。强化对土地承包经营权的物权保护；2010 年"一号文件"表明：稳定和完善农村基本经营制度。完善农村土地承包法律法规和政策，确保农村现有土地承包关系保持稳定并长久不变。但从七个"一号文件"中可以看出政策层面对土地承包经营权流转越来越重视，且内容越来越具体[1]，大致可分为以下两个阶段：

第一阶段是提倡适度规模经营阶段，该阶段要求在依法、自愿、有偿基础上建立土地承包经营权流转机制。2005 年"一号文件"[2] 规定：承包经营权流转和发展适度规模经营，必须在农户自愿、有偿的前提下依法进行，防止片面追求土地集中。各省、自治区、直辖市要尽快制定农村土地承包法实施办法。2006 年"一号文件"[3] 指出：稳定和完善以家庭承包经营为基础、统分结合的双层经营体制，健全在依法、自愿、有偿基础上的土地承包经营权流转机制，有条件的地方可发展多种形式的适度规模经营。2007 年"一号文件"[4] 提出：坚持农村基本经营制度，稳定土地承包

---

[1] 涉及土地承包经营权流转的条款主要有：2005 年"一号文件"第二部分第 5 条、2006 年"一号文件"第六部分第 26 条、2007 年"一号文件"第七部分第 2 条、2008 年"一号文件"第六部分第 1 条、2009 年"一号文件"第四部分第 17、18 条、2010 年"一号文件"第四部分第 18 条。

[2] 《中共中央国务院关于进一步加强农村工作提高农业综合生产能力若干政策的意见》（中发〔2005〕1 号）。

[3] 《中共中央国务院关于推进社会主义新农村建设的若干意见》（中发〔2006〕1 号）。

[4] 《中共中央国务院关于积极发展现代农业扎实推进社会主义新农村建设的若干意见》（中发〔2007〕1 号）。

第三章 我国农地使用权流转制度的当代演进与解读

关系,规范土地承包经营权流转,加快征地制度改革。

第二阶段从2008年"一号文件"[1]开始强调建立土地承包经营权流转市场,并加强对土地承包经营权流转及其市场的规范与管制,2008年"一号文件"就规定:按照依法自愿有偿原则,健全土地承包经营权流转市场。农村土地承包合同管理部门要加强土地流转中介服务,完善土地流转合同、登记、备案等制度,在有条件的地方培育发展多种形式适度规模经营的市场环境。坚决防止和纠正强迫农民流转、通过流转改变土地农业用途等问题,依法制止乡、村组织通过"反租倒包"等形式侵犯农户土地承包经营权等行为。2009年"一号文件"[2]除了要求建立健全土地承包经营权流转市场以外,更指出了土地承包经营权流转的底线,即不得改变土地集体所有性质,不得改变土地用途,不得损害农民土地承包权益。坚持依法自愿有偿原则,尊重农民的土地流转主体地位,任何组织和个人不得强迫流转,也不能妨碍自主流转。按照完善管理、加强服务的要求,规范土地承包经营权流转。鼓励有条件的地方发展流转服务组织,为流转双方提供信息沟通、法规咨询、价格评估、合同签订、纠纷调处等服务。2010年"一号文件"[3]开始重视农村土地承包经营纠纷调解仲裁法的适用,强调加强土地承包经营权流转管理和服务,健全流转市场,在依法、自愿、有偿流转的基础上发展多种形式的适度规模经营。严格执行农村土地承包经营纠纷调解仲裁法,加快构建农村土地承包经营纠纷调解仲裁体系。

综上,考察2004年以来的七个"一号文件"可以发现,对土

---

[1]《中共中央国务院关于切实加强农业基础建设进一步促进农业发展农民增收的若干意见》(中发〔2008〕1号)。

[2]《中共中央国务院关于2009年促进农业稳定发展农民持续增收的若干意见》(中发〔2009〕1号)。

[3]《中共中央国务院 关于加大统筹城乡发展力度 进一步夯实农业农村基础的若干意见》(中发〔2010〕1号)。

地承包经营权流转从鼓励、规范土地承包经营权流转到建立土地承包经营权流转市场，可见，土地承包经营权流转的市场化趋势越来越明显，国家层面对土地承包经营权流转的管制措施也越发清晰，指出了土地承包经营权流转的底线，即不得改变土地集体所有性质，不得改变土地用途，不得损害农民土地承包权益。在农民和乡镇、农民集体组织之间划清了职责和界限，要求必须坚持依法自愿有偿原则，尊重农民的土地流转主体地位，任何组织和个人不得强迫流转，也不能妨碍自主流转，而乡镇、农民集体组织主要需要做好服务和管理工作，各级政府在农村土地流转过程中应当扮演政策制定者、探索者、实施者或者服务者的重要角色。[1]

(三)"文件治理"之展望

历经农村改革开放三十年余年来，土地承包经营权流转呈现了多方演变为趋势：流转政策从不允许变为允许；流转形式从单一化（转包）转变为更加多样化（转包、出租、互换、转让或者其他方式）；从无偿流转向有偿流转转变；从封闭型（内部农户之间）流转向开放性流转转换；流转的区域由东部沿海发达地区向中、西部内陆地区扩展；流转期限从短期化到短期化和长期化并存；从自行型流转到自行型流转和委托型流转并存；从限制性（如需发包方同意）流转到日益自由性流转。[2] 从国家对土地承包经营权流转的治理方式来看，治理措施从以政策文件为主到以法律为主，且日渐规范；从土地承包经营权流转的"一号文件"治理方式来看，它是符合中国国情的，其出现既有偶然性，又有其客观必然性。回顾

---

〔1〕 吴越："地方政府在农村土地流转中的角色、问题及法律规制——成都、重庆统筹城乡综合配套改革试验区实证研究"，载《甘肃社会科学》2009年第2期。

〔2〕 丁关良、童日晖：《农村土地承包经营权流转制度立法研究》，中国农业出版社2009年版，第70页。

第三章 我国农地使用权流转制度的当代演进与解读

"一号文件"对于土地承包经营权流转规范与治理的历史,我们可以看到"一号文件"对我国农村经济发展所起到的积极作用,而透过"一号文件",可以看到中国共产党作为核心能动者所起的作用:推动国家制度的完备化,构建稳定的政治秩序,为经济发展提供了有力支持,并为法治国家的建设付出巨大努力,从而极大地增强了国家的合法性。[1] 自 90 年代中期以来,随着社会主义法制建设的逐步开展,在"一号文件"对土地承包经营权流转的治理过程中,出现新的动向:其一,文件治理手段不仅仅包含"一号文件",还有更为频繁地出台的其他文件。1993 年,中共中央十四届三中全会《建立社会主义市场经济体制若干问题的决定》中指出:"在坚持土地集体所有制的前提下,延长耕地承包期,允许继承土地开发性生产项目的承包经营权,允许土地使用权依法有偿转让。"2001 年,《中共中央关于做好农户承包地使用权流转工作的通知》中明确指出:"允许土地使用权合理流转是农业发展的客观要求。"2002 年,中共十六大报告强调:"有条件的地方可按照依法、自愿、有偿的原则进行土地承包经营权流转,逐步发展规模经营。"其二,政策与法律的互动关系有所增强,法律和政策文件构成制度体系,形成共同治理格局。2003 年 3 月 1 日施行的《农村土地承包法》第 32 条明确规定:"通过家庭承包取得的土地承包经营权可以依法采取转包、出租、互换、转让或者其他方式流转。"对土地承包经营权流转进行法律约束,标志着土地承包经营流转法律制度的正式确立。2005 年 3 月 1 日农业部颁布实施的《农村土地承包经营权流转管理办法》,对土地承包经营权流转方式、流转合同的签订以及流转管理作出了更为详细、明确的规定。

综上,由于立法者选择立法政策和开展立法活动受制于信息约

---

〔1〕 施从美:"当代中国文件治理变迁与现代国家成长——以建国以来中央颁发的土地文件为分析视角",载《江苏社会科学》2010 年第 1 期。

束，我国改革开放事业本身面临着知识、经验和信息的严重匮乏，作为转型中的国家又导致可靠而有效的知识、经验和信息的短缺，再加上国家幅员辽阔所带来的地方信息的高度分散性和信息搜集成本的高昂，立法信息不充分（匮乏）成为制约全国人大常委会立法工作的最大约束条件。[1] 政策由于其灵活性、多样性和非强制性等特征，成为转型社会中进行制度约束和规范的重要形式，其重要性不容忽视。据此，对于土地承包经营权流转这样的新生事物，通过政策和文件的方式治理，具有明显的优越性；但由于政策制定的非公开性，有学者认为我国应当从政策博弈转向立法博弈，实现权益分配机制的重大变革。[2] 政策博弈和立法博弈两者本身并不矛盾，对于转型国家而言，从计划体系过渡到市场经济毫无疑问是一项极大的工程，所谓的"大爆炸"或"休克疗法"，已证明可行性甚低。反之，"摸着石头过河"、"成熟一个、制定一个"、"宜粗不宜细"的转型时期的立法策略，大体来说在成本效益上还比较值得肯定。[3] 据此，对于土地承包经营权流转等新生事物，在政策试验的基础上，等待时机成熟再行立法，本身就是转型国家值得借用的立法策略。随着我国土地承包经营权流转制度的日益发展，为其单独立法的时机也日益成熟，可以考虑进行土地承包经营权流转制度方面的立法设计。

---

[1] 黄文艺："信息不充分条件下的立法策略——从信息约束角度对全国人大常委会立法政策的解读"，载《中国法学》2009年第3期。

[2] 许章润："从政策博弈到立法博弈——关于当代中国立法民主化进程的省察"，载《政治与法律》2008年第3期。

[3] 苏永钦："民法典的时代意义"，载苏永钦：《民事立法与公私法的接轨》，北京大学出版社2005年版，第59页。

三、进退失据：宅基地使用权流转制度的立法演进

(一) 宅基地使用权：由私权向"准私权"蜕变

《中国土地法大纲》及 1950 年 6 月 28 日颁布的《土地改革法》[1]均明确实行农民土地所有制。在实践中，分配给人民的土地，由政府发给土地所有证，并承认其自由经营、买卖及在特定条件下出租的权利，土改前的土地契约及债约，一律缴销。1954 年《宪法》第 8 条第 1 款规定："国家依照法律保护农民的土地所有权和其他生产资料所有权。"尽管上述法律没有对农村住房所使用的土地另行规定，但当时的宅基地所有权一般被认为属于房屋所有人所有。[2] 土改的成功实施，实现了土地私有和均等，使农民获得了相对完整的土地所有权，满足了小农"耕者有其田"的愿望，也与传统的"不患寡而患不均"的小农意识相吻合。[3] 在土地改革基本完成以后，尤其是在 1955 年之后，由于党和国家的主要领导人担心农民的自发倾向会引起土地兼并，进而导致贫富两极分化，[4] 遂放弃了原先制定的渐进式社会主义改造的路线，转而推行非自愿的"动员式集体主义"，由国家力量引导或强制动员农民

---

〔1〕《土地改革法》第 1 条规定："废除地主阶级封建剥削的土地所有制，实行农民土地所有制，借以解放生产力，发展农业生产，为新中国的工业化开辟道路。"

〔2〕 李永安、赵红卫："论我国宅基地使用权法律制度嬗变"，载《学习论坛》2006 年第 12 期。

〔3〕 朱冬亮："建国以来农民地权观念的变迁"，载《马克思主义与现实》2006 年第 6 期。

〔4〕 薄一波：《若干重大决策与事件的回顾》，中共中央党校出版社 1991 年版，第 207~210 页。

走集体主义的发展道路。[1] 严格地说，我国的人民公社体制是1956年初步成型的，但它真正开始实施的时间可以追溯到1953年推广的互助组织运动，我国推行了以农业集体化为内容的农地制度改革，这次改革的基本精神是对农业生产资料私有制进行社会主义改造，把农民个体所有制改造为社会主义集体所有制。直到农业合作化运动早期，也只有生产资料被纳入合作化进程。当时农民的生产工具、宅基地等均未入社，因此这一时期农民对自己的宅基地拥有完全的支配权，宅基地可以自由流转。

1956年6月30日全国人大一届三次会议通过的《高级农业合作社示范章程》第2条规定："农业生产合作社按照社会主义的原则，把社员私有的主要生产资料转化为合作社集体所有……"；第16条规定："社员原有的坟地和房屋地基不必入社。社员新修房屋需用的地基不必入社。社员新修房屋需用的地基和无坟地的社员需用的坟地，由合作社统筹解决，在必要的时候，合作社可以申请乡人民委员会协助解决。"这说明，在人民公社的早期，国家对于宅基地所有权的性质没有明确的规定。

中共中央1958年1月公布的《工作方法六十条》和1961年3月公布的《农村人民公社工作条例（草案）》都没有提到宅基地的性质问题。由于中央没有对宅基地的性质作出明确的界定，1962年4月，中共河北省委在《河北省委关于贯彻执行改变农村人民公社基本核算单位中若干具体政策问题的规定的通知》文件中规定：①农村社员的房屋和庄基，归社员所有，允许买卖。②生产队应鼓励和帮助社员修盖房屋，改善居住条件。社员因人口增加，需要盖房，但没有庄基，买又买不到的，生产队可根据其人口多少拨给适量的土地，由本户出钱来买，但必须控制数量，并经过社会大会讨

---

[1] Selden, Mark, *The Political Economy of Chinese Socialism*, Armonk, N.Y. 1988, pp. 5~11.

论通过,生产大队委员会审查批准。直到 1962 年 9 月,《农村人民公社工作条例(修正草案)》第 21 条才明确规定:生产队范围内的土地,都归生产队所有。生产队所有的土地,包括社员的自留地、自留山、宅基地等,一律不准出租和买卖。1963 年 1 月,河北省委鉴于 1962 年 4 月文件引发了群众对宅基地问题的误解,并出现了砍伐宅基地内树木的现象,向中共中央作了《河北省委关于正确解释社员宅基地问题的请示》(以下简称《请示》)。《请示》中建议:今后社员需建房又没有宅基地时,由本户申请,经社员大会讨论同意,生产队要帮助解决。但应尽可能不占用耕地,如必须占用耕地时,要报请县人民委员会批准。社员新建住宅用地,无论是否耕地,一律不收地价。1963 年 3 月 20 日,中共中央根据上海、河北等省市的请示内容,发布了《中央关于各地社员宅基地问题作一些补充规定的通知》,该通知规定:社员需建新房又没有宅基地时,由本户申请,经社员大会讨论同意,由生产队统一规划,帮助解决,但尽可能利用一些闲置地,不占用耕地,必须占用耕地时,应根据"六十条"规定,报县人民委员会批准,社员新建住宅占地,无论是否耕地,一律不收地价,一律不准出租或买卖。对农民对宅基地的财产权和对房屋等建筑物的所有权问题也规定:①社员的宅基地,包括有建筑物和没有建筑物的空白宅基地,都归生产队集体所有,一律不准出租和买卖。但仍归各户长期使用,长期不变,生产队应保护社员的使用权,不能想收就收,想调剂就调剂。②宅基地上的附着物,如房屋、树木、厂栅、猪圈、厕所等永远归社员所有,社员有买卖房屋或租赁房屋的权利。房屋出卖后,宅基地的使用权即随之转移给房主,但宅基地的所有权仍归集体所有。可以看出,中央文件基本上沿用了河北省委《请示》中的建议。至此,农民无偿获得宅基地使用权的制度基本上建立起来。有学者将其称为

"宅基地无偿配给制度"。[1] 1963年最高人民法院以《民事意见》的形式将农村宅基地的权属关系固定下来:"关于宅基地权利纠纷,社员的宅基地,包括有建筑物和没有建筑物的空白宅基地都归生产队集体所有,一律不准出租和买卖。但仍归各户长期使用,长期不变,……房屋出卖以后,宅基地的使用权即随之转移给新房主,但宅基地的所有权人归生产队所有。"此后,农村宅基地的所有权与使用权关系长期未变。

人民公社化运动以后,在耕地的集体化之后,包括宅基地在内的农村所有土地都集体化了。宅基地的集体化在1963年产生了一个后果:村民开始享有无偿配给的宅基地使用权,而认定无偿获得宅基地的人员资格的权力则掌握在生产大队的手里。这样生产大队就拥有了两项大权:授予村籍和给村民划拨宅基地。而拥有宅基地使用权又是村民享受的主要待遇。在传统上,拥有宅基地比拥有土地更能证明一个人的村民资格,因此拥有宅基地使用权也是一个农民在一个村庄中最重要的身份权。于是,有学者认为目前村委会所拥有的权力与宗族所拥有的权力存在惊人的类似:授予一个人的群体成员资格的权力和授予一个人最基本的生活基础——财产的权力。[2] 经验研究表明,宅基地的划拨是免费或几乎是免费的。免费的宅基地发放是和农村生产资料集体所有制的发展相联系的。宅基地免费发放的过程,也是家长权威逐渐被生产大队的权力所替代的过程。[3]

综上,在人民公社化运动以后,宅基地所有权已经完全集体化

---

[1] 高永平:《执着的传统——平安村的财产继承研究》,中国文史出版社2007年版,第161~163页。

[2] 高永平:《执着的传统——平安村的财产继承研究》,中国文史出版社2007年版,第230~231页。

[3] 高永平:《执着的传统——平安村的财产继承研究》,中国文史出版社2007年版,第161页。

了，与之相伴的是农民无偿获得宅基地使用权的制度基本建立起来了，宅基地使用权也在法律层面完成了由私权向准私权蜕变的过程。宅基地使用权的免费发放过程，既是作为国家权力载体和延伸的村庄权力得以强化的过程，也是作为总体性治理的国家透过宅基地使用权无偿分配制度加强对农村和农民治理的过程。农民不再仅仅是一个阶层的身份称呼，开始具有了重要的经济和社会意义。

（二）宅基地使用权规制的无序：以宅基地使用权有偿使用为例

在20世纪80年代，由于农民收入水平的快速提升，农民建房的热潮开始兴起。1986年，我国农民集体建设占用耕地达187.8万亩，其中农民建房占用耕地达100多万亩[1]。而宅基地分配制度的随意性给村干部提供了以权谋私的可能，虽然《村镇建房用地管理条例》对宅基地使用权的申请和审批程序均有具体规定，但在实践中，宅基地使用权的实际分配权掌握在村干部的手中，因此，权力的滥用和寻租现象十分普遍[2]。据国家土地管理局的资料表明，全国所发生的违法占地案件中90%以上是农民违法占地建房[3]。现实生活中有的农民假分家或者假离婚以期多获得宅基地，有的以户内已农转非的成员的名义申请取得宅基地，有的在一村盖好住房出卖后把户口迁到另一村而再取得一处宅基地，未批先用、少批多占、一户多宅的现象非常突出。另一方面，由于宅基地的使用缺乏规划，无偿用地导致土地浪费现象十分严重。目前各地缺乏行之有效的乡村规划，有的地方农民全家进城务工，农村宅基地被闲置，

---

[1] 王卫国：《中国土地权利研究》，中国政法大学出版社1997年版，第102页。

[2] 高富平：《土地使用权和用益物权——我国不动产物权体系研究》，法律出版社2001年版，第445页。

[3] 张林鸿："农村宅基地使用权探讨"，载《六盘水师专学报》1998年第2期。

造成"空心村"现象十分严重,土地闲置浪费数量非常可观。据有关资料表明:目前全国24亿亩村庄建设用地中"空心村"内宅基地闲置面积约占10%~15%。[1] 据调查,超占宅基地占宅基地总量的10%左右,有的地方甚至超过40%。[2] 调研发现江苏省农村宅基地超标使用问题十分严重,从不同地区看,苏南户均宅基地为170平方米,苏中为223.8平方米,苏北为251平方米,超标面积分别为80.4%、64.20%和58.5%。[3] 如前所述,《村镇建房用地管理条例》中设定了农村宅基地的用地标准,[4] 但随之而来的问题是,如果有社员建房用地超过了宅基地面积标准,该如何处理呢?部分地区进行了宅基地有偿使用的试点,从1988年起,山东省德州地区等全国二百多个县的部分乡村试行宅基地有偿使用。20世纪90年代初,国家曾一度对这一做法加以提倡,全国许多地方开始对宅基地收费,每年每平方米收取0.05~0.20元不等的费用,如安徽省每平方米收费0.10元。1993~1994年在清理农民负担中这项收费被取消。[5]

《国务院批转关于加强农村宅基地管理工作请示的通知》中指出:1988年以来,山东省德州地区和全国二百多个县的部分乡、

---

〔1〕 李莹:"我国耕地资源的增减大势",载《中国国土资源报》1999年5月31日,第4版。

〔2〕 杨尚英:"我国农业土地资源持续利用存在的问题与对策",载《咸阳师专学报》1998年第3期。

〔3〕 江苏省农村社会经济调查队:"农村建设用地中的违规行为不容忽视",载《调研世界》1999年第3期。

〔4〕 该《条例》第9条规定:"社员建房用地,由省级人民政府根据山区、丘陵、平原、牧区、城郊、集镇等不同情况,分别规定用地限额,县级人民政府根据省级人民政府规定的用地限额,结合当地的人均耕地、家庭副业、民族习俗、计划生育等情况,规定宅基地面积标准。"

〔5〕 参见孙自铎:"进入21世纪的中国农村:住房、村庄建设",http://www.shwd.net/shownews.asp?newsid=3550,2014年1月1日访问。

村试行了宅基地有偿使用,取得了明显效果。为了进一步搞好农村宅基地有偿使用的试点,各地区要做好以下工作:……②确定宅基地有偿使用收费标准时,对在规定用地标准以内的,既要体现有偿原则,又要照顾群众的经济承受能力,少用少交费,多用多交费;超标准用地的,应规定较高的收费标准;对级差收益较高地段,收费标准要适当提高。③建立和完善土地使用费管理制度。宅基地使用费要本着"取之于户,收费适度;用之于村,使用得当"的原则,实行村有、乡管、银行立户制度。专款专用,主要用于村内基础设施和公益事业建设,不得挪作他用。通过推行宅基地有偿使用工作,笔者认为实现了诸多目标:首先,通过宅基地有偿使用,划定宅基地面积标准和收取使用费标准,使得广大农民从自身利益出发,注重节约和合理利用土地,达到了保护耕地的根本目的。其次,宅基地使用权有偿使用后,各地注重整理和建立村庄地籍档案,完善乡规民约和乡村建设规划。最后,实行宅基地有偿使用可以作为壮大集体经济的一项措施,为农村集体经济的发展奠定一定的经济来源和基础,满足村庄基本公共服务的需要。在宅基地使用费的开支管理方面,当时各地的做法是村由乡(镇)管的原则,严格执行经费管理制度和开支手续。绝大多数乡村真正做到了取之于民,用之于民,如山东省90%留村使用,10%上交乡镇。留村的部分,主要用于村庄规划建设、绿化、修路、打井、安装自来水等基础设施及低产田改造、农田水利建设等;乡镇提取的10%,主要用于管理土地的日常经费开支及支付土地管理员的费用。[1]

山东省作为宅基地有偿使用的试点省份,颁布了《山东省土地管理局等五个单位关于农村宅基地收费标准及资金管理问题的通知》。山东省宅基地有偿使用的范围发展到16个市地113个县

---

〔1〕 马炳全等:《论社会主义地租与地价》,中国农业科技出版社1991年版,第260页。

(市、区),1509个乡镇,33 606个行政村,分别占全省乡镇及村总数的61.5%和37.5%。据统计,试点村庄已有4.7万个农户撤回了用地申请,推迟了建房时间,仅此一项,即可节约土地1.4万亩,节约资金3.2亿元,退出闲置宅基地22.8万亩,可安排76万农户建房不占用耕地。[1] 由此可见,宅基地有偿使用取得了很大的成绩,但在1993年,为减轻农民负担,国务院取消了农村宅基地有偿使用费和农村宅基地超占费,这一改革措施中途停顿。取消的理由无非是该收费增加了农民的负担,但在实践中,收费标准很低,并不影响农民的正常生活。标准面积以内的,每平方米每年按0.05~0.1元计收;超出标准面积的部分,原则上应退归集体。凡未按规定退出的,按累进制方法提高收费标准;宅基地不按规定用途使用,擅自出租或用于经营时,除责令其恢复原使用性质外,属标准面积以内的部分,每平方米每年再加收0.5~1元的费用。属标准面积以外的部分,以前款计费方式为基础,每平方米每年再加收1~5元的费用;经批准使用宅基地的非农业人口,其收费标准与当地村民相同。[2] 根据湖北省的调查,大多数在每年每平方米0.15元左右,宅基地费用约占农民每年纯收入的1%~2%,大多数农民可以承受。[3]

总之,宅基地使用权有偿使用的试验取得了一定的成绩,但在农民负担较重的背景下,为了获取农民对政权合法性的认同,政府取消了宅基地使用权有偿使用的有关税费,虽然一定程度上缓解了基层政权的合法性危机,但另一方面,却助长了农村宅基地占用耕

---

〔1〕 参见马炳全等:《论社会主义地租与地价》,中国农业科技出版社1991年版,第255~260页。

〔2〕 马炳全等:《论社会主义地租与地价》,中国农业科技出版社1991年版,第262页。

〔3〕 马炳全等:《论社会主义地租与地价》,中国农业科技出版社1991年版,第261页。

地和一户多宅等违法行为的发生。据此，笔者认为，对宅基地使用权的规制，必须坚持以注重节约和合理利用土地、保护耕地为根本目的，对全国各地的改革措施需要给予一定的政策空间和试验耐心，不能因外部环境一时的变迁而停止改革的试点和进程。

（三）宅基地使用权流转：由自治向高度管制转变

改革开放以来，随着农村经济的发展，农民收入也有大幅提高，从而带动了几轮农民建房热潮。1978年，全国农村人均住房使用面积为11.03平方米，到1985年激增至15平方米左右。据统计，1985~1995年，全国农民建房占用耕地共达55.39万公顷（830.8万亩）。据国土资源部统计，到2000年，全国农村居民点的用地达0.17亿公顷（2.5亿亩）。[1] 由于农村宅基地占用耕地现象日益严重，而宅基地使用权流转也基本处于无序的状况，因此，1981年国务院发布了《关于制止农村建房侵占耕地的紧急通知》（国发〔1981〕57号文）；1982年国务院颁布了《村镇建房用地管理条例》，该条例的颁布标志着我国农村宅基地使用权制度开始逐步走向法治和管制的轨道。该条例规定了村庄需要进行统一规划、用地标准、审批制度和奖惩制度等。关于宅基地使用权流转问题，该《条例》第15条第1款、第2款规定："由于买卖房屋而转移宅基地使用权的，应按第14条的规定办理申请、审查、批准手续。出卖、出租房屋的，不得再申请宅基地。"第14条规定的程序是："农村社员，回乡落户的离休、退休、退职职工和军人，回乡定居的华侨，建房需要宅基地的，应向所在生产队申请，经社员大会讨论通过，生产大队审核同意，报公社管理委员会批准；确实需要占用耕地、园地的，必须报经县级人民政府批准。批准后，由批准机

---

〔1〕 黄小虎主编：《新时期中国土地管理研究》，当代中国出版社2006年版，第190页。

关发给宅基地使用证明。"根据该规定,允许因买卖房屋而造成的宅基地使用权被动流转,只是必须符合以下三个条件:①按照《条例》第4条的规定,严禁买卖、出租和违法转让建房用地。即宅基地使用权不得单独作为买卖的标的。②应当按照第14条的规定向所在生产队申请,经社员大会讨论通过,生产大队审核同意,报公社管理委员会批准。③出卖、出租房屋的,不得再申请宅基地。1984年最高人民法院《关于贯彻执行民事政策法律若干问题的意见》中再次明确规定人民法院处理公民之间宅基地使用权的案件,应根据土地所有权归国家或集体所有,一律不准出租、转让和买卖的原则。

1986年6月颁布实施的《土地管理法》废除了《村镇建房用地管理条例》,对宅基地使用权被动流转问题仅有一款规定,即第38条第3款规定:"出卖、出租住房后再申请宅基地的,不予批准。"与《村镇建房用地管理条例》相比去除了相关的审批程序规定。1991年1月,国务院颁布的《中华人民共和国土地管理法实施条例》,对宅基地使用权的审批权限作出补充,[1]但并未涉及宅基地使用权被动流转的问题。1990年1月3日,国务院批转了《国家土地管理局关于加强农村宅基地管理工作请示的通知》,其中第三部分明确规定:对现有住宅有出租、出卖或改为经营场所的,除不再批准新的宅基用地外,还应按其实际占用土地面积,从经营之日起,核收土地使用费。应该说,该规定承认了宅基地使用权被动流转的合法性;另外,除之前强调的"不再批准新的宅基用地"以

---

[1] 该法第25条规定:"农村村民建设住宅需要使用土地的,应当先向村农业集体经济组织或者村民委员会提出用地申请,经村民代表会或者村民大会讨论通过后,报人民政府批准。其中需使用耕地的,由乡级人民政府审核,经县级人民政府土地管理部门审查同意后,报县级人民政府批准;需要使用原有宅基地、村内空闲地和其他土地的,报乡级人民政府批准。"

第三章 我国农地使用权流转制度的当代演进与解读

外,对于改为经营场所的,还需另外核收土地使用费。但在1993年,国务院为减轻农民负担取消了该种情形下土地使用费的核收,这一规定实质上被闲置。

在20世纪80年代我国农民的建房热潮中,超标用地、占用耕地的现象十分普遍。《全国土地利用总体规划纲要》指出,2000年农村居民点用地规模为0.137亿公顷,但到1990年底就达到了0.149亿公顷。[1] 到了20世纪90年代中后期,我国经济步入快速发展的轨道,农村土地尤其是耕地被大规模占用的现象越来越普遍。1992年邓小平南方讲话之后,形成了第二轮"圈地热",主要表现为土地投机,大量耕地被圈占用于商品房开发,这以海南省海口市和广西壮族自治区北海市为代表,随后国家开始强制性地取消土地开发政策。90年代,在地方政府的推动下,第一波"开发区热"形成了,1993年"开发区热"达到了最高点,当年建设占用耕地达24.7万公顷,成为新中国成立以来的第三个占地高潮。除了开发区建设占地以外,大规模的基础设施建设也占用了大量的耕地,"八五"期间,基础设施和重点建设项目平均每年实际占用耕地13.33~16.67万公顷左右。[2] 在此背景下,对于农村宅基地占用耕地的泛滥现象,国家也着力进行控制。国家土地管理局于1995年颁布施行的《确定土地所有权和使用权的若干规定》第48条规定:"……房屋拆除后没有批准重建的,土地使用权由集体收回。"1995年《担保法》第37条第2项规定宅基地不得抵押。国务院办公厅1999年发布的《关于加强土地转让管理严禁土地炒卖的通知》第2条第2款规定:"农村的住宅不得向城市居民出售,也不得批准城市居民在农民集体土地建设住宅,有关部门不得违法为建造和

---

[1] 叶剑平:《中国农村土地产权制度研究》,中国农业出版社2000年版,第71页。

[2] 曲福田等:《经济发展与中国土地非农化》,商务印书馆2007年版,第77页。

购买的住宅发放土地使用证和房产证。"2004年国务院发布了《关于深化改革严格土地管理的决定》，启动了最严格的土地管理制度，国土资源部根据该决定印发了《关于加强农村宅基地管理的意见》（国土资发〔2004〕234号），其中第13条第1款规定："……严禁城镇居民在农村购置宅基地，严禁为城镇居民在农村购买和违法建造的住宅发放土地使用证。"2007年12月30日发布的《国务院办公厅关于严格执行有关农村集体建设用地法律和政策的通知》、2008年"一号文件"《中共中央国务院关于切实加强农业基础建设进一步促进农业发展农民增收的若干意见》均明确规定：城镇居民不得到农村购买宅基地、农民住宅或"小产权房"。

综上，20世纪90年代中期以前，基于房屋买卖的宅基地使用权被动流转都是被许可的，但在90年代后期，国家开始严格控制农村土地的使用，宅基地使用权的被动流转的合法性也开始逐步被否定。宅基地使用权流转从基本处于自治，即由农民集体和乡镇履行必要的审批手续，到宅基地使用权被动流转被许可，最终走向宅基地使用权在任何情况下都不得被转让，但高度的管制并没有带来国家所期待的结果，农村私有房屋买卖仍然十分频繁，宅基地使用权被动流转在事实上普遍存在，因此，该种管制的有效性值得进一步考量。

第四章

土地承包经营权流转的实践图景
——鄂中个案的法社会学透视

> 考察我国农地使用权流转法律制度,要关注我国农地流转制度及以法律文本、政策文本形式表述的形式规则,由于制度的变通性和人的能动性,使其在基层权力主导的具体实践中存在着制度的"非正式运作"现象,据此,我们必须关注农地使用权流转法律制度在实践中的图景。

新世纪以来,我国农村经历了"千年未有之大变局",农业税的渐次取消,使中国农村的基础结构、治理体制和价值体系均呈现出不同以往的巨大改变。党的十七届三中全会作出关于"加强土地承包经营权流转管理和服务,建立健全土地承包经营权流转市场"的重大战略决策以来,全国各地农村的土地承包经营权流转试验进行得如火如荼,土地承包经营权流转作为新的变量嵌入到了农村中,其实践图景到底如何?其对农村产生了怎样的影响?其未来走向如何?这些问题均值得我们关注。笔者结合鄂中田野调查过程中接触的个案,对土地承包经营权流转实践中的"官转"、"民转"及其冲突现象进行了"深描",并进行了初步的阐释与解读,以展现实践中的土地、法律及与其纠结在一起的村庄全景,[1] 希冀能为理解土地承包经营权流转的多样性和复杂性提供案例。[2]

一、导火索：两次土地承包经营权引发的争议

作为马村方余家湾组外来户的王帅于2008年4月18日和25日，经马村村委会引进并召开群众大会，王帅与马村方余家湾组自愿协商，签订了《土地租赁协议》。方余家湾组将放牛山、团山、夏山、破塘西、烟灯山片等面积97.8亩的土地承包给王帅用于综合用地发展绿化种植，其中放牛山、团山、夏山、破塘西面积54亩，承包期限10年，每亩每年承包费100元；烟灯山片、放牛山面积为43.8亩，承包期限为3年，每亩每年承包费为100元。但就在合同签订后的两个月，即2008年6月，宜大集团有意在肖镇马村建立一个大型良种猪繁养基地，其选址也位于该村放牛山。市政府及镇政府为"招商引资"，扩大地方财政收入，极力促成该项目。王帅及其《土地租赁协议》成为项目引进的最后障碍。于是从2008年7月15日始，肖镇东岳总支、马村全体干部就此事进行多次协调，马村二组其他群众均接受了"协调"，而王帅夫妇则不接受镇政府的"协调"。在"协调"未果的情况下，马村村委会就与

---

[1] 按照研究惯例，本文对地名和人名已做了技术处理，王帅本人则同意以真名出现。另外，文章所指土地流转主要是指土地承包经营权的流转，这也是农村土地流转的基本内涵。参见孟勤国等：《中国农村土地流转问题研究》，法律出版社2009年版，第44页。在本书中，相关主体对土地租赁和转包并未严格区分，但根据《农村土地承包经营权流转管理办法》第35条，转包与出租区别非常明显，把流转给村内人还是村外人作为"转包"和"出租"的区分标准。这也意味着，转包和出租其实就是分别指代村内流转和村外流转。因此，在王帅案中，王帅是土地承包经营权的出租主体而非转包主体。

[2] 吴毅："何以个案 为何叙述——对经典农村研究方法质疑的反思"，载《探索与争鸣》2007年第4期。

第四章 土地承包经营权流转的实践图景

宜大集团签订了一份《土地承包合同》，将 101.61 亩（其中荒山 72.17 亩，粮田 29.44 亩）的土地全部交由宜大集团用于发展养猪项目，承包期限为 30 年，第一期承包费每年每亩 300 元，5 年为一个承包期，承包费每 5 年在上一承包期的基础上上浮 20% 为下一承包期的承包费。肖镇政府作为鉴证方在合同上签了字。随后，宜大集团将王帅租赁土地中的 40 多亩进行了"强占"（位于 97.8 亩转包地的中央地带），在该土地上修建猪舍等设施用于养猪。在该工程开工后的 2008 年 8 月 1 日，镇政府出面"强迫"余香等村民与马村村委会签订《农村土地承包经营权流转合同》，期限为 30 年。

从此，王帅便开始了漫漫维权路：

"我到肖镇政府申诉，他们说我没有资格和他们谈。现在我种的棉花已被推毁，所育的 4 万棵树苗（其中易杨 3 万、红椿 1 万）无土栽种，将面临枯死的极大可能。我们经济条件本来就不好，靠借钱和贷款经营，宜大集团公司强占我承包的土地，给我们造成了巨额损失。这其中肖镇政府有着不可推卸的责任，我们与方余家湾组签订合同进行经营，镇政府和村委会是知道的，在未引进宜大集团之前，也是大力支持我们的，现在为什么又损害我们的利益呢？时至今日，我们逐级上访，均未得到妥善解决，难道还要让我们承担这些损失吗？我们本来就没有多大的经济实力，经不起这样的折腾。这与国家提倡的以人为本的执政理念不相符合，与以农为基础自相矛盾，严重违背了国家惠农方针。"[1]

---

[1] 参见王帅的上访材料。

二、冲突各方的行动及其策略

(一) 王帅的行动策略：上访还是上访

为了解决王帅的补偿问题，彻底除掉这个"钉子户"，镇政府动员了一切可以动员的力量，多次进行协调工作，但结果令人失望，王帅就是不接受协调。关于这段交涉过程，肖镇在《关于王帅等人赴京上访的情况汇报》中如此描述：

2008年7月20日，镇、总支、村三级干部再次找王帅夫妻协商，王帅当时不愿见面，叫余明光（系王帅干爹）作代表，余明光同志就王帅整体投资明细情况予以说明，即：①棉花专用复混肥7吨，3200元/吨，计22 400元；②耕地110亩，60元/亩，计6600元；③棉种90包，30元/包，计2700元；④开沟挖机费用1000元，以上费用共计32 700元。另外称王帅人工及农药费用没有计算在内。

7月24日晚6时，总支干部、村干部在方余湾刘成兵家与王帅夫妇面谈，王帅对20日提出的投资情况没有异议，但提出两点要求：①要求提高补偿标准；②解决自己所培育树苗款，即：红椿10 000棵、易杨20 000棵（经查，在租种田上未见以上树苗）。

7月26日，镇、总支、村三级干部再次与其协商，在协调会上，王帅夫妇提出了补偿55万余元的要求，调处专班认为其要求过高，仍未达成一致意见。

为了妥善处理此事，我镇负责此项目的领导于7月27日特邀请王帅夫妇及其部分亲朋进行座谈协商，提出处理意见，不因王帅是外地人而区别对待，青苗补偿、山场及耕地补偿标准与本地村民一致，即青苗补偿按700元/亩，山场按100元/亩，耕地按250元/亩。在场亲朋了解真实情况后,结合实际均表示认可,并相继作了王帅夫妻的工作,但夫妻二人仍坚持个人意见,依旧未形成共识。

8月5日,王帅夫妇赴京上访,肖镇党委政府高度重视,随即派镇长助理魏华和镇干部胡清连夜赶赴北京将其接回,后多次协调仍因其提的要求过高而未形成一致意见。8月27日及以后,王帅及其妻子又多次到镇信访办上访,要求解决赔偿问题。[1]

从上述交涉过程可以看出,上访始终作为王帅维权的"第一选择"。王帅的维权路在初期始终与法院无涉,而是四处上访,先是进京上访,在被地方官员接回地方后,就在地方四处上访告状,但"石头飞上天还是要落地",最终皮球还是被踢到了镇政府。尽管通过上访,问题最终得到解决的可能性极小,但利益受损的农民仍然具有"上访偏好",其根由到底为何?最终王帅被迫"以法抗争",[2]源于镇政府的回复,镇政府的回复充满了法律的意味,令王帅始料不及。

(二) 基层政府的"法律意识"

2008年8月27日,王帅妻子到镇信访办上访,要求解决土地被迫流转后的补偿一事,肖镇信访办按照《信访条例》的规定,于9月1日向王帅夫妇开具了书面告知单,经调查审核,于9月30日向王帅出具了书面答复,答复要点共计3条,第2、3条均指出王帅在马村租种地的投资费用实际上远没有王帅自己所声称的那么多。对于这些并没有多少依据的说法王帅不以为然,而真正激怒王帅的却是答复的第1条:

1. 2008年9月19日南孝区农村经济经营管理局根据《农村土

---

[1] 南孝区肖镇:《关于王帅等人赴京上访的情况汇报》,2008年9月30日。
[2] 于建嵘:"当代中国农民的以法抗争——关于农民维权活动的一个解释框架",载《社会学研究》2004年第2期。

地承包法》第 37 条及第 48 条、《农村土地承包经营权管理办法》第 23 条，鉴定王帅 4 月 18 日与马村二组方余湾中 6 名代表签订的承包马村 54 亩荒山及 4 月 25 日王帅与方余湾一村民余香签订的 41.7 亩粮田租赁合同均为不规范合同。

其实这并不是镇政府第一次指出王帅的《土地租赁合同》不合法，就在王帅进京告状未果时，肖镇已在《关于王帅等人赴京上访的情况汇报》中明确指出了王帅的《土地租赁合同》的不合法之处：今年（2008）4 月份，王帅夫妇经肖镇马村二组村民余明光介绍，将该组 41.7 亩粮田、54 亩荒地与该组部分农户签订土地租赁合同书。经查，王帅租赁的 41.7 亩粮田合同书上只有一农户余香签字，没有加盖农民集体公章，也没有按政策规定签订流转合同，租赁的 54 亩荒山合同书上只有马鞍村二组 6 个代表签字，也没有加盖农民集体公章。2008 年 5 月，王帅夫妻在此租种地上种上了棉花。[1]

王帅难以理解的是，他明明就是经马村村委会召开群众大会而引进的土地租赁户，在宜大集团项目进入之前，不管是村委会还是镇政府都对他支持有加，从未提及《土地租赁合同》不合法之说，即使存在手续上的不完备，如没有加盖村委会公章，也是王帅把合同拿到村委会要求盖章，但因为宜大集团项目已经谈妥，他们自己拖着不盖。[2] 王帅认为，既然镇政府认为《土地租赁合同》不合法，那么就让法律去断定是非，法院总能分个青红皂白吧。尽管并不信任司法，毕竟这是"民与官斗"的案件，但在 2008 年 12 月 3 日，王帅还是向南孝区法院提起了侵权之诉。

至此，镇政府成功地把难题交给了法院和法律，该策略的使用并不是镇政府"依法治国"法律意识的体现，其实质是对违反规则

---

〔1〕 南孝区肖镇：《关于王帅等人赴京上访的情况汇报》，2008 年 9 月 30 日。
〔2〕 王帅的访谈记录，2008 年 11 月 24 日。

(进京上访)、不配合者(多次协调未果)的一种惩罚措施,"法院还不是我政府管,你在法院能掀起多大的浪啊"(镇政府干部语)。早有经验研究表明:解决乡村土地纠纷的最好办法未必是通过法律,处理纠纷合法与不合法并不是最要紧的,最要紧的是能够摆平理顺,而干部将农民之间的矛盾和纠纷推给法律其实就是"撂担子"。[1] 作为村庄外人的王帅并没有充足的资源和良好的管道在村庄内与同是"(半)熟人社会"一员的村、镇干部们进行交涉与沟通,诉诸法律也许是他唯一的、合法的选择。

(三)司法:最后的防线?

当王帅最终决定求助于司法解决的时候,首先遇到的问题便是立案难。王帅首先提起诉讼的地点是南孝区法院下属的肖镇法庭,按照民事诉讼级别管辖的一般原则,本案应由肖镇法庭受理。但先后多次,王帅找到该法庭的负责人王某,王某以种种理由避而不见。最后的答复是"我们不接,你们去找南孝区法院"。于是王帅来到了南孝区法院,但法院立案庭的工作人员赵某要他去找肖镇法庭王某。几次三番推诿之后,一次难得的机遇被王帅抓到,肖镇法庭的王某到孝南区法院开会,两位互相推诿的法官王某、赵某在同一场合碰到了,而王帅也恰好在此时出现,"当面对质"的情境迫使两位法官不得不给王帅一个说法。王某面对赵某不得不说出了实情:"伙计,你不要让我为难啊。"一语道出了肖镇法庭的尴尬,作为镇政府事实上的下属单位,他该如何公正地审理如此棘手、事涉镇政府脸面的案件呢?在王某的"说情"下,赵某答应了王帅的立案请求。南孝区法院终于立案了,此时是 2008 年 12 月底,但直到 2009 年 11 月底,法院才作出一审判决。"拖"字当先,成了区法

---

[1] 吴毅:《小镇喧嚣——一个乡镇政治运作的演绎与阐释》,生活·读书·新知三联书店 2007 年版,第 687 页。

院化解自身困境的唯一合法途径。各种拖延手法全部使出，如增加诉讼当事人、提出新证据、法庭进行实地调查、被告提起反诉等。其中更是涉及了审判长更换，临近判决时，又推说审委会还没有形成一致意见，无法作出决定。最终在2009年11月作出的一审判决书上所载明的日期居然是2009年6月4日，足见区法院在该案判决出炉上的纠结与两难。

其实，法院审理过程中，原被告争论的焦点只有两个：①王帅的《土地租赁合同》的效力问题；②王帅的实际损失问题。由于法律法规规定的荒地和粮田的流转程序不尽相同，因此，对于王帅而言，他所取得的只是43.8亩粮田的承包经营权。因为土地承包经营权的租赁，只需由流转双方签订书面合同，是否报发包方备案并不影响合同的效力。但对于54亩荒地承包，根据《中华人民共和国农村土地承包法》第48条的规定：发包方将农村土地发包给本集体经济组织以外的单位或者个人承包，应当事先经本集体经济组织成员的村民会议2/3以上成员或者2/3以上村民代表的同意，并报乡（镇）人民政府批准。事实上，王帅在《土地租赁合同》签订后，也找村委会要求在合同上盖章，他们拖着不盖，直到2008年7月底这部分土地被占村委会也没有盖章，更遑论镇政府的批准了。因此，这54亩荒地承包未完全履行手续，也就意味着王帅无法取得这些荒地的经营权。如果说这一争议问题，王帅毕竟还是取得了43.8亩粮田的承包经营权的话，那么在证明其损失的时候，碰到了证据的难题。在村庄这一（半）熟人社会中，无论是请人帮忙务农如开荒、种植棉花等还是一般的肥料、种子、农药的买卖，几乎不存在正规发票这一说，无奈之下，王帅要求收款人在事后补开了一堆收条，而这些收条的效力根本无法经受法律的拷问，由于没有法律认可的证据的证明力，王帅的实际损失也许将永远成为一个"无解之谜"。在一审判决中，对于这些收条的效力，根据南孝区人民法院民事判决书(2009)年南孝民初字第 130 号,法院认为:原告从事种植必然有费用,但不能证明是承包土地费用情况。但吊诡的是,既然对收条等证据不予采信,法院为何对耕作费、种植等人工费和肥料、种子款却按照王帅的起诉书要求,要求两被告进行全额赔偿。这也许是在确定了拟赔偿总额前提下,多方"合谋"的"模糊产品"。[1]

三、个案视野凸显的土地承包经营权流转的话语与真相

(一)"官转"与"民转"的博弈,权力与资本的结合

由于乡土社会是半熟人社会,半熟人之间不存在真正的市场交易。在农地流转时,如果不单纯追求经济利益,通常流转给具有某种血缘或者地缘关系的人。多数人首先考虑流转给直系亲属,其次是邻居,再次是同族人,这体现了土地流转对象选择过程中的"人格化"倾向比较强烈。[2] 而马村方余家湾组村民之所以愿意将土地转包给村庄外人王帅,重要原因是王帅的干爹余明光是该组原先的组长,现在是该村的"大社员"。因流转各方彼此貌似非常熟悉,"关系"不错,签字画押等正规程序就没有存在的必要。民间自发的农地流转实践中,土地承包经营权流转合同几乎很少报发包方备案或者经发包方同意。正是这种基于人情往来建构起来的关系网络

---

[1] 参见杨柳:"模糊的法律产品——对两起基层法院调解案件的考察",载《北大法律评论》第 2 卷第 1 辑,法律出版社 1999 年版。

[2] 亓宗宝、史建民:"土地承包经营权流转纠纷实证研究——从 9 宗诉讼案例谈起",载《农业经济问题》2008 年第 1 期。

导致契约观念的缺失，并为日后纠纷的发生埋下了祸根。[1] 王帅案中，并没有正规的《土地承包经营权流转合同》，所签订的内容简单的《土地租赁合同》居然是王帅自己起草的，而王帅租赁的41.7亩粮田的合同书上只有一农户余香签字，租赁的54亩荒山合同书上只有马村二组6个代表签字，并没有报发包方备案或者经发包方同意。而官方主导的流转实践则是一副完全不同的图景：余香等村民与马村村委会签订《农村土地承包经营权流转合同》是湖北省的标准格式合同；马村村委会与宜大集团签订的《土地承包合同》，其中由专业人士加入了对宜大集团有利的条款，通过这些约定，宜大集团得以从与王帅的纠纷中脱身，将与王帅及其他村民交涉的任务交予了马村村委会。[2]

王帅案中，作为王帅与马村方余家湾组村民签订的《土地租赁合同》，属于平等主体之间的自由协商，契合了民法中的"意思自治"内涵。而宜大集团项目的引进，相关协议的签订，更多地凸显的是肖镇政府在地方政府经济指标"锦标赛"[3] 中的一种努力。在这个意义上，我们将前一种土地承包经营权流转定义为"民转"，后一种政府主导型的称为"官转"。在这两者的博弈中，双方都力图通过合同这一话语和平台赢得一种支配性地位，以形成有利于自己的权力关系。在这方面，各自运用自己的知识是必要的。诚如福柯所言，任何权力的行使都与知识不可分，任何权力的行使都以一定的知识为基础。事实上，知识和权力是一个问题的两个方面，他

---

[1] 法律对普通村民之间的土地流转过程中不签订正式合同也持比较宽容的态度。《中华人民共和国农村土地承包法》第39条第2款规定："承包方将土地交由他人代耕不超过1年的，可以不签订书面合同。"

[2] 在该合同签署后9日内取得2/3以上村民代表签字同意发包土地的文件，以及该土地原有承包方同意委托甲方将该地转包的委托书……若肖镇马村村委会未妥善处理原土地承包经营权人的问题需承担下述违约责任……

[3] 周飞舟："锦标赛体制"，载《社会学研究》2009年第3期。

们相互蕴涵，并且相互指涉。[1]"民转"与"官转"的博弈，实际上就是他们各自运用权力资源试图征服对方的一种较量。"民转"倚重的资源是"半熟人社会"的"人格化"认同；而"官转"背靠的则是权力的支持和资本的诱惑。在村庄面临结构性危机的背景下，博弈的结局其实早已注定。

（二）村庄的结构混乱，农民的理性化与实际化，以金钱为唯一依归，行政权力主导村庄的未来，"圈地运动"可能再次兴起

在王帅案中，容易被忽视的一个群体是马村方余家湾组的普通村民。他们先把土地租赁给了王帅，随后他们又与村委会签订转包合同，将土地转包给村委会，由其再行租赁给宜大集团用于养猪项目。虽然王帅提起的侵权之诉被告是宜大集团、肖镇镇政府，肖镇马村村委会后被追加为被告，但事实上，若提起违约之诉，则被告应当为马村方余家湾组那些已经收受了王帅租赁费用的村民们。他们之所以答应村委会撕毁与王帅的合同，而另行转包给村委会，唯一的理由便是宜大集团出的价格更高。而在诉讼过程中，作为村民代表在王帅的《土地租赁合同》上签字的余香就为被告出具证明材料一份，证明《土地租赁合同》属于"不合法合同"，她一个人签字也是不合适、不合法的，试问她若有如此法律意识，又怎会作为村民代表签下如此合同。农地流转中的"官转"打败"民转"，其实质反映的是当下农村的结构之变。传统的纽带已经松弛，甚至完全断裂。社会弱化到前所未有的程度，邻里和家庭也是如此。人们之间的关系的寿命越来越短。偶然之交代替了过去的社会结构，人们之间的关系日益亲密却缺乏持久性，深入却没有责任感。[2] 农

---

[1] [法]福柯：《权力的眼睛》，严锋译，上海人民出版社1997年版，第163页。
[2] [美]唐纳德·J. 布莱克：《法律的运作行为》，唐越、苏力译，中国政法大学出版社2004年版，第158页。

村正在经历结构化巨变的阵痛,在熟人社会向半熟人社会甚至是陌生人社会转变过程中,传统的宗族联系解体,血缘、地缘关系弱化,村民已经原子化了。村庄道德缺乏结构上的支撑,村庄舆论压力也逐渐走向消亡。[1] 小农在生产方式、生活方式和交往方式等方面日益社会化,"小农"与"社会化"的张力迫使农民们越发理性化与实际化。社会化的开放世界改变了农民的观念,他们不再以村落熟人社会中的"人情、礼俗"等作为行动规则,而是以现实利益,更直接的是现金收入作为支配他们行为的规则。总而言之,社会化给小农带来的是货币化的压力。货币收入因此成为他们行为的主要依据,他们的行为动机和行动方式都可以从这一压力中寻求答案。[2] 据此,这种农户间的利益冲突,以及由此导致的纠纷在村庄内部一般不会引发太大的舆论压力,违约方也不会受到太多苛责,这反过来更加剧了此种纠纷的多发性。

不可忽视的是,作为村庄外人的王帅,由于其常年在外打工,生活的面向始终在村庄之外,并不是(半)熟人社会的一员,普通村民对其未来利益预期、合作可能的丧失,最终使本应存在于王帅和普通村民间的互惠机制缺失,也是村民敢于集体违约的重要原因。所谓信誉是一种未来的利益。这意味着,只有在持续进行的互动关系中,信誉才可能成为一种有价值的资产。如果是"一锤子买卖",交易双方就都不会把信誉当回事儿。[3] 根据埃里克森的定义,王帅和普通村民间并不属于"关系紧密的群体",所谓关系紧密的群体,是指这样一个社会网络:"其成员对相互运用对抗的权

---

[1] 贺雪峰:《新乡土中国》,广西师范大学出版社2003年版,第5页。
[2] 徐勇:《现代国家、乡土社会与制度建构》,中国物资出版社2009年版,第81页。
[3] 桑本谦:《私人之间的监控与惩罚——一个经济学的进路》,山东人民出版社2005年版,第71页。

力拥有可信且互惠的前景,并对有关昔日和目前的内部事件有很好的信息供给。"这是典型的社会学定义,它提供了关系紧密的群体所要求的互惠、合作、理解、信任等基本条件。[1] 利益预期和互惠可能的缺失,加之金钱的诱惑,王帅可凭借的仅仅是其"干爹"脆弱的"村庄关系",出现村民集体违约的结局也就不难理解了。

社会化的小农日益理性化与实际化的另一个结果,便是村民"搭便车"心理的普遍化和集体行动能力的削弱。随之而来的是掌握利益资源的行政权力主体对村民行为控制力的增强。面对基层政府的利益诱惑和权力规制,村民被各个击破就成为必然结果,这便是肖镇镇政府和马村村委会很快能让所有村民集体违约,而与村委会签订新合同的重要原因。行政权力成为村庄整合的最大动能,其好处在于可以为村庄提供必要的公共产品,而对于土地承包经营权流转而言,则可能导致基层政府以土地作为治理的抓手与资源,借此侵害农民的土地权益,权力与资本的结合将加剧土地向资本集团集中的趋势,进而引发新一轮的"圈地运动"。

(三)土地承包经营权流转与法律下乡

1. 法律:基层政府的"保护伞"与农民的抗争"武器"

在王帅案中,我们可以清晰地看出,在土地承包经营权流转过程中,法律成了基层政府证明其行为合法性的重要手段,而对于王帅而言,"以法抗争"便成为无奈之选。尽管在诸多领域,农村社会对法律的整体接受能力十分有限,在许多方面游离于现代法律之外,但在土地承包问题上截然不同。农民对国家法中有关土地承包和管理的法律十分关注,对有关土地的文件和政策也了解颇深,在土地承包问题上,他们主动地、毫不犹豫地运用法律规定,明确地

---

[1] [美]罗伯特·C. 埃里克森:《无需法律的秩序——邻人如何解决纠纷》,苏力译,中国政法大学出版社 2003 年版,第 221 页。

知晓它是一个法律问题,国家法律对此作出了明确的规定。[1] 似乎农地问题的"规则之治"时代已经来临,[2] 但在法律知识层面,包括王帅在内的村民并无法区分土地承包经营权"租赁"、"转包"、"转让"和"流转"这几个概念的区别,也无法理解粮田和荒地的流转程序为何不一致,这些专业的法律问题,对于普通村民而言显然是过于深奥了。但这并不影响"乡村与法律之间越来越亲和了"这一判断的真实性。[3] 这一亲和状态的形成既源于"送法下乡"的成效,更源于村落社会在经济生产、文化价值、伦理道德等根本结构的变化,造就了"迎接"现代法律的环境,这也解释了为什么王帅异常关注其土地流转行为的合法性,并以此作为与基层政府争夺话语权和正当性的"武器"。

在后农业税时代,基层政府已经失去了掌控农民的最主要抓手,不得不面对的是松散的如马铃薯一般的农民个体。而土地则成为基层政府现有的最重要的治理工具和凭借。实践中,承包合同往往成为地方政府和乡村干部治理农民和乡村事务的一种可资利用的工具。1984年第一次全国经济审判工作会议后,我国法院将农村承包合同纠纷明确纳入受案范围,但法院的着眼点并不只是解决纠纷,而是试图通过对合同纠纷的处置帮助党和政府改进和加强对农村和农民的治理。[4] 这便是法律的治理化趋向,法律运作的逻辑

---

〔1〕 唐鸣、陈荣卓主编:《农村法律和社会问题探究》,法律出版社2008年版,第78页。

〔2〕 陈柏峰、郭俊霞:《农民生活及其价值世界:皖北李圩村调查》,山东人民出版社2009年版,第199页。

〔3〕 董磊明:《宋村的调解:巨变时代的权威与秩序》,法律出版社2008年版,第5页。

〔4〕 对于农地在乡村治理中的抓手功能,参见赵晓力:"通过合同的治理——80年代以来中国基层法院对农村承包合同的处理",载《中国社会科学》2000年第2期。近期的文献参见朱虎:"土地承包经营权流转中的发包方同意——一种治理的视角",载《中国法学》2010年第2期。

所服膺的是党政权力运作的逻辑。[1] 在共产党的意识形态里，法律与国家的政治统治紧密联系在一起，司法只是高度集权的国家机器中的一个组成部分。[2] 在土地承包经营权流转问题上，基层政府始终以其自身利益为现实考量，土地承包经营权流转实践也必须服膺于治理逻辑，法律始终以"工具"的形态出现，为其行为提供正当性或反向证明正当性。因此，土地承包经营权流转中，尤其是在土地承包经营权"官转"实践中，尊重农民意愿，保障农民权益便成为最重要的议题。[3]

2. 信访还是诉讼，这是一个问题

信访制度作为国家的正式制度安排，其初衷在于为农民提供一种利益表达渠道，当农民在与地方政府博弈的过程中处于弱势地位时，信访制度应当充当农民的"保护伞"。但是，现实中信访制度的效果并没有得到充分发挥。根据一份广受引用并由政府出资支持的全国性调查报告，只有0.2%的信访获得了成功解决。[4] 在王帅案中，王帅进京上访后，消息传回肖镇，镇党委政府随即派镇长助理魏华和镇干部胡清连夜赶赴北京将其接回。随后，南孝区肖镇出具一份《关于王帅等人赴京上访的情况汇报》，其中历数了王帅土地转包的不合法之处，强调了地方政府为此事所做的种种努力，这些举措斩断了高层可能伸出的"援助之手"，使王帅求助于高层的想法化为泡影，"石头飞上天还是要落地"。

---

[1] 应星：《大河移民上访的故事》，生活·读书·新知三联书店2001年版，第366页。

[2] 强世功：《法制与治理——国家转型中的法律》，中国政法大学出版社2003年版，第124页。

[3] 我们认为，"尊重农民意愿，保障农民权益"应该成为农地立法的价值取向，具体论述参见彭真明、陆剑："物权法视野中的农地问题——农地立法价值取向的多元与一元"，载《江汉论坛》2008年第9期。

[4] 参见张泰苏："中国人在行政纠纷中为何偏好信访？"，载《社会学研究》2009年第3期。

近年来，学界对于农民的"上访偏好"多有研究。对此现象，学术界主要有两种解释：一种认为"信访现象"根本就是民众理性选择的结果，认为诉讼效果不如信访；另一种则认为中国人具有"厌讼"或"信人治不信法治"的历史传统。创新者则认为：中国民众选择上访而不选择诉讼是因为对这种诉讼的程序感到陌生和排斥。[1] 从王帅案来看，以上解释均存在缺陷，信访偏好的形成原因是多方面的：其一，对于司法的不信任。王帅对司法是不信任的，"法院和镇政府还不是一家的"（王帅语）。行政化、科层制的法院，在普通农民心中难以树立独立、公正的形象。其二，信访虽然花费不少，但更多的属于隐性成本，相比法院明确的、高昂的显性收费，还是属于低成本。其三，潜在的、高高在上的、无所不能的"清官诱惑"是难以抗拒的，而这样的清官能够冲破地方复杂关系网的束缚，[2] 彻底地解决问题。其四，工业化和现代性的来临革除了熟人社会特有的以血缘、地缘或情感等为纽带的社会关系，走向了以职业分工为特征的陌生人社会。在某种程度上，被称为陌生人社会的现代社会也是权利的社会。[3] 农民对于权利的渴求，对于法律的尊崇，已经日益加深。在本案例中，王帅对诉讼程序并非感到陌生和排斥，相反，对于诉讼中的一些技巧，如对证据材料的收集方式和开庭中的论辩技巧，王帅居然了然于胸，令人惊奇。最后，需要强调的是，由于当下农村陷入结构混乱，[4] 村民之间缺乏基本的认同感和信任基础，村民们被迫以底线规则，即以法律

---

[1] 张泰苏：''中国人在行政纠纷中为何偏好信访？''，载《社会学研究》2009年第3期。

[2] 应星：''作为特殊行政救济的信访救济''，载《法学研究》2004年第3期。

[3] 贺海仁：《无讼的世界——和解理性与新熟人社会》，北京大学出版社2009年版，第157页。

[4] 关于我国农村陷入结构混乱的具体论述，参见董磊明、陈柏峰、聂良波：''结构混乱与迎法下乡——河南宋村法律实践的解读''，载《中国社会科学》2008年第5期。

为基础进行必要的生产性和生活性互动和交涉。在未来结构巨变后的乡村，村民也不排除出现"司法偏好"的可能，当然前提是司法足以让人信任。毕竟农村结构嬗变和社会发展带来对司法革新的要求是一回事，而司法机关能否顺应潮流，有力回应时代的需求则是另一回事。[1]

3. 司法权威的树立与流失

王帅案中，王帅作为村庄中的外人，所谓外人是指那些户口不在本村或者在本村没有建立稳定和永久社会关系的那些人。他虽然选择了认个"干爹"作为进入村庄的跳板，但并不能为其提供事实上的支持和帮助，作为外人更缺乏小亲族等村庄内压力疏解机制，无法通过村庄这个媒介来化解冲突与纠纷，反过来讲，镇政府和村委会也就没有逼迫王帅屈服的村庄能量，这也是全体村民的土地转包问题均得以解决，唯独王帅独自抗争的重要原因。总之，作为在村庄中没有建立稳定社会关系的"外人"，在村落的经济纠纷中，他的利益更加容易被忽略，更加容易受到歧视和区别对待，而一个外人要在村庄内部获得救济，无论是实际的，还是村庄舆论的，都比其他村民艰难的多。[2] 因此，对于外部救济的依赖便成为无奈的选择。司法成为这个村庄外人唯一可以求助的对象，并非因为王帅更相信司法或愿意适用法律手段解决纠纷。由于司法与行政权力的过度亲近，王帅对司法是不信任的，"法院和镇政府还不是一家的"。于是，便出现了不信任司法却又不得不选择司法的悖论。

但在整个案件审理中，司法应该具有的权威在当事人王帅心中

---

〔1〕 汪庆华："中国行政诉讼：多中心主义的司法"，载《中外法学》2007年第5期。

〔2〕 关于村庄中的"外人"定义及其遭遇，参见陈柏峰："村落纠纷中的'外人'"，载《社会》2006年第4期。

不断地流失着。王帅讲述了这样一个细节,在案件审理过程中,区法院的主审周法官为了确定案件争议中的几个问题,尤其是签订合同的过程细节和宜大集团侵占王帅承包土地的具体方位、分布和面积等,法官几次要求王帅带领合议庭主要成员,其实就是周法官和一个书记员,到马村进行实地调查。周法官的举动不吝为联系群众的"马锡武审判方式"的现代翻版,王帅对此也期望甚高,因为这是法院体察民情、弄清案件事实真相的最好机会。但令王帅始料未及的是,周法官去马村方余家湾组调查的时间极短,据王帅说不超过十分钟,并且调查的主要对象是作为被告的马村村委会的主任和大队队长,而对于王帅所提及的那些村民和帮工则完全未予调查。主审法官程序意识的淡薄也许并不会有损本案的实质公正,但事实上,所损害的是王帅被公正对待的心理感受和司法过程及其结果的被接受度。司法过程本身所具有的公开、公平、公正的特性,便是其实质结果最好的合法性证成。作为现代法治之基石的程序设计以及与之相伴的程序正义,自有其不可置疑的重要价值。[1] 但如果用制度经济学的制度观稍作分析,我们就可以发现程序正义并不仅仅是一个普世的价值,它的出现其实是越来越复杂的现代社会面对事实真相和实体正义不可得之困境后的一个"缓兵之计"和"不得不然"。[2] 现阶段,我国的司法机关无论是从体制层面还是行动策略层面,均与普通的行政机关并无差别,呈现出科层制的一般特性。[3] 如在王帅案中有所表现的"拖延"、以审判员的更换和审判委员会决定制作为推卸法官个人责任的手段等。司法改革所指向的

---

〔1〕 参见陈瑞华:《看得见的正义》,中国法制出版社 2000 年版。

〔2〕 艾佳慧:"诉讼率变迁中的社会行动者——兼论诉讼费的下调",载郑永流主编:《法哲学与法社会学论丛》2007 年第 1 期,北京大学出版社 2007 年版,第 31 页。

〔3〕 [美]彼得·布劳、马歇尔·梅耶:《现代社会中的科层制》,马戎、时宪民、邱泽奇译,学林出版社 2001 年版,第 2 页。

议题，已广为学者诟病，而程序技术发育不良和理性化的程序规范的不当使用对司法结果及司法本身权威所造成的损害是巨大的，但却不易为当局者所察觉，这也许就是所谓的"无形流失"。

第五章

集体建设用地使用权流转：
基于实践形态的评析

> 中国一直以来就是一个政治主导的社会，由于缺乏法治传统和市民社会的生存环境，中国的社会秩序是以政治秩序为核心扩展开来的，属于政治秩序衍生社会秩序的社会形态，社会秩序无不深深地烙上了政治印记。[1]

一、历史视角下集体建设用地使用权流转：
对于乡村工业化的意义

从1949年新中国成立后，经历了土地改革、社会主义改造，直至1958年，农村人民公社成立，一切土地都归集体所有，社会主义集体土地所有制完全确立。在这一时期，农民集体建设用地主要是少量的社队公益用地（如办公用地、学校用地等）和少量的社队企业用地。[2] 1958年下半年，在"大跃进"路线的指导下，几

---

[1] 邓辉：《论公司法中的国家强制》，中国政法大学出版社2004年版，第43页。
[2] 黄小虎主编：《新时期中国土地管理研究》，当代中国出版社2006年版，第186页。

第五章 集体建设用地使用权流转：基于实践形态的评析

千万农村劳动力投入农村的小型工业（主要是挖煤和炼钢），最多时达6000万人以上。[1] 根据有关资料统计，1958～1960年期间，因此城镇用地和工矿用地急剧扩张，共占用耕地167万公顷（2500万亩），形成新中国成立后第一个占用耕地的高峰。[2] 在其中，有相当数量是生产性的集体非农建设用地。1961年，中央经济工作调整，这部分建设用地被压缩，并退回了几百万亩耕地，而这部分主要是集体土地。[3] 在当时，农村社队企业用地是农民集体建设用地的重要组成部分。1958年，中央提出了农业要实现机械耕作的目标，人民公社自制并购买了一些先进农机具，大部分公社便成立了修理农机具的农机厂等社队企业。随后，在此基础上，社队企业经过了长期的发展，到1978年，社队企业已有152.4万个，就业人数2826.6万人，用地约133万公顷（2000万亩），发展规模已超过1959年的水平。[4]

回顾集体建设用地使用权流转的历史，就不得不提到1978～1988年这一段特殊时期。这一时期的农地制度特点与土改以后的趋势截然不同。土改以来，我国农地制度的特点表现为对农民个体权益的忽视和对集体权利的过度强调，其后面隐藏的逻辑是"政权下乡"、"政党下乡"和"行政下乡"。[5] 在集体化的过程中，农民一步步地失去了对土地及其收益的直接控制权，国家通过"政社合一"的集体组织将土地和财富的支配权掌握在自己手中。[6] 土

---

[1] 邹玉川主编：《当代中国土地管理》，当代中国出版社1998年版，第105页。

[2] 参见邹玉川主编：《当代中国土地管理》，当代中国出版社1998年版。

[3] 黄小虎主编：《新时期中国土地管理研究》，当代中国出版社2006年版，第187页。

[4] 邹玉川主编：《当代中国土地管理》，当代中国出版社1998年版，第110页。

[5] 徐勇：《现代国家、乡土社会与制度建构》，中国物资出版社2009年版，第四章。

[6] 徐勇：《现代国家、乡土社会与制度建构》，中国物资出版社2009年版，第129页。

地不断的国家化和对农民个体性的抑制甚至消灭，导致的结果是农民短暂的国家认同，若需建立农民对国家政权的长期认同，则必须满足农民的具体诉求。随后国家层面开始对土地资源的归属和支配绝对国家化的政策进行逐步调整。在此过程中，1978～1988年这一段特殊时期尤其值得关注。在这一时期，国家对于集体建设用地制度的规制几乎处于"无为而治"的状态，也因为这一政策，乡镇企业在短时间内获得了突飞猛进的发展，其中的关联值得细细品读。在这一时期，集体建设用地使用有如下几个特点：

第一，乡镇企业占用集体土地的规模日益扩大，与乡镇企业的日益发展、壮大成正相关，农民通过乡镇企业获得了集体建设用地使用权流转的现实收益。我国乡村工业化所取得的巨大成就是通过发展乡镇企业实现的。乡镇企业的前身是我国农村的社队企业，1978年，全国社队企业的数量已经达到152万个，有2827万农村劳动力在企业中就业。[1] 1979年，国务院颁布了《关于发展社队企业若干问题的规定（试行草案）》，对社队企业的发展作出了全面的规划和部署，这是新中国成立以来以行政法规形式颁布的第一个关于社队企业发展的指导性文件。1984年3月，社队企业的提法正式更名为"乡镇企业"。[2] 1988年，宏观经济的治理整顿开始，乡镇企业总产值占全社会总产值和农村社会总产值的比重分别达到24%和58%。1985～1988年，国家财政收入净增值的52%来自于乡镇企业。[3] 1978～1988年，农村工业对工业的增长贡献一直保

---

〔1〕 蔡昉等：《中国农村改革与变迁：30年历程和经验分析》，格致出版社、上海人民出版社2008年版，第76页。

〔2〕 1984年3月，中共中央、国务院转发了农牧渔业部和部党组的《关于开创社队企业新局面的报告》，同意报告提出的将"社队企业"正式更名为乡镇企业的建议。

〔3〕 蔡昉等：《中国农村改革与变迁：30年历程和经验分析》，格致出版社、上海人民出版社2008年版，第76页。

第五章 集体建设用地使用权流转：基于实践形态的评析

持在41%的水平，1992年，更是达到71.1%。[1] 到20世纪90年代中期，乡镇企业进入发展的黄金时期，在乡镇企业就业的劳动力更是占农村劳动力的近30%。[2] 尽管乡镇企业的兴起是合力的作用，这种合力既包括实行家庭承包制以后形成的劳动力剩余，也包括轻工业产品需求的增长和城市改革相对滞后所产生的供给能力不足的问题，但不容忽视的是，宽松的农地管理制度环境也是乡镇企业兴起的重要推动力之一。已有学者对农地的集体所有制与乡镇企业的兴起之间的关联进行了考察，[3] 并认为集体土地制是农民集体工业产生和发展的制度根源：首先，农民集体工业的产生是基于集体土地制所产生的积累；其次，集体土地原有的排外权使得农民集体工业得以摆脱国家的控制，而改由乡村政府控制，从而主要为本集体的利益服务；再次，集体土地制度导致了就地工业化，就地工业化使乡镇企业在没有要素市场的情况下推动了产品市场的率先形成、壮大，并使乡镇企业在没有要素市场或私有化的情况下推动了产品市场的形成和繁荣；最后，由于乡镇企业所从事的主要是轻工业，除土地资产以外，企业其他资产极为有限，据此，我国乡村集体企业的市场风险实际上最终为集体土地承担和吸纳。即使工业企业都破产，村民们仍可靠大包干生存。所以，集体土地制度对中国整个转轨的保险功能不仅在于使乡村集体组织不会破产，更重要的是它使所有农户（两亿）不会失去土地的使用权和生存的基本保

---

〔1〕 李昌平：《大气候：李昌平直言"三农"》，陕西人民出版社2009年版，第93页。

〔2〕 蔡昉等：《中国农村改革与变迁：30年历程和经验分析》，格致出版社、上海人民出版社2008年版，第77页。

〔3〕 Pei Xiaolin, 2002, "The contribution of collective land – ownership to China's economic transition and rural industrialization: a resource allocation model", *Modern China*, Vol. 28, July: 279~314. 裴小林："集体土地制：中国乡村工业发展和渐进转轨的根源"，载《经济研究》1999年第6期。

障。笔者非常赞同裴小林教授的基本观点,乡镇企业的发展是建立在土地公共占有、统筹使用的地缘共同体基础上的,[1] 农地制度供给的确对农村经济、社会等方面的影响巨大。虽然裴小林教授注意到了农民集体工业的产生是基于集体土地制所产生的积累,但并未具体考察乡镇企业的发展是基于使用集体建设用地这一事实,从而大规模地降低了企业用地的成本。而另一方面,农民集体透过自主支配集体建设用地,通过出租甚至是出让等方式,获得了一定的租金和出让金收入,壮大了集体经济的实力,在一定程度上也为乡镇工业的发展奠定了资金基础。

第二,在兴办乡镇企业的初期,集体建设用地使用权并未发生流转。但事实上,因乡镇企业占有、使用集体建设用地,农民集体取得了一定的收益,使得以乡、镇和村为主体的集体经济实力迅速壮大。这一时期,国家层面对于土地的管理相对薄弱,而该种宽松的管理体制为农民集体大肆利用集体建设用地打开了方便之门。在该时期,农业土地主要是由农业部下设的土地利用总局管理。[2] 在这一时期,农民集体建设用地的决定权是在县一级,甚至是在乡镇一级。农民集体建设用地基本上由社队自行管理。乡镇企业、社队企业的发展用地,在农民集体保证完成国家粮食任务和公粮的前提下,基本上是"自主决定"的,一般是公社或乡镇政府"审批",最高报县政府备案即可,不需要国家审批。[3] 由此,农民集体通过乡镇企业的发展,大量占用集体建设用地,获取了事实上的地租收益。仅仅截至1985年,乡镇工业用地估计有56.3万公顷,

---

〔1〕 毛丹:《一个村落共同体的变迁——关于尖山下村的单位化的观察与阐释》,学林出版社2000年版,第95页。

〔2〕 邹玉川主编:《当代中国土地管理》,当代中国出版社1998年版,第104页。

〔3〕 李昌平:《大气候:李昌平直言"三农"》,陕西人民出版社2009年版,第93页。

比 1978 年扩大了 2.6 倍。[1] 1985～1995 年，乡村集体企业占耕地共达 75.07 万公顷（1126 万亩）。[2] 有学者如此评价这 10 年的农村土地政策：为中国经济突破高度计划模式的困局，形成了乡镇企业半壁河山、个体私营经济异军突起的新局面，也为"多种所有制并存"格局的形成奠定了制度基础。[3] 1978 年以前，集体的农业生产严格接受国家的计划指导，土地虽然属于集体所有，但集体并没有完全的土地经营权和土地收益权，更没有土地处分权。农民个体和农民集体只是按国家计划和指令进行农业生产，由于实行的是计划经济，农产品以及生产农产品的土地不再是商品，因此，集体范围内的一切土地均禁止出租和买卖。集体建设用地实行集体所有、集体统一经营，所有者和使用者之间并没有在经济上分开；集体建设用地在所有者之间的流动完全依靠行政权力进行划拨和平衡。[4] 在计划经济机制下，对于农民而言，集体建设用地根本无法产生任何现实的收益，因此，在改革开放后，农民办企业本身就是为了解决农民的就业问题和实现集体土地的价值。[5] 农民兴办乡镇企业，需要土地、劳动力、技术、资金和投入/产出品市场。土地和劳动力是农民自有的最廉价的生产要素。对我国农民而言，土地无法转化为一种资本，因为在农业税费高企的年代，单纯依靠

---

〔1〕 曲福田等：《经济发展与中国土地非农化》，商务印书馆 2007 年版，第 75 页。

〔2〕 黄小虎主编：《新时期中国土地管理研究》，当代中国出版社 2006 年版，第 190 页。

〔3〕 李昌平：《大气候：李昌平直言"三农"》，陕西人民出版社 2009 年版，第 93 页。

〔4〕 黄小虎主编：《新时期中国土地管理研究》，当代中国出版社 2006 年版，第 188 页。

〔5〕 温铁军：《中国农村基本经济制度研究——"三农"问题的世纪反思》，中国经济出版社 2000 年版；裴小林："集体土地所有制对中国经济转轨和农村工业化的贡献：一个资源配置模型的解说"，载黄宗智主编：《中国乡村研究》第 1 辑，商务印书馆 2003 年版，第 218～250 页。

种地并不能获取足够的收益。靠近城市的土地应该升值，但农民不能随便出租、买卖耕地，一定要通过国家土地管理部门统一规划。所以，靠近城市的农民只能通过兴办乡镇企业，以工业利润的形式实现地租的升值。深圳附近的一些村委会干脆只盖厂房，出租给港台商人，坐收房租。[1] 在宽松的政策背景下，农民个体和农民集体通过兴办乡镇企业的方式取得了集体建设用地的现实收益，为集体经济的崛起奠定了重要的基础。

第三，在 20 世纪 90 年代中后期，全国各地农村通过兴办乡镇企业的办法实施集体建设用地使用权的流转，并使其呈现出普遍化、多样化的趋势，迫使国家不得不加强对农村土地尤其是集体建设用地的管理，而结果却是"一管就死"。在乡镇企业迅猛发展的同时，农村土地资源也在急剧减少。1985 年，全国共减少耕地 2300 万亩；1986 年，中共中央、国务院下发《关于加强土地管理，制止乱占耕地的通知》，农地非农用的权力向国家回归；1987 年《土地管理法》正式出台；1988 年设立国家土地管理局统一管理城乡地政，同时推进了土地资源配置的市场化进程，新增非农用地逐步通过有偿使用的方式获得，农地非农用的权力正式收归国有；1997 年中共中央、国务院联合下发 11 号文件，提出冻结耕地非农转用 1 年，同时修改《土地管理法》，将耕地总量动态平衡的政策以法律的形式确认下来。建立了土地用途管制制度，试图建立世界上最严格的耕地保护制度。值得关注的是，正是从 20 世纪 90 年代中期开始，乡镇企业的增长开始逐步走向缓慢，集体企业在 1992～1999 年间，其工业总产值占全国工业总产值的比重持续徘徊在 35% 左右。而同期私营企业的比重则从 1992 年的 5.8% 迅速上升到 1999 年的 18.18%。截至 2002 年，集体企业所占全国工业总产值

---

〔1〕 折晓叶：《村庄的再造——一个"超级村庄"的社会变迁》，中国社会科学出版社 1997 年版。

第五章 集体建设用地使用权流转：基于实践形态的评析

比重仅为9%，而私营企业则占12%，已全面超过集体经济。[1] 从1995年下半年起到1999年，在全国乡、村两级集体所有的乡镇企业中，约有80%~90%的企业改为股份制、股份合作制或私人所有。例如，到1998年，江苏省吴县市农村的3135个内资企业中，有2924个企业改制，其中改为个体、私营企业的2438个，占83.4%。在市场化和乡镇企业改制的双重作用下，大部分乡镇企业工人变成了雇工，许多乡镇企业管理者变成了私营企业主和管理者，还有少数乡镇企业工人返回农业，成为农业劳动者。[2]

从集体建设用地使用权流转对乡镇发展的巨大贡献，我们可以总结出该经验对于当下发展、壮大集体经济的启示：

第一，改革开放以来，集体建设用地为以乡镇企业为代表的集体非农经济的发展发挥了重要作用；集体非农经济的发展，也为集体建设用地制度的创新提供了强大动力和历史舞台。[3] 这一事实告诉我们，在农地领域必须尊重农民个体和农民集体的自我选择和发展的权利，若要发展农民集体经济，必须给予农民集体一定的土地权利，并保证其在土地增值过程中能够获得一定的土地权益。通过发展集体经济，农业的剩余劳动力大量转移到乡村工业上，进而带动了乡镇企业经济发展的腾飞。当时全国93万个村落，平均每个村落转移出去的人口是13人。恰如裴小林所指出的那样，所有这些乡村工业的发展所依赖的恰恰是集体对土地的占有。在这个意义上，经济学的"二元经济模型"再一次受到了挑战，自1970年以来，将近1.4亿的农村剩余劳动力没有转移去城市而是被当地的

---

[1] 杨治等：《中国集体企业改制绩效的实证研究》，http://www.cenet.org.cn/cn/CEAC/2005in/zgjjgg028.pdf，2014年1月1日访问。

[2] 《当代中国社会阶层结构研究报告》，http://www.china.com.cn/chinese/PI-c/103458.htm，2013年1月1日访问。

[3] 黄小虎主编：《新时期中国土地管理研究》（下），当代中国出版社2006年版，第185页。

工业企业所吸纳，这同样有赖于集体占有土地这一基本前提。[1]在"苏南模式"终结后，一部分乡镇企业特别是不少村办企业由于规模小、技术含量低，在市场中渐渐失去了竞争力。倒闭、兼并、合资和联营均成为其出路，在此过程中，如何处理集体建设用地成为主要问题。苏州市提出了允许集体建设用地使用权入市流转的设想，并为之设计了详尽的操作方案。1996年，苏州市政府下发了《苏州市农民集体存量建设用地使用权流转管理暂行办法》。该《暂行办法》拟在规范农民集体存量建设用地使用权的流转行为。其中对流转方式限定为转让制和年租制。同时提倡以出租为主，转让为辅，以防止农民集体的短期行为，从而利于农民的长期利益的实现。该《暂行办法》还设定了流转的最高年限，其中转让最高不得超过50年；出租的，依企业经营年限而定，并实行最低保护价制度。[2]这些举措保证了集体土地资产的基本实现，并使苏南地区的乡镇和村级集体经济在乡镇企业转制的大背景下，仍保持着相当的经济实力，使村庄的公共产品供给并未受到乡镇企业转制的冲击和影响。

第二，无论是集体建设用地使用权流转还是集体土地的其他用途，自发形成的土地流转具有一定的盲目性。农村土地制度为乡镇企业提供了廉价使用土地的便利，导致部分企业圈占农地，造成了国家耕地的大量浪费，如1998～2006年的9年里，我国每年建设用地占用耕地的绝对量都在200万亩～300万亩之间，2006年全年

---

〔1〕 Pei Xiaolin, 2002, "The contribution of collective land – ownership to China's economic transition and rural industrialization: a resource allocation model", *Modern China*, Vol. 28, July: 279～314.

〔2〕 司艳丽："论集体建设用地使用权流转的法律规制"，中国政法大学民商法专业2006年博士学位论文。

第五章 集体建设用地使用权流转：基于实践形态的评析

建设占用耕地更是高达387.8万亩，这个数字是非常惊人的。[1]根据学者的统计，在全国省级以上900多家开发区中，国家批准规划面积近200万公顷，已经开发的仅占规划面积的13.51%，有近173.33万公顷土地闲置。[2]又如引起普遍关注的"义乌现象"。截至2004年10月，浙江省义乌市下辖的13个乡镇（街道）均拥有各自的工业园区，但13个园区中只有一个是经有审批权限的省级人民政府批准的，其他工业园区均属"黑户"。另外，2002年初，义乌市城市建设用地的计划指标为1000亩，但到2002年年末，实际土地用量达到2万多亩，超标20多倍。[3]以乡镇工业最为发达的苏州为例，其耕地面积从1978年的37.702万公顷减少到2005年的24.78万公顷，每年减少1.27%，人均耕地面积由1978年的1.12亩下降为2005年的0.61亩。[4]因此，对农村土地进行严格的行政管理和必要的国家管制是十分重要的。作为管制的方式和手段，对耕地的保护和坚持农地的用途管制则是重中之重。

第三，笔者认为，对于农地使用权流转，尤其是集体建设用地使用权流转，必须在农民集体和集体成员的自治与国家管制之间求得平衡。集体建设用地作为集体所有者有很大使用收益权利的公有土地，从一开始就有别于集体农地经营和国有土地经营，在狭小的政策空间内，支撑起了乡镇企业这一片蓝天。[5]而乡镇企业的崛

---

[1] 参见王道勇：《国家与农民关系的现代性变迁：以失地农民为例》，中国人民大学出版社2008年版，第59~60页。

[2] 刘正山："'沦陷'与拯救：'圈地运动'与治理整顿搏击记事"，载《中国土地》2004年第3期。

[3] 路克："'圈地冲动'继续考验土地制度"，载《财经时报》2004年5月18日。

[4] 陈晓华：《乡村转型与城乡空间整合研究——基于"苏南模式"到"新苏南模式"过程的分析》，安徽人民出版社2008年版，第134页。

[5] 黄小虎主编：《新时期中国土地管理研究》（下），当代中国出版社2006年版，第185页。

起这一历史奇迹正是透过农民集体和集体成员的农地自治而实现的,在这一时期,真正实现了农民集体和集体成员农地使用权流转收益的完全占有。但不可忽视的是,这也浪费了国家的大量耕地。现有研究多数强调对农民土地权益的保护,笔者认为应当在农民集体和集体成员的自治与国家管制之间寻求平衡点,力图使国家利益、农民个体及农民集体利益达到均衡。

二、集体建设用地使用权流转实践:模式及其评价

(一)集体建设用地使用权流转试验的背景

第一,集体土地使用权与国有土地使用权事实上存在不平等、不同权、不同价的现象,因为在此过程中,农地权益的绝大多数由各级政府占有,农民集体和农民权益没有得到充分的保障,使得集体土地征收成为社会矛盾的焦点。由于我国的土地征收补偿具有不等价的性质,根据曲福田等学者的研究,土地征收价格同出让价格之间的比例关系大致为1:10,因此,以低价征收高价出让的方式获取资金成为地方政府"经营城市"的首要选择。在部分地区,预算外收入的80%来源于土地出让收益。但随着集体土地所有者,即农民集体的市场意识不断加强,农民集体更加关注自发流转土地资产价值的增值。此时,通过强行征收的方式已经无法满足不同利益主体的诉求,地方政府只能通过法律许可的方式获取更多的土地收益,如对农地使用权流转进行行政干涉、对农地使用权流转收益进行强制分割,这些举措成为地方政府原始积累的新型手段。[1] 在国有建设用地供给管制和稀缺状态下,城市扩张和工业发展使得集

---

[1] 刘洪彬、曲福田:"关于农村集体建设用地流转中存在的问题及原因分析",载《农业经济》2006年第2期。

第五章 集体建设用地使用权流转：基于实践形态的评析

体经营性建设用地入市成为大势所趋。只要得到市场需求的认同，集体经营性建设用地也同样可作为市场经济中的一种资源要素进行流转。[1] 由于缺乏法律保障，大部分有实力的企业不愿使用集体经营性建设用地；作为银行，出于贷款风险的考虑，不愿意接受集体经营性建设用地使用权作为抵押财产，集体经营性建设用地使用权的融资功能难以实现。[2]

第二，在现有的城乡二元土地结构下，耕地资源被占用，集体建设用地被闲置的现象十分普遍。据统计，1987~2001 年，全国非农建设占用耕地 339.46 万亩，其中 70% 以上是征地，这就意味着至少有 2276 万亩耕地由原来的集体所有变成了国家所有。按照《全国土地利用总体规划纲要》，2000~2030 年占用耕地将超过 5450 万亩，也就是说还将有 5450 万亩耕地由集体所有变为国家所有，至少有 3400 万农民因征地而失去或减少了土地。[3] 一方面，大量耕地被征收，变性为国有土地；另一方面，却存在大量集体建设用地被闲置的现象。这种看似矛盾的现象，其根源在于我国现行的城乡二元土地结构，但在市场化过程中，市场主体推动和形成了集体建设用地价值再发现过程，集体建设用地使用权流转将使城乡建设用地资源得到更为合理的配置。

第三，在实践中，集体建设用地使用权流转"隐形市场"已经普遍存在，但缺乏应有的规制和管理，导致利益冲突问题重生。现行集体建设用地使用权流转中的收益分配，基本上是谁流转、谁受益。调查发现，关于集体建设用地使用权流转收益分配标准，有

---

[1] 王权典："农村集体建设用地流转的法律障碍及变革创新"，载《法学杂志》2008 年第 4 期。

[2] 刘洪彬、曲福田："关于农村集体建设用地流转中存在的问题及原因分析"，载《农业经济》2006 年第 2 期。

[3] 胡亦琴："残缺与重构：我国农地产权制度建设的效率分析"，载《中共浙江省委党校学报》2004 年第 4 期。

87%的人认为应遵循"谁流转,谁收益"的原则,有11%的人认为农民集体应参与收益分配,仅有2%的人认为政府应参与收益分配。集体建设用地使用权流转收益分配没有明确界定导致集体建设用地各方权利主体利益得不到保障。[1] 在集体建设用地使用权流转过程中,地方政府、农民集体和农民个体的利益界分不明,导致各方权益未能得到充分的保障和实现。农民利益受到损害,如部分地方建设用地流转收益大多归乡政府和农民集体所有,只有小部分用于补偿农民。更有甚者,出现农民集体经济组织越俎代庖,擅自将集体建设用地使用权流转,并占有全部流转收益的现象。农民集体利益受到损害,如部分乡镇企业先以无偿取得的形式获得集体建设用地使用权,然后将其流转给他人,从中获得巨额利益,同样未能体现农民集体作为集体土地所有者在经济上的权益。政府利益受到损害,如农民集体转让、出租集体建设用地使用权,其收益基本上归农民集体所有。集体建设用地流转的收益一部分是国家基础设施建设投资带来的,而集体建设用地使用权的"隐形"交易逃避了政府管制,使国家应得的收益并未得到体现。[2]

第四,在集体建设用地使用权无序流转的过程中,一些地方政府和农民集体急功近利、一味卖地,获取短期土地收益的现象十分明显,造成了浪费土地和环境污染的后果。主要表现为:地方政府不从农民个体和农民集体的长远利益着眼,不考虑集体建设用地资产的增值保值,而将集体建设用地的流转收入作为弥补财政不足的应急办法;农民集体为获取短期收益,短期内大量出售集体建设用地使用权,未给农民集体的长远发展留下可用之地,影响了农民集

---

〔1〕 李艳等:"农民集体建设用地流转面临的挑战与建议——以重庆市忠县为例",载《中国农学通报》2010年第6期。

〔2〕 李艳等:"农民集体建设用地流转面临的挑战与建议——以重庆市忠县为例",载《中国农学通报》2010年第6期。

第五章 集体建设用地使用权流转：基于实践形态的评析

体的可持续发展；在兴办乡镇企业过程中，由于缺乏统一的规划，不能实现建设用地利用的积聚工业功能，同时还造成了严重的环境污染问题，如对苏南地区的土壤测试发现，土壤中含有多种持久性有机污染物。污染物的主要来源正是林立于长三角地区的那些电子厂。[1]

（二）集体建设用地使用权流转试验的具体做法

1. "保权让利"、"转权让利"与"分开管理"

一般认为，最早的集体建设用地使用权流转试验是南海试验，南海试验于1992年展开，其实质就是土地股份合作制。它是把土地折价入股，交给集体经济组织经营，农民个人为股东，参与土地资产的收益分红。随后，各地均展开集体建设用地使用权流转的各种试验，比较有影响的如广东顺德、安徽芜湖、江苏苏州等。在地方立法和实践的层面，深圳、青岛、安徽、上海、河北和湖北等地，都已经出现了集体建设用地使用权交易市场，它们尝试突破原有的法律规定，建立新的集体土地流转法律机制。[2] 在实践中，集体建设用地使用权流转形成了以下三种模式[3]：①"保权让利"的管理方式。"保权让利"是指在保持集体土地所有权仍属农民集体所有的前提下，按照国有土地有偿使用管理的方式，将集体土地使用权按一定年期转让、租赁和作价入股，土地收益大部分留给农民集体管理的方式。②"转权让利"的管理方式。"转权让利"是指在集体建设用地流转时，将集体建设用地的性质转变为国有，并

---

[1] 陈晓华：《乡村转型与城乡空间整合研究——基于"苏南模式"到"新苏南模式"过程的分析》，安徽人民出版社2008年版，第135页。

[2] 郭洁：《土地资源保护与民事立法研究》，法律出版社2002年版，第291页。

[3] 殷少美等：《集体非农建设用地流转研究评述》，载《农村经济》2005年第9期。

补办国有土地出让或租赁手续，收取的土地收益大部分返还农民集体。"转权"是指通过征收程序，将集体土地变性为国有土地，然后统一出让。"让利"是指对集体非农建设用地转权的同时，依据"谁投资，谁受益"和公平分配的原则，将地租收益按一定的比例让于农民集体或农民个体、乡镇基础设施投资者。浙江宁波市、温州市、山东威海市、江苏常州市等均采取这种方式。③"分开管理"的方式。该方式对城镇规划区内与规划区外的集体建设用地流转采取区分管理的方式进行管理。城市规划区、建制镇规划区范围内的集体建设用地使用权需要流转的，主要采用转权让利的方式，将集体土地所有权转为国有后，再参照国有土地使用权管理的有关办法办理有关手续；规划区外的集体建设用地，只要属于集体所有的，农民集体即可将一定年期的集体建设用地使用权以出让、租赁或作价入股等方式提供给土地使用者使用，农民集体和集体成员获得土地收益。[1]

2. 集体建设用地流转的收益分配

土地收益的合理分配是集体建设用地流转的核心。[2] 收益分配是农民集体建设用地流转首当其冲的关键，各地均有不同的做法：安徽省芜湖市要求农民集体所有建设用地的土地收益，要在土地所有权人与市、县、镇人民政府之间分配。农民集体所有建设用地使用权发生流转时，土地使用者须向市、县人民政府缴纳一定比例的土地流转收益。首次流转时，应当按规定和流转合同的约定，如期向市、县人民政府缴纳土地流转收益。流转收益和增值收益在

---

〔1〕 张传新："集体建设用地流转制度研究"，西北农林科技大学2009年硕士学位论文。

〔2〕 袁枫朝、燕新程："集体建设用地流转之三方博弈分析——基于地方政府、农村集体组织与用地企业的角度"，载《中国土地科学》2009年第2期；汪红群等："集体非农建设用地流转模式探讨"，载《重庆师范学院学报（自然科学版）》2002年第2期；周建春："集体非农建设用地流转的法制建设"，载《中国土地》2003年第6期。

第五章 集体建设用地使用权流转：基于实践形态的评析

土地所有者、镇、区、市人民政府之间按 2:5:2:1 的比例进行分配。2002 年后，芜湖市改变利益分割方式，明确市级政府不再参加分成，将县、乡、农民集体分成比例调整为 1:4:5。[1] 芜湖市尽管在农地变为建设用地过程中，保留了农民集体土地所有权属关系，但是，在土地出让期满之前，农民土地所有权在收益实现上与征收并没有什么不同，仍采取向农民一次性支付补偿款的方式；而浙江省湖州市则按"谁所有谁收益的原则分配，土地管理部门收取 5% 的手续费"的分配办法。[2] 湖州市还规定将流转适用的范围限定为工业园区和城市重大基础设施建设用地，不适用于建城区和规划区范围内的建设用地，也严禁利用集体建设用地从事商贸和房地产开发。用地者通过一次性转让和作价入股取得集体建设用地使用权。集体建设用地使用权流转所得收益全部纳入乡镇专户，乡镇提取 15% 用于乡镇基础设施，剩余由土地所有者分到农户。[3] 广东顺德则规定：进行集体建设用地流转时，土地所有权人或使用权人必须向政府一次性缴纳 10% 的土地流转收益金或 20% 的土地增值费，并规定了土地收益金的使用办法。同时规定，股份合作社集体非农建设用地使用权流转所产生的纯收益，50% 作为股民社会保障金，用于本单位成员购买社会保险的开支。剩余的 50% 按"二八"分成的办法进行分配，即 20% 留作股份合作社集体股收益，另 80% 按固化股权，各股东所拥有的股份份额一次性量化到股东个人。可见，广东省顺德市的方案强调集体建设用地流转收益向农民倾斜，其中 50% 左右应用于农民的社会保障安排，剩余的 50% 左右，一

---

[1] "芜湖市农民集体所有建设用地使用权流转管理办法（试行）"，载《中国土地》2001 年第 4 期。

[2] 浙江省湖州市国土资源局："大胆探索稳步推进——湖州市集体土地使用管理的实践与思考"，载《中国土地》2002 年第 11 期。

[3] 高圣平、刘守英："集体建设用地进入市场：现实与法律困境"，载《管理世界》2007 年第 3 期。

部分留用于农民集体发展集体经济,大部分仍分配给农民,并鼓励农民将这部分收益以股份方式投入发展股份制集体经济。

有学者调查发现,多数城市政府参与流转收益分配,如广东省江门市、安徽省芜湖市、江苏省无锡市、江苏省苏州市、江苏省宿迁市、安徽省池州市、广东省顺德市等城市。至于哪级政府参与分配及其比例如何,各市又有不同规定,可进一步细化为:市、县(区)、乡(镇)三级政府均参与分配的,如池州、无锡、苏州、芜湖等市,其中、县(区)级政府参与分配的比例一般为10%,池州市县(区)级政府参与分配的比例为20%;乡(镇)、村委会参与分配,市、区级政府不参与的,如江苏省宿迁市。也有少数城市政府不参与流转收益分配,如河南省鹤壁市、山东省济源市、江苏省南京市等地。从农民集体内部的流转收益分配角度看,农民集体流转收益所得通常由农民集体按一定比例提留,其余在集体成员之间分配。提留比例在各地有所不同。广东中山市则规定50%用于村民的社会保障,30%分配给村民,10%用于发展集体经济,其余10%用于集体经济组织公益设施和基础设施建设。[1]

综上,各地的流转试验中均明确了集体建设用地使用权流转后的收益分配原则和方式,但各种分配比例相差较大的做法不仅造成了各地集体建设用地流转试点工作的混乱和无序,同时也损害了农民集体和农民个体的土地利益。

3. 国家管制的具体方式

在集体建设用地使用权流转过程中,由于涉及国家和公共利益,对流转进行必要的管制是非常重要的。从各地的实践来看,主要从以下三个方面进行规制:首先是限制流转范围,如广东省顺德市就规定只有市行政区域内的集体所有建设用地使用权(除居住用

---

〔1〕 王文等:"集体建设用地使用权流转收益形成及其分配研究",载《中国土地科学》2009年第7期。

地外）可依法流转，不符合土地利用总体规划和城镇建设规划的集体土地使用权不得流转。特别强调依本办法流转的土地使用权以及地上附属的房产所有权允许转让、出租、抵押，但流转的集体建设用地，不得进行房地产开发建设；安徽省芜湖市也规定农民集体所有建设用地的取得可以不改变集体所有权性质，只需符合土地利用总体规划、城镇（集镇）建设规划和土地利用年度计划。其次，是对于流转程序的限制：顺德市建立了农民集体建设用地使用权流转公开制度，充分尊重村民、股民的合法权利。集体土地首次流转登记发证前须进行公示，对公示无异议的方予发证。村委会或股份合作社理事会应召开村民或股东代表大会，经2/3以上的代表通过并形成决议才能办理流转手续。集体建设用地使用权首次流转以及对集体所有资产的处置必须接受有关部门及农业部门的监督。最后，对于流转方式与用途的限制。各地在集体建设用地流转实践中，探索了多种流转方式，具体方式有出让、转让、作价入股、租赁、联营和抵押等。但笔者认为：根据《物权法》和《担保法》的规定，抵押权是担保物权，抵押权未实现时原土地使用权人并不实际转移占有土地使用权，抵押权实现时处置土地使用权的方式也不外乎转让、租赁和作价入股三种方式，因此，抵押并不是一种独立的集体建设用地使用权流转方式。

（三）集体建设用地使用权流转试验的评价

各地在集体建设用地使用权流转试验中，出台了一些规范性文件，如顺德市出台了《顺德市农民集体土地管理制度改革试点方案》，并在此基础上形成了《顺德市集体所有建设用地使用权流转管理暂行办法》；1996年，苏州市政府出台了《苏州市农民集体存量建设用地使用权流转管理暂行办法》；2002年，苏州市政府又出台了《关于开展城镇规划区内集体建设用地使用权流转试点的实施意见》。但由于这些文件与《土地管理法》等法律法规相比效力太低，因此，有学者认为各地的集体建设用地使用权流转试点缺乏明确的法律依据和授权，引发了法学界对于其合法性的争论。[1] 各地做法不一致，导致各地集体建设用地使用权的内容、流转方式、效力等存在较大差异，不利于各地建设用地市场的统一。而由于集体建设用地流转没有得到法律的正式认可，各方当事人均无法对土地的使用做出长期的预期，使用土地的企业多半是追求早日收回投资，影响了企业的长期发展和壮大。由于法律规范的缺乏，一旦发生纠纷，当事人之间难以协商一致，而相关司法机关也难以对合同的效力等问题作出合法的处理，因此，纠纷难以得到及时解决。[2]

面对集体建设用地流转的困境，2005年6月，广东省出台了《集体建设用地使用权流转管理办法》，对集体建设用地使用流转制度进行有益的创新。这标准着我国集体建设用地使用权流转的创新活动进入了一个新的时期，媒体称之为"新土地革命"。[3] 广东省的创新突出地反映在两个方面：全面放宽了集体建设用地使用权的取得主体，扩大了其利用范围，最终使集体建设用地使用权与国有建设用地使用权同地、同价、同权。[4] "尽管广东省的有关规定违反了现行法律，广东实验"仍被视为一次保护农民土地权益的有益尝试。"广东实验"取得了令人欣喜的成果，如促进了农村产业结构的调整，增加了农民收入；盘活了集体土地资产，增加了就业机

---

〔1〕 朱列玉："农村集体所有建设用地流转法律问题"，载《法学》2009年第8期。

〔2〕 宋志红：《集体建设用地使用权流转法律制度研究》，中国人民大学出版社2009年版，第50~51页。

〔3〕 司艳丽："论集体建设用地使用权流转的法律规制"，中国政法大学民商法专业2006年博士学位论文。

〔4〕 周建春："集体非农建设用地流转的法制建设"，载《中国土地》2003年第6期。

第五章 集体建设用地使用权流转：基于实践形态的评析

会；有效地促进了农村城市化的发展。[1] 另外，《广东省集体建设用地使用权流转管理办法》明确规定，集体建设用地使用权流转所得的收益纳入农民集体财务统一管理，其中50%以上应当专款专户用于农民的社会保障，不得挪用。这就等于为农民利益提供了保障底线，这都得益于集体建设用地使用权的流转。"广东试验"取得了一定的成绩，是集体建设用地使用权流转的有益探索。

  总体来看，各地的集体建设用地流转试验在保持集体土地所有权不变的前提下，农民可以获得农转非的级差地租收益，使得收益分配比例的主体发生了根本的变化，作为所有者和使用者的农民集体、农民个体成为真正的获益主体。正是收益和分配的变化使其与集体土地征收制度迥然有异，也使国家层面并未对各地的试验进行阻拦和控制，这也是各地集体建设用地使用权流转试验最应肯定的一点；后续的跟进者也基于这一"发现"，更为关注保障农民集体和农民个体的利益。如在晚近的江苏海安试验中，所有权属村农民集体的，分配比例为：土地所有者占75%，乡（镇）财政占15%，市财政占10%；所有权属村民小组农民集体的，分配比例为：土地所有者占75%，村占5%，乡（镇）财政占15%，市财政占5%。按照这种调整后的土地收益分配方式，在地段相同的条件下，农民通过集体土地使用权直接出让，要比工业用地征用收益多得6000元/亩。[2] 从实践看，集体经营性建设用地使用权进入市场，尤其是在地方政府管理较为规范的地方，我们并没有看到耕地锐减情况的出现，相反，由于存量建设用地的盘活，反而减少了对耕地的占用。另一方面，允许集体建设用地经营性使用权进入市场。在制定

---

  [1] 参见司艳丽："论集体建设用地使用权流转的法律规制"，中国政法大学民商法专业2006年博士学位论文。

  [2] 蒋须俊："土地转让：如何实现农民利益最大化"，载《中国经济时报》2009年4月29日。

了相关的制度规则以后，对于增量集体经营性建设用地的入市，国家就可经由土地用途管制制度的实施及严格的农用地转用审批制度来控制建设占用耕地。[1] 也有学者指出，政府主导下的集体建设用地流转是以地方利益为导向的集体土地流转，地方政府不是根据法律规则辨认正当利益，而是根据利益竞争对规则作出取舍[2]，以其自身利益最大化来推动制度变迁。[3] 笔者认为：在集体建设用地使用权流转试验中，确实存在地方政府主导试验的情况，其通过建设用地流转获取一定的收益也并不为过。只要在"尊重农民意愿，保障农民个体和农民集体土地权益"的前提下，地方政府主导并不影响试验的效用，尤其是在集体土地征收泛滥的情形下。立法者必须正视《土地管理法》禁止集体经营性建设用地入市流转的条款已严重滞后的事实。在国家加强对集体建设用地用途和土地流转收益分配等关键性问题管制的前提下，加快城乡统一的建设用地市场建设已经成为迫在眉睫的重大课题。

三、晚近以来的重庆"地票"改革：价值及其限度

中共十七届三中全会提出要"逐步建立城乡统一的建设用地市场"。作为全国城乡统筹试验区的重庆在不改变土地权属、不改变现行土地制度的前提下，在全市范围内进行了农村建设用地使用权流转的制度创新，即创设了"地票"交易制度。自2008年12月4日挂牌至2010年8月底，重庆市农村土地交易所共举行"地票"

---

[1] 司艳丽："论集体建设用地使用权流转的法律规制"，中国政法大学民商法专业2006年博士学位论文。

[2] 张静："土地使用规则的不确定：一个解释框架"，载《中国社会科学》2003年第4期。

[3] 万江："政府主导下的集体建设用地流转：从理想回归现实"，载《现代法学》2010年第2期。

交易会 15 场，交易"地票" 114 宗共 24 720 亩，已有 24 宗"地票"共 5441 亩获得征（转）用批复。在"地票"交易总量中，2008 年交易 1100 亩，2009 年交易 12 400 亩，2010 年 1~7 月交易 11 220 亩。"地票"交易实现成交金额 28.14 亿元，成交均价 11.38 万元/亩。2009 年，"地票"年度交易规模控制在国家下达的建设用地计划指标的 10% 左右。[1]

（一）重庆"地票"的概念与运作模式

按照《重庆市农村土地交易所管理暂行办法》（渝府发〔2008〕127 号）（以下简称《暂行办法》）的规定，农村土地交易所交易品种包括实物交易和指标交易：实物交易指农民集体土地使用权或承包经营权交易；指标交易指建设用地挂钩指标交易。建设用地挂钩指标交易即所谓"地票"。可以在重庆农村土地交易所进行交易的地票，包括农村宅基地及其附属设施用地、乡镇企业用地、农村公共设施和农村公益事业用地等农民集体建设用地，经过复垦为耕地后，并经土地管理部门严格验收后可用于建设的用地指标。因此，就重庆市的规定而言，地票并不是土地的票据化，也不是土地权益的票据化，更不是土地承包经营权的票据化，而是指标的票据化。[2] "地票"交易的实质是指标交易，指标是一种资格、一种权利，"从法律上来讲就是一种授权性政策规定，即如果拥有某种指标，则有资格、有权利做某种行为"，[3] 地票这种指标的首要功能依照《暂行办法》第 27 条的规定就是"可以纳入新增建设用地计

---

〔1〕 参见陆剑："重庆'地票'改革的价值及限度"，载《湖北警官学院学报》2012 年第 7 期。

〔2〕 郭振杰、曹世海：" '地票'的法律性质和制度演绎"，载《政法论丛》2009 年第 2 期。

〔3〕 郭振杰、曹世海：" '地票'的法律性质和制度演绎"，载《政法论丛》2009 年第 2 期。

划"、"增加等量城镇建设用地"。换句话说,地票产生了增加城镇建设用地的资格和权利。[1]

根据《暂行办法》的规定,重庆"地票"制度的运行模式主要分为以下几个步骤:其一,重庆市国土资源局依据土地利用总体规划、城镇规划,编制城乡建设用地挂钩专项规划,确定挂钩的规模和布局,经市政府批准后实施。其二,经农民集体2/3成员或2/3成员代表同意,闲置的农村宅基地及集体建设用地可以成为立项申请的标的,区县土地局同意后,可以组织复垦。复垦整理新增的耕地继续由原宅基地农民承包经营;自己不经营的,可再次流转,获得相应收入。其三,村民复垦土地经土地局严格验收后,腾出建设用地指标,并由市土地局向土地使用权人发放相应面积的"地票"。其四,在综合考虑开垦费、新增建设用地土地有偿使用费等因素的基础上,市土地局制定全市统一的城乡建设用地挂钩指标交易基准价格,供交易双方参考。其五,重庆市农村土地交易所是开展"地票"交易的固定场所。"地票"交易总量实行计划调控,原则上不超过当年国家下达的新增建设用地计划的10%。其六,除缴纳少量税费外,"地票"交易收益绝大部分归农民家庭所有。耕地、林地的承包经营权交易收益,全部归农民家庭所有。农民集体经济组织获得的土地收益,主要用于农民社会保障和新农村建设等。其七,"地票"作为城市建设用地指标凭证,在城镇使用时可以纳入新增建设用地计划,增加等量城镇建设用地,并在落地时充抵新增建设用地土地有偿使用费和耕地开垦费,在符合土地利用总体规划和城乡总体规划后,办理征收转用手续,完成对农民的补偿安置。征收为国有土地后,通过招、拍、挂等法定程序,取得城市土地使用权。

---

[1] 郭振杰:"地票的创新价值和制度突破",载《重庆社会科学》2009年第4期。

第五章 集体建设用地使用权流转：基于实践形态的评析

（二）"地票"制度的背景与价值

其实，早在 2005 年，国土资源部就颁布了《关于规范城镇建设用地增加与农村建设用地减少相挂钩试点工作的意见》（国土资发〔2005〕207 号），就提出选择安徽、湖北、浙江、天津、江苏、广东、山东、四川等省市的试点项目区进行城镇建设用地增加与农村建设用地减少相挂钩的试点，即依据土地利用总体规划，将若干拟复垦为耕地的农村建设用地地块（即拆旧地块）和拟用于城镇建设的地块（即建新地块）共同组成建新拆旧项目区，通过建新拆旧和土地复垦，最终实现项目区内建设用地总量不增加，耕地面积不减少、质量不降低，用地布局更合理的土地整理工作。重庆的"地票"交易制度与其他试点地区的"挂钩"试验有所区别：其一，重庆的"地票"交易超越了传统的"挂钩"试验的行政区界限，而 2005 年允许试点的只是市、县一级，在直辖市一级进行"异地置换"挂钩试点工作，重庆是第一家，也是唯一的一家。其二，实现价格统一化。"地票"将不同区域的挂钩指标打包进行拍卖，然后按照面积分配拍卖收益。"地票"价格的高低与项目区无关，与级差地租无关，仅与拍卖价格有关，实现了指标价格的统一化。其三，把土地的交易转化为票据化的模式。"地票"模式是把挂钩指标票据化。通过"地票"形式，土地从空间上不可转移的实物形态资产转化为可交换的票据，使固化的土地资源转化为可流动的资产。其四，先复垦后占地，减少了"挂钩"风险。"地票"模式是先对农民集体建设用地进行复垦，验收合格后增加的耕地指标。通过"地票"在交易所进行拍卖，实行"先造地后用地"的操作模式。[1]作为面积最大的直辖市，重庆市总人口 3253 万人，但是主

---

〔1〕 刘健等："重庆地票：农村土地制度改革的重大创新"，载《经济参考报》2010 年 8 月 18 日。

城区人口只有800万人，是一个大城市和大农村的结合，也是体现整个中国城乡二元的最好范本。重庆市在发展过程中，面临着两方面的困难：其一，城乡建设用地严重失衡，表现为：一方面，城市土地供需矛盾日益突出，由于国家宏观土地调控对城市建设用地总量的控制，使建设用地指标成为一种"稀缺性"的资源。在国家严格的用地总量指标管制下，城市土地价格的攀升增加了城市化和工业化的成本。另一方面，虽然城镇化进程日益加速，但由于农村建设用地缺乏退出机制和利益实现机制，造成了农村大量土地的闲置和浪费。重庆市近十年来城镇化率提高了25%，但农村居民点用地减少率不到1%。[1] 目前农村的建设用地总量是城市的4.6倍。而随着乡镇企业的破产和人口向城市迁移，农村的企业用地、宅基地等建设用地还将会大量闲置。[2] 其二，城镇建设用地的"先占后补"模式，由于"占地在先补地在后"，导致"只占不补"、"占优补劣"和"多占少补"，很难保障补充耕地的数量和质量，长此以往必然造成耕地总量减少和生产能力的下降，进而危害我国的粮食安全。重庆市未来土地供需总的态势是建设用地持续增加。据预测，到2010年建设用地需求量为6.73万公顷，其中，占用耕地3.18万公顷；到2020年建设用地需求量为18.43万公顷，其中，占用耕地8.26万公顷。[3] 大量补充耕地的数量和质量难以保证。据此，如何改革完善城乡建设用地管理制度，建立城乡统一的建设用地市场，便成为重庆统筹城乡经济社会发展的大事。

"地票"交易制度使农村多余和闲置的建设用地通过复垦的形

---

[1] 程世勇："地票交易：体制内土地和产业的优化组合模式"，载《当代财经》2010年第5期。

[2] 程世勇："地票交易：体制内土地和产业的优化组合模式"，载《当代财经》2010年第5期。

[3] 参见陆剑："重庆'地票'改革的价值及限度"，载《湖北警官学院学报》2012年第7期。

式变为耕地,从而让渡出建设用地的指标,使其成为可以入场交易的"地票"。"地票"交易通过城乡建设用地实物资产的证券化,以指标交易为核心,能够从体制内优化城乡建设用地的结构失衡。地票交易不仅能降低集体建设用地体制外流转的成本和制度风险,还能通过土地资产的货币化实现节省耕地的可持续发展模式。[1]"地票"交易制度在一定程度上有利于城乡土地大范围置换,有利于实现农村土地的价值,有利于实现城市反哺农村。"地票"制度以"先补后占"替代"先征后补"的建设占用耕地占补平衡模式,既保证了耕地红线不放松,又为农民进城后的土地退出建立了机制和管道。今后重庆主城区经营性用地,不再下达国家计划指标,经营性用地只能使用"地票"。今后将实行"持票准入"制度,即国有经营性建设用地使用权竞买的申请人,必须持相应面积的"地票"或"地票"保证金收款凭证才能报名参与竞买。这可能将房地产企业的竞争提前,从国有土地使用权招、拍、挂程序的竞争提前到争夺建设用地指标的竞争,促使地票价格逐步攀升,形成更多的资金以用于城市反哺农村。

(三)"地票"制度的缺陷与问题

"地票"的出现使农村建设土地和城镇建设土地挂钩,而"地票"交易市场的建立,更使"农地入市"成为可能。但"地票"制度的缺陷与问题也很明显:

第一,"地票"制度并没有最大限度实现农民的土地权益。诚然,"地票"制度使得农民集体建设用地使用权在复垦为耕地后,获得了一定的收益,但必须注意到农民集体建设用地复垦后产生的指标价值和农村建设用地本身的土地价值是两个概念。"地票"的

---

〔1〕 程世勇:"地票交易:体制内土地和产业的优化组合模式",载《当代财经》2010年第5期。

产生依赖于农民集体建设用地的复垦,"地票"的转让成交价减去复垦的成本,才是地票给农民集体和农民个体带来的净收益,而从实体上考虑,该部分费用总额仅仅只包括新增建设用地有偿使用费和耕地开垦费。按照重庆市的收费标准,新增建设用地有偿使用费按四等计收,每平方米40元;耕地开垦费和补充耕地保证金部分,耕地开垦费为15元~20元/平方米(公益性用地耕地开垦费按15元/平方米收取,其余用地按20元/平方米收取,占用基本农田的收费标准上浮80%)。宅基地被复垦为耕地后,农民将离开村庄搬进城镇居住,获得的补偿金额根据土地面积大小,一般在5万~10万元之间。虽然农民的住宿条件在一定程度上得到了改善,且他们有权继续耕种复垦耕地,但农民失去的则是全部的宅基地使用权和未来可能的土地增值,因此,基于经济上的考虑,城市郊区的农户是不太愿意将宅基地或其他建设用地复垦为耕地的。重庆目前规定了"地票"利益分配的大致框架:农民房屋补偿和购房补贴排在第一位,份额最大;其余依次是农民集体经济组织补偿、复垦成本、耕地保护和农村基础设施建设专项资金,以及弥补"地票"落地时,地方政府需要缴纳的新增建设用地土地有偿使用费。但总体来看,仅仅转让"地票"的收益,对提高农民的生活质量并不明显,更不持久。未来"地票"落地时,依然要依靠政府公权力对城市周边的农民集体土地进行征收,并作为经营性用地进行国有土地的转让。"地票"制度使农民集体建设用地的减少与城镇建设用地指标的增加相挂钩,但在地票落地时,地方政府还能拿出多少资金反哺农村是一个疑问,因此,如何最大限制地保障农民集体和农民个体的土地权益,直接影响着"地票"制度的供给和长远发展。

第二,如何处理欠发达地区与发达地区两者的关系问题。重庆市的经济发达地区,通过"地票"交易获得了充足的建设用地指标来发展第三产业等现代产业,而区位条件差和经济欠发达区域,虽

第五章 集体建设用地使用权流转：基于实践形态的评析

然短期内通过"地票"交易实现了土地资产的货币化收入，却丧失了今后进行产业升级和工业化建设的建设用地指标。虽然理论上仍然可以继续通过"地票"交易获得上述指标，但将来发展的成本无疑会大大增加。因此，"地票"交易在促进发达地区进一步发展的同时，未必能有效地解决城乡统筹发展的大局。"地票"交易后，经济欠发达地区的财政收入虽然在短期内有所增加，但却在一定程度上丧失了长期发展的基础。[1] 从实践来看，位于主城区周边的农民，其土地价值高企，并不希望将土地变为"地票"，他们更愿意等待土地被征用，借助城市周边农地转非的丰厚溢价，获得一个满意的征地补偿。而远郊区县、偏远地区的农民则更多愿意整理土地换取地票收益，因为偏远地区的土地价格远远低于地票价格，而且复垦后的土地无论自己耕种还是出租，都是一笔划算的买卖。[2] 由此可以看出，并不是所有农民个体和农民集体都是"地票"交易机制的长期或短期受益者。

第三，"地票"制度是在现行的法律框架内的重要改革，它启动了对农地的价值发现运动，但对集体建设用地使用权流转的作用依然是比较有限的；"地票"交易仅仅在一级市场内进行，并不开放二级交易市场，这对"地票"持票人的利益将产生巨大隐患，即拥有"地票"并不当然地拥有"地票"记载的城镇建设用地，因为城镇建设用地的增加必须借助政府的征收、平整行为才能成为可以出让的建设用地。从重庆的操作来看，《暂行办法》只赋予了"地票"持有人对地块的选择权，"地票"持有人需在符合城市规划和土地利用规划范围内，寻找尚未被国家征收、又符合其市场开

---

〔1〕 程世勇："'地票'交易：模式演进和体制内要素组合的优化"，载《学术月刊》2010年第5期。

〔2〕 陈燕、姚佳威："重庆'地票'继续试"，载《决策探索（上半月）》2011年第2期。

发需求的地块。在选定地块后，向政府提出征地建议。如果该地块符合规定，又有市场需求，政府就按既定程序对该地块进行征收，并作为经营性用地进行招拍挂。[1] 在招拍挂过程中，"地票"持有人不能享有在同等条件下获得国有城镇土地使用权出让时的优先权，因此，"地票"持有者和其他开发者仍处于平等的竞争地位。总之，"地票"并非进入国有土地出让市场的资格证明，也不能享有交易条件相同情况下的优先权。[2] 在地方政府垄断土地一级市场的格局下，"地票"交易客观上可能会导致地方政府对土地的短期超额储备。"地票"制度运作之前，地方政府的土地储备需受到中央政府关于建设用地指标的限制和控制。随着"地票"制度的发展，地方政府将拥有更多的建设用地指标。从其自身利益考量，地方政府将会更大规模地储备农地，这势必进一步强化地方政府垄断土地发展权的非均衡利益分配模式，导致中央政府通过土地进行宏观调控的措施与效果受到一定的影响。中央土地宏观调控政策的路径主要是基于数量的土地宏观调控，即政府直接决定土地数量分配方案，在此基础上由土地市场发挥具体的调节作用。[3] 而"地票"制度的运作将使中央政府基于数量和可转让配额的土地宏观调控措施部分失灵，并使我国地方政府依赖土地进行发展的模式面临着进一步失控的可能。

综上，"地票"的价值实际上仅仅是在"地票"落地时冲抵新增建设用地土地有偿使用费和耕地开垦费，这其实是可以量化的价值，由于市场化机制和指标的稀缺性所带来的溢价，将通过一定比

---

[1] 沈萍："地票交易制度的创新、困境及出路"，载李昌麒、岳彩申主编：《经济法论坛》（第7卷），群众出版社2010年版。

[2] 郭振杰："地票的创新价值和制度突破"，载《重庆社会科学》2009年第4期。

[3] 靳相木：《地根经济：一个研究范式及其对土地宏观调控的初步应用》，浙江大学出版社2007年版，第67页。

例的返还实现远距离反哺到农村。由此可见,"地票"制度对于农民集体建设用地流转具有一定的参考价值,但作为一个新生事物,它与期待的"设立重庆农村土地交易所,探索开展地宗交易和指标交易,逐步建立统一的城乡土地交易市场","提升农村特别是偏远地区的土地价值,将有效地促进农村增收和改善农村生产生活条件"[1],还存在着一定的差距。2011年1月4日,《国务院关于严格规范城乡建设用地增减挂钩试点切实做好农村土地整治工作的通知》下发。国土资源部在2011年的第一次部长办公会议上也作出部署:要求对增减挂钩试点开展情况进行全面自查、清理,并会同有关部门组织开展专项检查。随后,成都市"地票"交易制度被叫停,陈锡文指出:"增减挂钩"置换出的土地指标也要纳入国家年度土地计划。只有控制"地根",整个国家才不会出现投资失控,经济过热。[2] 总体而言,土地及其收益决定着农民对国家的向背。[3] 据此,笔者认为,重庆"地票"试验能否真正建立统一的城乡土地交易市场,通过收益的恰当分配满足各方利益主体的诉求,根本在于对农民个体和农民集体意愿的尊重和利益的保护。

---

[1] "重庆副市长就成立农村土地交易所答记者问",http://cq.house.sina.com.cn/news/2008-12-04/152921825.html,2013年1月1日访问。

[2] 彭戈:"严控地根 成都'地票'被叫停",载《中国经营报》2011年1月15日。

[3] 徐勇:《现代国家、乡土社会与制度建构》,中国物资出版社2009年版,第126页。

第六章

反思宅基地使用权流转中的国家管制
——以宋庄纠纷为例

> 补救办法是要求政府自己进行研究，寻找揭示资本的五个神秘之处的办法：①包括穷人在内的所有人都有能力积累资产；②他们所缺乏的是能够把他们的资产转换成资本的综合所有权制度；……⑤建立能够创造出资本的所有权制度需要和社会契约相联系，解放人民的手脚——这个任务不能被忽略，因为这是一项政治任务。[1]

晚近以来，农村尤其是城市边缘的农村私有房屋买卖纠纷案件层出不穷。关于农村私有房屋买卖合同的有效性如何进行确定的问题，成为社会各界热议的焦点。为统一认定标准，北京市高级人民法院专门下发了《关于审理农村私有房屋买卖研讨会会议纪要》，其中第2条明确写道："与会者同时认为，此类合同的效力以认定无效为原则，以认定有效为例外"，例外的情况是："如买卖双方都是同一集体经济组织的成员，经过了宅基地审批手续的，可以认定

---

[1] [秘鲁] 赫尔南多·德·索托：《资本的秘密》，于海生译，华夏出版社2007年版，第251页。

合同有效。"[1] 在北京宋庄画家村房屋买卖纠纷案中,通州区法院对房屋转让纠纷案件进行的一审判决认定:画家李玉兰和村民马海涛签订的房屋买卖合同无效;在二审中,北京二中院在维持原判的同时还认定:造成合同无效的主要责任在于村民马海涛,画家李玉兰可另行主张赔偿。[2] 在我国农村,房屋的所有权归农民,这本没有疑义,但由于"房屋买卖必然涉及宅基地买卖,而宅基地买卖是我国法律、法规所禁止的",[3] 2010年4月30日,最高人民法院《关于刘三海与李代国房屋买卖合同纠纷一案请示的复函》(〔2010〕民一他字第4号),认为:"农村房屋(含宅基地)买卖合同的当事人非同一集体经济组织成员,该买卖合同无效。"该复函的发布是最高司法机关首次对农村私有房屋买卖的正面回应。据此,农村私有房屋的买卖便演变成了宅基地使用权流转的问题。

一、宅基地使用权流转存在的国家管制错位

植草益认为:"通常意义上的管制,是指依据一定的规则对构成特定社会的个人和构成经济的经济主体的活动进行限制的行

---

〔1〕 北京市高级人民法院关于印发《农村私有房屋买卖纠纷合同效力认定及处理原则研讨会会议纪要》的通知,京高法发〔2004〕391号。

〔2〕 该案一共涉及两个诉讼,四份判决。第一个诉讼是马海涛诉李玉兰房屋买卖合同无效案。一审法院判决合同无效,李玉兰将现有房屋及院落腾退给马海涛,马海涛给付李玉兰补偿款93808元;二审法院维持原判〔参见北京市第二中级人民法院(2007)二中民终字第13692号民事判决书〕;第二个诉讼是李玉兰诉马海涛房屋买卖合同无效赔偿损失案。一审法院判决马海涛赔偿李玉兰损失185290元,二审法院维持原判〔参见北京市通州区人民法院(2008)通民初字第02041号民事判决书〕。周法:"宋庄房屋买卖案李玉兰上诉被驳回",载《人民法院报》2009年6月28日,第2版。

〔3〕 北京市高级人民法院关于印发《农村私有房屋买卖纠纷合同效力认定及处理原则研讨会会议纪要》的通知,京高法发〔2004〕391号。

为。"[1] 从经济学的视角来看，管制是指管制者基于公共利益或者其他目的，依据既有的规则对被管制者的活动进行的限制。据此，管制的实质是管制者对被管制者的限制。就管制主体来看，可分为国家和非国家主体两大类。由此，管制也可分为国家管制和非国家管制两大类。国家管制是指国家基于公共利益或者其他目的依据国家制定的法规对被管制者的活动进行的管制。[2] 从民法的视角观之，国家管制是对自治的必要纠正，私法自治虽然是民法的基石，但其并非不受任何限制。在现代市场经济的条件下，国家为了对市场进行宏观调控和维持市场秩序，为了保护消费者、劳动者利益及社会公共利益，有必要制定一些特别法规对私法自治予以适度的限制。国家管制可分为抽象管制与具体管制。抽象管制是从市场行为选择到社会行为选择过程中，由国家通过"禁止性规则"和"限制性规则"两种管制形式，弱化甚至减损市场状态可能利用的部分附属权利，规范和允许符合社会利益的行为，给权利人行为设定自由的边界。国家的具体管制又称直接管制，主要是国家对于特定主体的特定行为给予管制。[3] 就具体管制缘由而言，一般是为了解决信息不对称和力量不均衡的问题，防止强者借由意思自治将其意志强加于弱者，实现私人强制，抑或通过管制，保障国家和社会公众利益；就具体管制方式而言，国家的抽象管制措施既可以通过公法性强行性规范，也可以透过民法性强行性规范来对民事法律行为的效力进行控制。在本文中，将公法性强行性规范和民法性强行性规范统称为国家管制。在宅基地使用权流转问题上，本应发挥重要

---

[1] [日] 植草益：《微观规制经济学》，朱绍文等译，中国发展出版社1992年版，译后记。

[2] 曾国安："管制、政府管制与经济管制"，载《经济评论》2004年第1期。

[3] 康纪田："政府管制错位的物权法分析"，载《福建警察学院学报》2009年第1期。

第六章 反思宅基地使用权流转中的国家管制

私法规制作用的《物权法》却在第153条规定"适用土地管理法等法律和国家有关规定",将宅基地使用权流转问题完全交予了《土地管理法》。现代民法兼具自治与管制的功能,晚近以来,民法中的管制有明显扩展的趋势,但国家扮演的角色不是主体如何行为的强制者,而只是单纯财产权的界定者及市场秩序的维护者,包括对经济活动中产生的争议进行裁决,所以国家管制只是为了更好地保障私权的行使,从这一点来说,各种私权及基于自由意思形成的法律行为建构的私人之间的法律关系与国家管制的理念具有紧密的牵连关系。[1] "'法定'的民事规范,其功能或者旨在节省交易成本,或指导交易,而不具有强制性。"[2] 所谓"强制规范"并不是"管制人民的私法行为","而是为私法自治提供了一套游戏规则",从另一个角度有力支持了私法自治而已。[3] 据此,《物权法》应当限制私权中的管制因素,应保证公权力介入的最终目的仍在于更好地贯彻和实现意思自治,将宅基地使用权流转的规制完全交予公法是欠妥当的。《土地管理法》作为我国土地管理的主要法律,其承担着对包括宅基地使用权流转在内的农地交易行为进行管制的任务,但从实际运作来看,《土地管理法》等法律法规和规范性文件对于我国农村宅基地流转进行管制的过程中存在着若干误区,现分析如下:

(一)管制对象:将"小产权房"买卖与宅基地使用权流转混为一谈

"小产权房"并不是一个法律概念,其内涵与外延也不十分清

---

[1] 许中缘:"禁止性规范对民事法律行为效力的影响",载《法学》2010年第5期。

[2] 苏永钦:《走入新世纪的私法自治》,中国政法大学出版社2002年版,第20页。

[3] 苏永钦:"私法自治中的国家强制",载《中外法学》2001年第1期。

晰。笼统谈及"小产权房",实际上是相对于在城镇开发的、权属清晰、能办理权属登记并能给购房者颁发物权证书的"大产权房"而言的。在中国的传统中,当生活中出现形态或功能类似但需要区别的两个事物时,往往借助"大"、"小"这对相当考究的前置词。如在明清时期流行的"一田两主",其中"租"就有"大租"、"小租"之分,这里的"大"暗示着官府的认可(黄册在籍),而"小"则喻示着未必官府的支持,可能仅仅是民间的。官大民小,这是不言而喻的,一个"小"字以某种谦卑的姿态把民间的事物带入了一个等级秩序,它也正是以这种方式微妙地要求对其存在的认可。[1] 根据"小产权房"的规模和形成原因,可以分为以下四类:[2] ①通过房产开发商和农民集体经济组织自行组织,经过其所在县级政府批准,在宅基地或农村其他集体土地上建造,并向该集体成员以外的人员特别是非农业户口人员进行销售的房屋。通常情况下购房者还能得到由乡镇政府或村委会制作的"乡产证",这类房屋被民间称为"乡产证"房。具体分为自主开发的建设方式和合作开发式的建设方式。②房地产开发商和农民集体组织未取得任何批准手续,擅自在宅基地或农村其他集体土地上建造的用于分配给村民,或向该集体成员以外的人员特别是非农业户口人员进行销售的房屋。③农民将自己建在宅基地上的住宅转让给该集体成员以外的人员,特别是非农业户口的城市居民。④"有限产权房",指房屋所有人在购买公房中按照相关政策以"标准价"购买的住房或建房过程中得到了政府或单位的补贴,房屋所有人享有完全的占有

---

〔1〕 吴向东、吴向红:"'小产权'的大彻悟",载《中国社会科学内刊》2008年第2期。

〔2〕 沈萍:"小产权房违法性探析及处理",载刘云生主编:《中国不动产法研究》(第4卷),法律出版社2009年版,第310页;张曙光:"集体建设用地地权的实施和保护——兼及'小产权房'问题",载邓正来主编:《中国社会科学辑刊》(冬季卷总第29期),复旦大学出版社2010年版。

权、使用权和有限的处分权、收益权的房屋。此类房屋的建设用地大多以国家划拨的形式获得,原产权单位没有支付土地出让金。个人在购买后,土地使用权证书还是划拨的;如再转让,则必须缴纳土地出让金。交了土地出让金,就等同于商品房的大产权了。关于上述第四种情况,我国法律法规均有明确的规定,在认识上并没有产生歧义。因此,在实践中引起争议的是前三种情况。第二种情况由于其并未履行基本的审批手续,其合法性自然存在瑕疵。引起非议最多的其实是第一种情况和第三种情形,即"乡产证房"和农民私有住房。据统计,目前北京400余个在售楼盘中,"乡产证"或"村产证"房小产权楼盘约有72个,占市场总量的18%。而深圳这类住房占的比重,更是高达40%~50%。[1] 该种楼盘明显违反了《土地管理法》第43条第1款之规定:"任何单位和个人进行建设,需要使用土地的,必须依法申请使用国有土地;但是,兴办乡镇企业和村民建设住宅经依法批准使用本集体经济组织农民集体所有的土地的,……除外。"据此,只有国有土地才可用于商品房开发建设,开发商在履行合法开发立项手续后,办理土地出让手续并按规定上交给国家土地出让金和使用税费,再由国家发给开发商土地使用证和房屋预售许可证,这样的商品房即为"大产权房"。如果要使用农民集体所有的土地,则必须先经过法定征收程序将集体土地收归国有,然后再行出让,以国有土地使用权的形式进行开发建设。未履行上述程序而直接进行开发的房屋,因其并没有经过国家主管部门的审批和许可,自然无从颁发正规合法的产权证,只能取得"乡产权"甚或"村产权"。该种"乡产权房"或"村产权房"的合法性自然存疑。但在实践中,宅基地上的农民私有房屋转让并不存在法律障碍,至少未见法律的禁止性规定,因此,将其纳

---

〔1〕 韩俊主编:《中国农村土地问题调查》,上海远东出版社2009年版,第316页。

入"小产权房"的范畴,实在是不太恰当。根据《物权法》第十三章之规定,宅基地使用权是一种用益物权,其涵义是指集体成员在依法取得的农民集体经济组织所有的宅基地上享有建造住宅及其居住使用的有关权利的总称,包括对宅基地的占有、使用、收益与有限处分的权利。由此可见,农民私有房屋和违法兴建的"小产权房"有着本质的区别,其交易的合法性与后果也不尽相同。但在官方话语中,却时常将其混为一谈,如2007年12月30日《国务院办公厅关于严格执行有关农民集体建设用地法律和政策的通知》、2008年中央一号文件《中共中央国务院关于切实加强农业基础建设进一步促进农业发展农民增收的若干意见》都明确表示:城镇居民不得到农村购买宅基地、农民住宅或"小产权房"。仅有少数学者注意到应当对"小产权"房进行分类,并结合当前我国实际情况和国家关于"小产权"房的最新政策来讨论买卖合同的效力。[1]媒体在谈及宋庄纠纷时,更多的也是以"小产权房"为标题,将农民正当合法的房屋买卖及宅基地使用权流转行为与并不合法的"小产权房"混为一谈,[2]使其失去了话语中应有的正当性和合法性,这便是话语的力量。捷克总统哈维尔曾说,"话语在人类历史中的神秘力量","一模一样的话在有些时候是光束,在其他情境下却也可以变身成为致命之剑"[3],可见,话语的混乱直接导致了管制的混乱和无序。

---

[1] 陈耀东、吴彬:"'小产权房'及其买卖的法律困境与解决",载《法学论坛》2010年第1期。

[2] 王娟、王楠:"何去何从的小产权房——由北京市郊宋庄镇辛店村(画家村)房屋纠纷案引起的思考",载《中共郑州市委党校学报》2008年第3期;岳晓武:"'小产权房'应当分类处理",载《中国土地》2009年第3期。

[3] [美]玛丽·安·格伦顿:《权利话语:穷途末路的政治言辞》,周威译,北京大学出版社2006年版,第16页。

(二) 管制方式：司法机关误用"合同无效"

在探讨宅基地使用权转让的应然走向之前，我们先依据现行法律规定，对于农民私有房屋及宅基地使用权转让的法律效力进行一番考察。虽然我们不能把对现行法的研究当成法学的全部，[1] 但作为法治的基本要求之一，有法必依仍是法律人应当遵循的原则。除了公法性强行性规范以外，国家管制在私法中主要表现为民法性强行性规范，而根据否定性评价的指向不同，民法性强行性规范可以分为强制性规范与禁止性规范。[2] 所谓强制性规范是指命令当事人应为一定行为之法律规定，该规范是要求当事人必须采用特定行为模式的强行性规范。[3] 禁止性规范通常称为禁止性规定，是命令当事人不得为一定行为之法律规定，属于禁止当事人采用特定模式的强行性规范。[4] 禁止性规范作为法律规范体系的重要组成部分，对于构造法律秩序有着基础性的价值。[5] 首先，对于农民私有房屋的转让历来并无公法上的明文限制，在民法中也无强行性规范的存在，根据法无明文禁止即自由的民法原则，应当视为法律许可农民私有房屋的转让；其次，我国《合同法》第52条第5款规定：违反法律、行政法规的强制性规定，合同无效。该规定保留了公法进入私法的管道，即以公法规范转换为对合同法律行为的效力控制。[6] 而根据学者的洞见，此处所谓的"法律、行政法规的

---

[1] 苏永钦：《民事立法者的角色——从公私法的接轨工程谈起》，载苏永钦：《民事立法与公私法的接轨》，北京大学出版社2005年版，第1页。
[2] 参见史尚宽：《民法总论》，中国政法大学出版社2000年版，第12页。
[3] 王轶："论物权法的规范配置"，载《中国法学》2007年第6期。
[4] 王轶："论物权法的规范配置"，载《中国法学》2007年第6期。
[5] 魏治勋："禁止性法规范的概念"，山东大学2007年博士学位论文。
[6] 苏永钦："从动态法规范体系的角度看公私法的调和"，载苏永钦：《民事立法与公私法的接轨》，北京大学出版社2005年版，第83页。

强制性规定"仅仅是指公法和私法中的禁止性规范,而不包括强制性规范。[1] 到底法律和行政法规有没有禁止宅基地使用权的流转呢?笔者认为是没有禁止性规定的。《物权法》第153条规定"适用土地管理法等法律和国家有关规定",并未解决宅基地流转的合法性问题,而是继续援引《土地管理法》等其他法律法规。有学者认为,宅基地使用权流转应当受《土地管理法》第63条的规制,即农民集体所有的土地的使用权不得出让、转让或者出租用于非农业建设;但是,符合土地利用总体规划并依法取得建设用地的企业,因破产、兼并等情形致使土地使用权依法发生转移的除外。笔者认为这种理解是错误的。《土地管理法》第63条是为了维持农业用地的数量,保证农民的生存之本和粮食供应而规定的,宅基地本身就属于建设用地的范畴,其主体变更并不会导致农业用地的减少,所以该条并不适用于宅基地。自1999年以来,国务院及各部委先后颁布了多部禁止宅基地使用权流转的规范性文件:国务院办公厅1999年发布的《关于加强土地转让管理严禁土地炒卖的通知》第2条第2款规定:"农民的住宅不得向城市居民出售,也不得批准城市居民在农民集体土地建住宅,有关部门不得为违法建造和购买的住宅发放土地使用证和房产证。";2004年11月国土资源部《关于加强农村宅基地管理的意见》规定:"严禁城镇居民在农村购置宅基地,严禁为城镇居民在农村购买和违法建造的住宅发放土地使用证。";2007年12月30日《国务院办公厅关于严格执行有关农民集体建设用地法律和政策的通知》、2008年中央一号文件《中共中央国务院关于切实加强农业基础建设进一步促进农业发展农民增收的若干意见》都明确规定:城镇居民不得到农村购买宅基地、农民住宅或"小产权房"。从法律解释的角度看,最高人民法

---

[1] 许中缘:《民法强行性规范研究》,法律出版社2010年版,第233页。

第六章　反思宅基地使用权流转中的国家管制

院《关于适用〈中华人民共和国合同法〉若干问题的解释》第 4 条规定:"合同法实施以后,人民法院确认合同无效,应当以全国人大及其常委会制定的法律和国务院制定的行政法规为依据,不得以地方性法规、行政规章为依据。"上述文件并不是法律或行政法规,不能作为认定合同无效的依据。《土地管理法》第 62 条只言明"农村村民出卖、出租住房后,再申请宅基地的,不予批准",并没有表明宅基地使用权是否可以转让,反之该条肯定了农村村民可以出卖、出租住房,只是出卖、出租住房后,再申请宅基地的,不予批准。[1]

综上,司法机关以农村私有房屋买卖合同无效为由,对农村宅基地使用权流转进行国家管制,从法学原理角度而言是缺乏正当性的。

(三) 管制目标：逼民自保，限制农民选择的自由

在《中国土地法大纲》及 1950 年 6 月 28 日颁布的《土地改革法》中,均明确规定实行农民土地所有制。在实践中,分配给人民的土地,由政府发给土地所有证,并承认其自由经营、买卖及在特定条件下出租的权利,土改前的土地契约及债约,一律缴销。1954 年《宪法》第 8 条规定:"国家依照法律保护农民的土地所有权和其他生产资料所有权。"尽管上述法律没有对农村住房所使用的土地另行规定,但当时的宅基地所有权一般被认为属于房屋所有人所有。[2] 直到农业合作化运动早期,也只有生产资料被纳入合作化

---

[1] 对于城镇居民购买农村房屋合同的法律效力的深入考察及由此产生的政策与法律的矛盾,参见戴孟勇:"城镇居民购买农村房屋纠纷的司法规制",载《清华法学》2009 年第 5 期;戴孟勇:《民法原理与实例研究》,中国政法大学出版社 2010 年版。

[2] 李永安、赵红卫:"论我国宅基地使用权法律制度嬗变",载《学习论坛》2004 年第 12 期。

进程。当时农民的生产工具、宅基地等均未入社,因此这一时期农民对自己的宅基地拥有完全的支配权,宅基地可以自由流转。直到1962年9月,《农村人民公社工作条例(修正草案)》第21条才明确规定:生产队范围内的土地,都归生产队所有。生产队所有的土地,包括社员的自留地、自留山、宅基地等,一律不准出租和买卖。自此,宅基地使用权的流转便受到了严格的限制,但农民私有房屋买卖并未受限。在"管制民法"时代,由于将所有权以主体(即所有制)为标准进行分类,赋予了集体所有权极其重要的法律地位,并强调公共财产的神圣不可侵犯性。而在法律行为和合同领域,把合法性定为法律行为的本质特征,强调行为人的行为必须合乎法律的规定,并设定了法律行为无效的众多原因,导致大量的合同被法院判定无效,呈现出合同无效泛化的现象。[1] 即使在"管制民法"的背景下,农民的房屋仍为私产,宅基地属于集体所有,不能直接转让,但因房屋买卖而发生的宅基地使用权流转仍为司法界所认可。1963年《最高人民法院关于贯彻执行民事政策几个问题的意见》就规定:"关于宅基地使用权纠纷,社员的宅基地,包括有建筑物和没有建筑物的空白宅基地都归生产队集体所有,一律不准出租和买卖。但仍归各户长期使用,长期不变,……房屋出卖以后,宅基地的使用权即随之转移给新房主,但宅基地的所有权仍归生产队所有。"而到了1982年,根据《村镇建房用地管理条例》第15条规定:由于买卖房屋而转移宅基地使用权的,应按第14条的规定办理申请、审查、批准手续。出卖、出租房屋的,不得再申请宅基地。按照第14条的规定:农村社员,回乡落户的离休、退休、退职职工和军人,回乡定居的华侨,建房需要宅基地的,应向所在生产队申请,经社员大会讨论通过,生产大队审核同意,报公

---

〔1〕 钟瑞栋:"民事立法的三种型态与强制性规范的配置",载《厦门大学学报(哲学社会科学版)》2008年第6期。

第六章 反思宅基地使用权流转中的国家管制

社管理委员会批准;确实需要占用耕地、园地的,必须报经县级人民政府批准。批准后,由批准机关发给宅基地使用证明。该规定已经改变了对于宅基地使用权流转的管制方式,变完全不允许为需经集体批准。

通过对宅基地使用权流转演变过程的研究可以看出,宅基地使用权逐步向私权转变,对于宅基地使用权流转的限制也逐步放宽。即使在"管制民法"时代,对于因房屋买卖而发生的宅基地使用权流转也是许可的,我们不禁要问,在现代工商社会中反而不允许任何形式的宅基地使用权流转,这是否是一种历史的倒退呢?

对于是否应该允许农村宅基地的自由流转,理论界对此也存在分歧。以孟勤国教授为代表的部分学者激烈反对物权法开禁农村宅基地交易,[1] 赞成农村宅基地自由流转的则多是经济学学者,[2] 也有学者提出农民住房可转让而宅基地使用权不可转让的折中立法方案。[3] 其中,孟勤国教授的观点最为典型,他认为:农村宅基地分配制度是有效维系亿万农民基本生存权利的重要制度,物权法必须重申禁止农村宅基地交易的现行法律政策。开禁或变相开禁农村宅基地交易的主张不过是强势群体的利益诉求,不具有正当性和公平性。笔者认为其观点值得商榷,至少存在以下三个问题:其一,随着我国经济社会的发展,农民概念本身并不再是铁板一块,农民阶层也正经历着重新界分的过程,城郊的农民和落后地区的农民,无论是从经济、社会状况还是利益诉求上均存在巨大的分歧,因此,因地制宜应当是解决农村宅基地使用权流转问题的更为妥帖

---

[1] 孟勤国:"物权法开禁农村宅基地交易之辩",载《法学评论》2005年第4期。

[2] 杨进:"我国农村土地产权制度改革的基本路径探析",载《农村经济》2004年第10期。

[3] 韩世远:"宅基地的立法问题——兼析物权法草案第十三章'宅基地使用权'",载《政治与法律》2005年第5期。

的方案。物权制度是法律体系中最体现民族性和本土性的领域,宅基地流转的制度设计当然不能无视中国的基本国情。但是目前中国农村宅基地流转的热点主要集中在经济活跃地区,这是农民经济收入和生活水平提高的反映和途径。闲置宅基地的流转不会危害农民的生存权,出租、入股等方式的流转也没有剥夺农民集体的所有权。[1] 其二,私法"以主体地位平等,机会平等为其确立的前提;以竭力保障权利,救济权利的权利本位观为其基础;以契约自由为其核心内容;以维持有效竞争为其主要功能。"[2] 私法自治的基础主要在于私法主体作为理性经济人而存在,那么农民是否是理性经济人呢?虽然针对农民的行为选择,究竟是首先考虑"安全第一"的生存规则,还是"利润最大化"的利益追求存在理论争议,但对于农民也是理性经济人的观点已经为理论界和实践界所广泛认同。[3] 既然农民也是理性经济人,那么民法所需做的仅仅是尊重其主体的意志。而为了所谓的保护行为人的利益而限制行为人的自由,则是我国现行立法中普遍存在的家长主义的核心特征。在中国的政治传统和语境下,为防止政府以家长主义之名随意剥夺或限制公民的自由,必须对家长主义法律干预的设立加以严格地控制。[4] 其三,按照孟教授的观点,因为宅基地是亿万农民的生存根本,因此,必须由农民享有该利益并不得转让,一旦转让,农民就没有了保障,这是典型的"逼民自保"思维。在我国,由于国家保障和民间组织的缺失,导致农村社会保障的缺乏,只能依靠"土地保障"即农户的自我保障。要改变此种状况,解决农村社会保障问题,当

---

[1] 李文谦、董祚继:"质疑限制农村宅基地流转的正当性——兼论宅基地流转试验的初步构想",载《中国土地科学》2009年第3期。

[2] 江平、张礼洪:"市场经济与意思自治",载《法学研究》1993年第6期。

[3] 参见本书第三章第一部分。

[4] 黄文艺:"作为一种法律干预模式的家长主义",载《法学研究》2010年第5期。

第六章 反思宅基地使用权流转中的国家管制

然要靠发展经济增加财政实力,更要鼓励乡村社会各种民间组织的发展,以民间组织的合作、互助,保障、弥补政府保障之不足,而不应当在土地制度上做文章,通过限制农民宅基地使用权的流转、限制农户土地处分权的办法来"官逼民自保"。[1]

综上,即便在"管制民法"时代,对于因房屋买卖而发生的宅基地使用权流转也是许可的,而当下对宅基地使用权流转进行管制的理由更多是为了"逼民自保",忽略了农民诉求的分化与变更,忽视了农民也是理性经济人的现实,实际上限制了农民进行选择的自由,这种国家管制是不恰当和不合时宜的。

二、宅基地使用权流转的管制更新

(一) 管制依据的新定:超越"管制民法"与"家长主义"

《物权法》第153条规定:宅基地使用权的取得、行使和转让,适用土地管理法等法律和国家有关规定。从《宪法》的规定来看,我国实行的是以市场经济为基础的社会主义,作为私法的民法,在经济生活中所扮演的更多是制衡国家权力,保障人民权利的工具角色。[2]但国家仍需管制集体经济的发展(《宪法》第8条第3款)、土地保留国有或集体所有(《宪法》第9、10条),透过土地保留集体所有的制度规定,国家可以实现对民事主体的管制政策。一般认为,民事立法者实施此种管制的依据在于建构市场交易机制时,考虑到自治条件的不足,进而引进国家行政管制甚或刑事制裁,以

---

〔1〕 秦晖:"'优化配置'?'土地福利'?——关于农村土地制度的思考",载《新财经》,2001年第9期。

〔2〕 余能斌主编:《民法典专题研究》,武汉大学出版社2004年版,第17页。

加速自治条件的完善。[1]而《物权法》在宅基地使用权流转问题上,并未进行任何实质性的规范,而是直接将难题交给了《土地管理法》。《土地管理法》(修订案送审稿)第97条明确规定,宅基地在本农民集体经济组织内部分配。宅基地使用权人经本集体经济组织同意,在保障基本居住条件的前提下,可以将房屋以及宅基地向符合宅基地申请条件的人员转让、赠与或者出租。农村村民转让、赠与或者出租宅基地后,再申请宅基地的,不予批准。根据该规定,宅基地使用权流转仍需经过集体经济组织的同意,并且只能在"符合宅基地申请条件的人员"之间流转,再次强调了宅基地使用权取得的身份性限制。诚如北京市高级人民法院指出的那样:宅基地使用权是集体经济组织成员享有的权利,与特定的身份关系相联系,不允许转让。目前农村私房买卖中买房人名义上是买房,实际上是买地,在房地一体的格局下,处分房屋的同时也处分了宅基地,损害了集体经济组织的权益,是法律法规明确禁止的。[2]这种司法裁判立场是通过强化"房地一体"的理念而试图完全禁止农村私有房屋的转让和宅基地使用权的流转。北京市怀柔区人民法院的一项调研结果显示,在进入诉讼的农村房屋买卖纠纷中,75%发生在村民与城镇居民之间,而这些纠纷远不足整个农村房屋买卖交易行为总量的10%。按照北京市高级人民法院有关研讨会会议纪要的精神,怀柔区人民法院在近些年来判决该类案件时,七成以上都判决为无效,但社会效果并不理想。[3]

有学者以"过去人"定性司法者,"现在人"定性行政者,

---

〔1〕 苏永钦:"民事立法者的角色——从公私法的接轨工程谈起",载苏永钦:《民事立法与公私法的接轨》,北京大学出版社2005年版,第10页。

〔2〕 北京市高级人民法院关于印发《农村私有房屋买卖纠纷合同效力认定及处理原则研讨会会议纪要》的通知,京高法发〔2004〕391号。

〔3〕 参见李松、朱雨晨、黄洁:"北京法院调研报告大胆建议:允许农村房屋产权流转",载《法制日报》2008年12月7日,第8版。

"未来人"定性立法者,凸显的是立法者前瞻的重要性。[1] 但在宅基地使用权流转问题上的立法,笔者认为,立法者缺乏对于历史、现实和未来的充分考量:首先,从历史上看,限制宅基地使用权的流转有其特别的制度背景。集体所有制不仅仅是经济意义上的,它还是经济基础意义上的,是国家政权建立的基础。除了经常性论述的经济学意义上的集体所有制以外,我们绝对不能忽视集体所有制的政治意义和社会意义。从政治学最直接的意义来看,集体的作用有两个方面:①维护社会秩序,保证国家稳定和社会安全,达到社会控制的目的;②征取税收,为国家奠定强实的财经经济基础。集体所有制下的农民集体不仅是农民集体进行农业生产的劳动组织的基本单位,也是国家治理农村的基层单位,更是农民生活的基本单位。[2] 作为宅基地使用权,其运作的场域是作为(半)熟人社会的村落,其运作的机理是作为价值共识的地方性知识,其运作的环境是相配套的制度环境,如限制城乡人口流动、严格的户籍制度和粮食配给制度,提取农业剩余以保障工业的积累等。若忽视这些制度背景,直接延续"管制民法"的规范是不合时宜的。其次,就当下而言,宅基地使用权流转是经济社会发展的必然趋势,且已经在发达地区和城郊展开了各种实践,一味地禁止宅基地流转只会导致法律的"空悬化"。在实践话语的面前,仅仅用生存权等"大词"论证禁止宅基地流转的合理性是不够的。最后,未来立法时,立法者应当兼顾管制与自治,同时建立放任自治的财产权或交易秩序,依据长期的国家监督、引导机制,与财产权有关的土地管理法等。在做此类立法时,立法者不能只从民事的角度出发,也不能只从管

---

〔1〕 苏永钦:"民事立法者的角色——从公私法的接轨工程谈起",载苏永钦:《民事立法与公私法的接轨》,北京大学出版社2005年版,第3页。

〔2〕 刘金海:《产权与政治:国家、集体与农民关系视角下的村庄经验》,中国社会科学出版社2006年版,第29页。

制的角度出发,两者各有其独立意义,不能偏废却又相互为用,立法者必须在同一部法律里把这两种规范做政策理念上和规范技术上的缝合。[1] 在现代资本主义国家,其民商事立法多早于干预性的立法,后者是在前者创造的立场经济的基础上,去做部分领域的调整;与一般国家不同的是,我国是从计划经济向宏观调控的市场经济转变,然后在此基础上"回填"一个更基础的市场自治规范。[2] 但在《物权法》和《土地管理法》(修订案送审稿)中,我们看到的只是一味地重申"管制民法"时代对宅基地使用权流转的限制和管制和以"家长主义"、"父爱主义"之名随意剥夺或限制公民的自由和自治的权利,并没有充分体现作为权利主体的农民集体和农民个体的意志及其实现路径,在宅基地使用权流转领域的意思自治只剩下民法教科书中的宣讲。据此,笔者认为在未来《土地管理法》的修订过程中,必须真正实现超越"管制民法"和"家长主义",尊重权利人的自由意志。

(二) 管制方式的变革:农地国家管制的一元化

尊重和保障当事人进行个人选择的法律权利能够避免国家干预,保全市场机制的自发调节机制。市场机制是通过信息、价格、竞争等机制自发的发挥作用的,一般情况下,这些机制发挥作用需要自由的空间,即在初始状态下,避免国家干预才能保证市场机制的自发作用。承认和保证当事人自由选择、意思自治的权利,在当事人选择有效的状态下,当事人双方进行选择的自由是能够得到保障的。但由于市场机制存在失灵的现象,而在农村土地领域,由于

---

〔1〕 苏永钦:"民事立法者的角色——从公私法的接轨工程谈起",载苏永钦:《民事立法与公私法的接轨》,北京大学出版社2005年版,第10页。

〔2〕 苏永钦:"民事立法者的角色——从公私法的接轨工程谈起",载苏永钦:《民事立法与公私法的接轨》,北京大学出版社2005年版,第28页。

第六章 反思宅基地使用权流转中的国家管制

土地资源的稀缺性和特殊性,国家进行管制是对市场机制的必要补充。国家可充分利用经济、法律、行政等手段加强对土地非农化市场的调控,弥补市场机制的自身缺陷。根据《土地管理法》的规定,国家通过实行土地用途管制,编制并实施土地利用总体规划,严格限制农用地转为建设用地,控制建设用地总量,对耕地实行特殊保护。在土地利用总体规划的基础上制定土地利用年度计划,具体安排各年度的农用地转用量、土地开发整理补充耕地量和耕地保有量。[1] 但在管制的过程中,我们必须注意到政府及其官员也有自身特殊的利益,在政府及其官员可以通过管制性权力获取私人好处的情形下,它们就有动力强化和扩张它们所掌握的管制性权力,在权力缺乏有效制约机制的情况下,问题就更为严重。有研究表明,某些转轨国家治理质量受到双重危害[2]:一方面是强势利益集团对政府的控制将会因其狭隘私利而扭曲改革政策;而另一方面政府官员利用"贪婪的黑手"竭力过分设立规制以攫取受贿的收入。[3] 当然,即使没有利益的驱使,政府及其官员在权力欲的驱使下也有动机强化和扩张其管制性权力。据此,政府管制权力的扩张,在某种意义上可以看作是行政权力的天然倾向。当政府部门获得法律的某一授权时,也就开启了培养从这一授权中获益的利益集团的过程,而随着利益集团的成长,它们就有动机和能力要求更多的授权,管制性权力自身存在着某种"自我增强"的路径。通常,"国会决定一个项目,而项目又创造了一个利益集团,最后利益集

---

[1] 王成艳等:"城乡统筹下的农地非农化制度改革",载《山东农业大学学报(社会科学版)》2006年第4期。

[2] [美]乔尔·赫尔曼、马克·施克曼:"转轨国家的政府干预、腐败与政府被控——转型国家中企业与政府交易关系研究",载《经济社会体制比较》2002年第5期。

[3] [美]乔尔·赫尔曼、马克·施克曼:"转轨国家的政府干预、腐败与政府被控——转型国家中企业与政府交易关系研究",载《经济社会体制比较》2002年第5期。

团又反过来作用于国会。这也是项目一旦开始便难以结束的一个原因。"[1] 据此,为了避免国家管制权力在农地领域的无限扩张,笔者认为,在农地领域包括宅基地使用权流转,应当逐步实现农地国家管制的一元化,即坚持农地的用途管制。土地用途管制是指国家为了实现土地资源的最优配置和合理利用,促进社会经济与环境的协调发展,依据土地利用规划、城市规划等确定的土地利用分区及每个土地利用分区的土地利用规则,对土地利用做出许可、限制许可或者不许可并监督、检查、跟踪管理直至追究法律责任的一种法律制度。[2] 土地用途管制包括以下涵义:[3] 其一,土地用途管制的主体是国家,具体的权力行使者是各级政府。其中土地利用总体规划编制的审批权、土地利用年度计划审批权、农用地转用批准权、土地征用权由中央和省两级政府行使,而在已经批准的农用地转用范围内,具体项目的用地交由市、县政府审批。其二,土地用途管制的依据。政府通过规定土地用途,划分土地利用区,实行分区管制:将土地分为农用地、建设用地和未利用地;制定土地利用年度计划;实行农用地转用审批制度;在各土地利用区内制定土地使用规则,限制土地用途;同时要对土地用途管制行为过程实行动态监测,加大对违法批地用地行为的查处、监督,按土地利用总体规划规定的用途使用土地。其三,土地用途管制的对象。管制的直接对象是土地利用方向和土地用途转用以及土地利用程度和效益。其四,土地用途分区管制的目的。通过土地利用规划分区及其实施,引导土地的合理开发和利用,促进区域经济、社会和环境的协

---

〔1〕 [美] 麦克尔·罗斯金等:《政治科学》,林震等译,华夏出版社 2001 年版,第 198 页。

〔2〕 沈守愚:"浅析土地用途管制的有关法律问题",载《中国土地》1998 年第 1 期。

〔3〕 司艳丽:"论集体建设用地使用权流转的法律规制",中国政法大学民商法学 2006 年博士论文,第 134 页。

调持续发展。其五,土地用途管制的实施步骤:编制土地利用规划;编制土地利用分区内的土地使用规则,划分功能区;向社会公众告示土地利用分区和分区内的土地用途规定;建立健全土地利用规划审核制度,实行土地用途转用许可制;监督、检查、跟踪管理。在符合土地用途管制的前提下,应当尊重农地的所有权人和使用权人,即农民集体和农民个体的意志,在此前提下,保障其土地的权益,进而在农地的国家管制和权利人自治之间作出科学的界分。

(三) 管制目标的重订:保障农民集体和集体成员的意志和土地权益

所谓公共政策的考量,其实涉及两个方面:管制和保护。立法者和裁判者首先需要弄清楚的问题是,该民法强制性规范背后的公共政策管制的对象是什么?保护的对象和目的何在?对这两个问题的回答,都必须以公共政策的类型化为前提。根据学者的归纳,若以保护对象为标准,可以将公共政策归结为三类:第一类是通过管制当事人的行为来优先保护国家利益的政策;第二类是通过管制当事人的行为来优先保护社会公共利益的政策;第三类是通过管制一方当事人的行为来优先保护处于弱者地位的另一方当事人利益的政策。[1]

一般而言,农民将其私有房屋和宅基地使用权流转出去,获取其所需货币,而流入方获得其所需的房屋和宅基地使用权,应当是双赢的结局,那么,我国对其宅基地使用权流转进行严格管制的目标是什么呢?首先,我国对宅基地使用权流转进行管制是为了实现国家利益吗?在我国市场化改革过程中,逐步实现了城市中土地使

---

〔1〕 钟瑞栋:"民事立法的三种型态与强制性规范的配置",载《厦门大学学报(哲学社会科学版)》2008年第6期。

用权的正常流转,即通过依法出让等方式进行交易,但该种公有私用的土地制度模式产生了两个问题:①国家或城镇内部的管理问题;②卖方独占所产生的独占力滥用问题。[1] 而地方政府垄断土地使用权供应一级市场,继而产生了城市中房价高企的问题。宅基地使用权流转本身是普通市民实现基本居住权的重要方式,而通过宅基地使用权流转的管制,普通市民无法合法购买农民私有房屋,如此一来,该管制措施究竟是有助于房价的调控还是有助于地方政府作为卖方获取更多的垄断土地收益便不言自明了;而由于宅基地属于建设用地的范畴,宅基地使用权的流转并不必然导致耕地的减少,因此,通过限制宅基地使用权的流转进而保护耕地的说法并不科学。[2] 其次,我国对宅基地使用权流转进行管制是为了实现公共利益吗?实现公共利益的一个重要表征便是通过国家管制是否最大限度地降低了社会的交易成本。如果《物权法》、《土地管理法》等立法对于"小产权房"的转让合同效力进行了明确的规定,且对出让方和买受方之间的权利义务和利害风险分配符合多数人公平的感觉,则法院的判决就容易被争议双方和社会公众所接受。如果该种规定不符合公平的感觉,则最可能产生的结果便是"小产权房"的买卖双方会选择订立详细的书面合同,以避免不公平的法律适用和裁判。有学者断言:不论民法怎样规定,市场交易者同样可以得到公平,但民法的内容越趋近常态的交易,利害风险的分配越符合多数人公平的感觉,交易的合同可以越简便,整个社会的交易成本因此可以降的越低。反之,如果民法的任意规定与社会脱节,自治

---

[1] 该问题由苏永钦教授概况总结,参见苏永钦:"民事立法者的角色——从公私法接轨工程谈起",载苏永钦:《民事立法与公私法的接轨》,北京大学出版社 2005 年版,第 18 页。

[2] 刘茂林、杨翼飞:"'小产权房'的缘起、问题及其解决",载《河南社会科学》2008 年第 5 期。

第六章 反思宅基地使用权流转中的国家管制

的成本就可能大幅提高。[1] "只有这些法律总是以自然和理性为依据,从人民的利益出发,而且都是经过大家的讨论,每个人都了解法律草案的目的所在,在得到普遍的赞同以后才制定的;这种为人民所拥护、反映了人民愿望的法律,人民当然总是怀着愉快甚至自豪的心情来执行。"[2] 因此,"确保遵从规则的因素如信任、公正、可靠性和归属感,远较强制力更为重要。法律只在受到信任,并且因而并不要求强力制裁的时候,才是有效的;依法统治者无须处处都依赖警察"。[3] 总之,农民宅基地使用权流转本身属于常态的交易,而现今国家严令禁止,并不见得符合多数人公平的感觉,为了规避国家管制,可能大幅度增加整个社会宅基地使用权的交易成本,而使社会公益受损。最后,对于宅基地使用权流转的管制是为了保护弱势当事人的利益吗?在宋庄纠纷中,农民并不是传统意义上的弱者,他们提起诉讼的原因并不是为了保障其基本生存,而"多缘于土地增值以及土地征用、房屋拆迁等因素,房屋现值或拆迁补偿价格远远高于原房屋买卖价格,出卖人受利益驱动而起诉"。[4] 按照国家管制的规定,他们有权收回房屋,仅仅需要"对合同无效承担主要责任",所需赔偿的也只是房屋经评估后总价款的70%。从媒体的描述中,包括栗宪庭等在内315名宋庄艺术家群体更像是弱者,他们甚至联名致信有关领导,呼吁维护"失信者"农民私房处分权问题。他们认为,"禁止宅基地使用权转让实质上

---

〔1〕 苏永钦:"民事立法者的角色——从公私法的接轨工程谈起",载苏永钦:《民事立法与公私法的接轨》,北京大学出版社2005年版,第19页。

〔2〕 [法] 埃蒂耶纳·卡贝:《伊加利亚旅行记(第2卷)》,李雄飞译,商务印书馆1978年版,第134页。

〔3〕 [美] 伯尔曼:《法律与宗教》,梁治平译,生活·读书·新知三联书店1991年版,第47页。

〔4〕 北京市高级人民法院关于印发《农村私有房屋买卖纠纷合同效力认定及处理原则研讨会会议纪要》的通知,京高法发〔2004〕391号。

侵犯了农民的财产所有权，堵塞了农民筹措资金扩大经营的道路，阻碍了农村商品经济的发展"。联名信认为"混淆房屋所有权、宅基地所有权和宅基地使用权这些内涵、外延原本十分清晰的概念，使农村私房合同纠纷案件的审理判决依据混乱、审判结果悬殊、负面效果大，已成为最无法体现法制统一原则的一个案件类型"。据此，笔者认为，在宅基地使用权流转过程中，流转双方并不存在信息不对称和保护弱者的问题，并不需要国家管制的介入，以期实现公正。一般而言，在因赋予当事人法律选择权利所形成的市场机制运行过程中，与法律选择相关的信息是价格机制、竞争机制等发挥作用的前提，只有在双方当事人都享有完全信息的情况下，价格机制与竞争机制才能准确地引导资源配置。为了避免在信息不对称的前提下，作出不利于一方当事人的决策，需要通过国家管制对双方当事人的意思自治进行必要的限制。但在宋庄画家村房屋转让纠纷案中，交易双方对于房屋买卖和宅基地流转均有明确的认识，并不存在信息不对称的现象。农民之所以毁约，唯一的理由便是获取高额的拆迁补偿费用。在此过程中，国家管制的介入只是保护了失信者的不当利益，徒增了交易的社会成本，缺乏合理的经济学依据。

综上，宅基地使用权流转中的国家管制，其目的在于保障城市土地出让和房屋买卖中卖方独占所产生的独占力，现行的管制状态直接影响资源的均衡配置和市场均衡的存在，维护的是一种不公平的利益分配；这大幅度增加了社会中农民私有房屋的交易成本，未真正保护社会中弱者的权益；从卖方独占城市土地出让的事实来看，无论是农民还是买房者均是弱者。据此，笔者强调，应当把保护农地权利主体真正实现其土地权益作为管制的理由，农地权利的主体既包括作为所有权主体的农民集体，也包括作为使用权主体的农民个体。从经济学的视角考察，农村地权的核心就是农民集体和集体成员分享地租和土地资本化收益的权利。考察农民地权是否扩大，必须抓住两个核心：一是农民分享地租（特别是非农用地租）是不是增加了，二是农民占有土地资本化收益是不是增加了。[1]有学者对于农村房屋买卖现状不禁发出这样的疑问：第一要解决城乡的二元结构问题，所有权既然都是一样的，为什么还要分成农村的房屋和城市的房屋呢？第二要从私权的角度来看，农民最值钱的房子为什么不能出租、不能抵押、不能出卖呢？第三只要房屋本身符合条件，就能转让，为什么宅基地不能转让呢？至于宅基地的价值部分，可以进行补偿啊！[2]据此，宅基地使用权流转中的管制更应当注重宅基地使用权流转过程中的收益分配问题，在保障农民集体和集体成员的意志和权益的前提下，应当对宅基地使用权流转放松管制。而将保障农民集体和集体成员的意志和权益、保护农民真正按照其意志去实现宅基地权益，并将此作为进行宅基地使用权管制的出发点和落脚点最为妥当。

三、宅基地使用权流转：必须重提私权与意思自治

"民法在如潮汐般起落的国家管制冲刷下，如何的见山不是山，这或许是法律人易忽略的一种巨视观点。而经济学者则是到了不久以前，才意识到自由市场所依赖的民事规范竟也充满国家强制。"[3]我国当下的《物权法》及《土地管理法》，在宅基地使用权流转问题的规范上，只是一味地重申管制，包括通过民法中和公法中的强行性规范严格限制私主体对私权的处分权限，对于宅基地使用权的

---

[1] 李昌平：《大气候：李昌平直言"三农"》，陕西人民出版社2009年版，第116页。

[2] 江平等："土地立法与农民权益"，载吴敬琏、江平主编：《洪范评论》（第3卷第2辑），中国政法大学出版社2006年版，第8页。

[3] 苏永钦："私法自治中的国家强制——从功能法的角度看民事规范的类型与立法释法方向"，载《中外法学》2001年第1期。

用益物权属性和权利人自由意志的尊重则明显缺失。诚如学者所言：民法之蜕变，迎合了社会需要，是进步的体现，但在立法体例上，一则呈现制度紊乱，二则呈现民法未受尊重。各种限制私法自治原则、规范生活资源分配及使法律关系客观化之规定，例如农地之使用、收益、处分或继承……常见以行政法规规范之。民法有关私权法律关系之规定竟以行政法规进行限制，有使行政法规俨然成为民法之特别法的趋势。非但法制紊乱，民法领域有被行政法规蚕食之嫌。[1] 立法者需注意到，市场经济和民法所要追求的自治目的，固然有时需要借助公法性强行性规范方能实现，但制度规范所追求的管制目标，有时也需要采用私法中的任意性规范的方法才能产生更佳的效果。[2] 社会发展的历史告诉我们一个经验法则，保证个人自主决定实现的制度是符合人性的制度，也是最有生命力的制度；同时经济发展的历史也告诉我们一个经验法则，"自主决定是调节经济过程的一种高效手段。特别是在一种竞争性经济制度中，自主决定能够将劳动和资本配置到能产生最大效益的地方去。其他的调节手段，如国家的调控措施，往往要复杂得多、缓慢得多、昂贵得多，因此总体上产生的效益也要低得多"。[3] 作为国家管制而言，必须着眼于未来，在坚持农地用途管制的前提下，放松对宅基地使用权流转的管制，尊重权利人的自由意志，真正实现从身份到契约的嬗变，力图在管制与自治、权利与权力之间求得平衡。

---

〔1〕 曾世雄：《民法总则之现在与未来》，中国政法大学出版社2001年版，第14页。

〔2〕 钟瑞栋："民事立法的三种型态与强制性规范的配置"，载《厦门大学学报（哲学社会科学版）》2008年第6期。

〔3〕 [德] 迪特尔·梅迪库斯：《德国民法总论》，邵建东译，法律出版社2000年版，第143页。

第七章

城乡统筹背景下农地流转模式的法制创新及其评析

> 在西方，原本旨在界定私人领域、防御政府不当干预的私法，每每在西法东渐的过程中，魔幻般地转换为政府主导私人领域的助手。[1]

一、乱象：住房换宅基地、社会保障换土地承包经营权模式

（一）"两换"实践的现状

一些学者借农地使用权流转的"东风"，变相地使普通民众接受加快我国新型城镇建设的一些观念误区。根据"富裕农民就是减少农民"的大前提，从宏观的、理论的和逻辑的角度推理，得出"必须大搞规模化经营把农民挤出土地来适应城镇化进程"的结论，并积极将其转换为实践。如晚近引起热议的"嘉兴模式"，其最大

---

〔1〕 邓辉：《论公司法中的国家强制》，中国政法大学出版社2004年版，第43页。

的特色在于"两分两换"方案,即把农民的宅基地和承包地分开,搬迁和土地流转分开,以宅基地置换城镇房产,以土地承包经营权置换社会保障。但土地置换后,并不改变土地所有权性质和土地用途。一方面,通过宅基地的"置换",农民能以获得现金补偿或新公寓的方式落户城镇;另一方面,通过土地流转,即农民把土地的承包经营权流转出去,来换取他们的"社会保障"。这样,就可以实现在城镇稳定就业且有社会保障的农民能够真正落户城镇、转变为城镇居民,并可以腾出更大的用地空间。学者称其为城乡统筹的典范,是成功的第一步。[1] 也有学者认为:土地换社保,农民未必合算。对于农民而言,与其寄希望于社保,不如寄希望于自己掌握实实在在的土地财富。从政府角度来看,当下的土地换社保,将为未来埋下不稳定因素。政府的目光应该放长远一点。该学者也同意,消除户籍歧视、盘活土地的方向是对的。并认为应当试用广东省以前一直提倡的试点农村宅基地直接入市的做法,这个方向才是更好的方向。[2] 该模式在一些发达地区已经多有试点,如广东省中山市公布了《关于加快推进城乡一体化的意见》,以土地承包经营权置换社会保障,鼓励农民"自愿退出宅基地、流转承包地",进入城镇或新型社区居住,探索非城市规划区农村土地资产资本化改革。[3] 有学者认为:通过"承包权换股份、宅基地换住房、土地出让换补偿"的方式,推动土地资本化、物权化与市场化,有利于提高农民非农转移的稳定性与强化劳动市场,从而有利于弱化城乡二元体制并推进城乡一体化进程。[4] 笔者认为:单纯的以宅基

---

[1] 孙建波:"嘉兴模式:农村土地制度改革谋求新突破",载《上海证券报》2009年12月1日。
[2] 邓新华:"土地换社保,农民未必合算",载《南方农村报》2009年5月26日。
[3] 参见《广州日报》2009年5月25日。
[4] 罗必良:《现代农业发展理论逻辑线索与创新路径》,中国农业出版社2009年版,第211页。

第七章 城乡统筹背景下农地流转模式的法制创新及其评析

地换取城镇户口和住房、以土地承包经营权换取社会保障并不是真正意义上的新型城镇化,也无法解决农民变市民后的生存和就业问题,实现的只是农地非农化,以此方式实现所谓的"新型城镇化"是十分荒谬的。

第一,所谓的"城乡统筹"其实质在于城市化、城镇化,其发展目标是解决城乡经济和社会发展不平衡的结构性矛盾,而解决结构性矛盾的关键是消除城乡经济运行机制的体制性障碍。城乡经济发展的体制性障碍集中体现在城乡生产要素流动机制上,劳动力、人力资本、资本、技术、公共基础设施、土地等要素还没有形成以市场为基础配置资源的要素流转机制,其流动还受到各式体制性因素的制约。城镇化是农地使用权流转与工业化互动的结果,是工业化吸纳农村劳动力的载体,是农村土地流转释放出的劳动力向工业转移的桥梁。但只有城镇有了发达的二、三产业,才能吸纳走出土地的农民,土地流转才无后顾之忧。而在我国由于长期实行城乡二元治理,形成了城乡区隔的结构性特征,经过30年的改革开放和经济发展,我国总体上已进入了以工促农、以城带乡的发展阶段,进入了着力破除城乡二元结构、形成城乡经济社会发展一体化新格局的重要时期。城乡统筹发展,就是在政府和市场这两种资源配置方式下,使生产要素和商品服务在统一的城乡空间维度和可持续发展的时间维度上达到一个动态的均衡配置状态。城乡统筹发展在微观层面上体现为生产要素的再配置。[1] 其中作为农民主要资产的土地资本也面临着协调再配置的问题。统筹城乡发展,就要使得土地由"死资产"变为"活资本",土地资本在城乡之间根据农业和非农产业的发展需求进行再配置。德·索托便认为:农民往往拥有比较丰富的资产,农民不是缺少资本而是缺少一套使资产转化为资

---

[1] 袁志刚、解栋栋:"统筹城乡发展:人力资本与土地资本的协调再配置",载《经济学家》2010年第8期。

本的产权制度安排[1]。土地使用权的细碎化状况、宅基地的撂荒所形成的"空心村"问题，都成了城乡统筹发展的制度性障碍。通过农地使用权流转的制度性安排，可以使农民实现其土地使用权的资本化，但该过程必然伴随着城市化和工业化的加速推进，对于农地的需求越加旺盛。若没有城市化和工业化的助推，农民的土地流转难以取得足够的级差地租收益，以满足其城市居住的需要，农民自身也难以在城市取得足够的生活来源；据此，在我国东部发达地区和中西部城市郊区的农地使用权流转速度明显较其他地区为快，也就不难理解了。如根据农业部统计，2008年底全国土地流转面积达1.09亿亩，占农户承包耕地总面积的8.9%，到2009年9月，流转比例升至约11%。但在浙江等发达地区省份，流转比例已近30%，当地70%的农村劳动力已完成转移。[2]

第二，城市化进程有其自身的客观规律。从世界各国城市化发展速度看，进入加速发展阶段后全世界平均每年城市化率增长的百分点为0.336，其中发达国家为0.356，发展中国家为0.420。近年来，中国的城市化水平以每年提高一个百分点的速度快速推进。城市化水平由1978年的18%，提高到2007年的44.9%，平均每年增长0.932个百分点，城镇人口从1978年的不到2亿人上升到2006年的5.77亿人。在进入城市化加速阶段后，城市化率提高20个百分点，我国只用了22年时间，而美国用了80多年，英国则用了120多年。[3] 可以看出，我国的城市化速度已经非常惊人了，如果再大力推进农地使用权流转，盲目实行规模经营，必然使已经实现

---

〔1〕 [秘鲁] 赫尔南多·德·索托：《资本的秘密》，于海生译，华夏出版社2007年版，第33~35页。

〔2〕 转引自刘凌云："土地流转改变中国农村"，载《新财富》2009年11月13日。

〔3〕 马春辉：《中国城市化问题论纲》，社会科学文献出版社2008年版，第10页。

第七章 城乡统筹背景下农地流转模式的法制创新及其评析

"形式市民化"的农民面临着失业的困境。城市化进程的各国经验表明,城市化进程一般需经历三个过程,即城市二、三产业发展、农民变市民和土地用途的转移。而我国的城市化进程刚好相反。[1]因此,在城市二、三产业尚未能够容纳足够农村转移劳动力的背景下,一味强调以加快土地流转来推进城市化进程,是违反城市化进程的基本路径的,可能导致经历了身份变更的农民事实上无法在城市立足,但又面临无"家"可回、无路可退的境地。对于这一问题,我们必须审慎对待。

第三,所谓的"城乡统筹",统的只是城市近郊的乡,筹的只是一市一县的城。由于我国农村发展的非均衡性,地区之间的差异非常巨大。事实上,地方政府很少有如此雄厚的财力对农民变市民的全过程进行资助,也只有城郊农村才更适合这一城市化路径,对于广大的中西部农村而言,这一方案无异于纸上谈兵。这一类城乡统筹方案,着眼点在于对农地的非农使用,以获取巨大的利益。仅1997~2003 年 7 年时间,我国耕地净减少 1 亿亩;2004 年,虽然国家在宏观调控政策上进一步加强了耕地保护,但全国耕地仍净减少 1200 万亩。近年来,攫取新增建设用地土地有偿使用费成为地方政府获取农业剩余的重要途径。[2]"农地非农化"的过快发展使工业化、城市化偏离了正确的发展轨道。[3]而现行的城乡土地不同的制度安排和政府采取的二元管理政策,使得农地不能自由转化为城市建设用地,其转化只能由国家因公共利益的需要通过集体土地征收的方式来实现。[4]在实践中,无论是否为公共利益用途,

---

〔1〕 严正:《中国城市发展问题报告》,中国发展出版社 2004 年版,第 34 页。
〔2〕 张晓华:"当前土地税费问题探讨",载《四川财政》2000 年第 11 期。
〔3〕 袁铖:"二元结构转型过程中的中国农地制度创新——一个产权的视角",载《法商研究》2007 年第 3 期。
〔4〕 袁铖:"二元结构转型过程中的中国农地制度创新——一个产权的视角",载《法商研究》2007 年第 3 期。

一律采取了由国家强制征收集体土地,然后再有偿出让国有建设用地使用权的方式,因而,伴随着我国城市化进程的必然是农用地不断减少的过程。城乡之间两类土地的转换,存在着巨大的利益空间,使得滥占集体土地和权力寻租成为可能,也使得城乡土地统筹与一体化成为"香饽饽",引发了诸多问题。

(二)"两换"实践的前提争议:规模经营的迷思

学术界关于加快土地承包经营权流转的呼声中,最有诱惑力的观点便是:规模经营是农业发展的必由之路,而只有加快土地承包经营权的流转,才能快速实现我国农业的普遍规模化经营,实现农村有限土地的效益最大化。但我们认为,现阶段试图在我国实现普遍的农地规模经营并不现实。详述如下:

第一,现代农业并不等同于土地规模化经营,土地规模经营只属于现代农业体系中第一产业的部分。而从日本、韩国和我国台湾地区的农业发展道路来看,在小规模经营的基础上也完全能够建立起发达的现代农业。日本户均耕种面积只有1.5公顷,与美国户均耕种200公顷、欧盟国家20~30公顷相比,属于典型的小规模经营,但是日本农业却实现了高度现代化,其农业机械化、单位耕地的化肥使用量等多项反映农业现代化的指标均超过欧美。[1] 有研究表明,家庭经营所具有的监督费用低和激励效应大的优点是规模经营所不具有的,规模经营并不必然导致劳动生产率的提高和单位面积产量的增加。也就是说,土地的经营规模和土地的产出率没有关系,它只和劳动生产率成正比。[2] 况且,规模经营的资本密集

---

〔1〕 刘奇:"土地流转:热现象中的冷思考",http://news.xinhuanet.com/theory/2009-05/05/content_ 11316970htm,2014年1月1日访问。

〔2〕 林善浪:《中国农村土地制度与效率研究》,经济科学出版社1999年版,第241页。

型生产排斥劳动力,背离了我国人多地少的国情。所以,对于中国这样一个人多地少的国家,不能片面追求经营规模,应以追求土地产出率为首选目标。通过农地使用权流转方式集中农地进行规模经营,应当与我国社会经济发展的阶段相适应。

第二,我国农地产权的不稳定性使得农户经营始终面临着土地细碎化的倾向。在我国现实中,出现了国家层面强调"农地稳定"与村社共同体实行"农地调整"这一悖论,学者将其视为农民的生存伦理观和"地方性共识"。[1] 土地集体所有意味着土地使用在成员之间平等共享,以保证每户分得的土地在数量和质量上大体相等,从而保证农民的基本生存。由于我国人均耕地规模小,按人口或劳动对耕地数量和质量进行均分之后,农户经营的土地不仅规模狭小,而且地块分散,即所谓的土地细碎化问题。我国的户均地块数量虽然不是最低,但平均地块大小和家庭经营规模在全球都是最低的,分别只有 0.087 公顷和 0.53 公顷。[2] 土地细碎化造成了土地利用的浪费。据统计,土地细碎化浪费了中国大约 3%~10% 的土地有效面积,使生产每吨谷物的劳动力成本增加了 115 元,土地生产率降低了 15.3%。[3] 土地细碎化还可能影响农户的新技术采用。但目前土地承包经营权流转的现状并不令人满意:土地承包经营权流转范围比较小,规模化经营程度不高,流转形式单一。现阶段很多土地流转发生在本村村民之间,以村内流转为主,向企业和

---

[1] 陈柏峰:"地方性共识与农地承包的法律实践",载《中外法学》2008 年第 2 期。

[2] 谭淑豪等:"土地细碎化的成因及其影响因素分析",载《中国农村观察》2003 年第 6 期。

[3] 蔡昉等:《中国农村改革与变迁:30 年历程和经验分析》,上海人民出版社 2008 年版,第 67 页。

村外人员流转的较少。[1] 有调查显示,全国大约只有1/10的耕地参与了流转。[2] 既然土地细碎化存在种种弊端,为什么农民不愿意自发进行农地使用权流转呢?主要原因便是人地矛盾所形成的贫困陷阱,该陷阱是农业现代化和经济发展的主要制约因素。在有限的耕地资源制约下,减少农村人口和农业劳动力是解决人地矛盾的唯一选择。虽然截至2007年,我国农民工数量已达13 697万人,占城镇从业人员的46.7%。而同期,乡镇企业就业人数也达到1.47亿,[3] 但尚有众多农村劳动力无法移转。虽然农村人口向城市迁移的规模不断扩大,孕育了解决人地矛盾的机会,但城市户籍制度改革滞后,使得我国的人口迁移和城市化并不彻底,迁移的人口无法永久地选择在城市生活和就业,这样,也就让这些迁移的人口和劳动力无法最终选择放弃土地。因此,必须将农地使用权流转制度建设与城乡户籍制度改革同步,使我国很好地利用人口迁移途径,化解人地矛盾,提高农村土地的产出效率。

第三,学界对规模经营的盲目崇拜也影响了农地使用权的有序适度流转。在我国,所谓农地规模经营,是指把承包给农户家庭的集体土地,采取家庭农场、种植大户或者农民集体经营的方式,形成相对较大的土地经营规模。[4] 规模经营一直被看作是我国农业现代化发展的方向,而通过土地承包经营权流转达到土地集中是规模经营的第一步,于是政府推动型流转便应运而生,甚至演变成了

---

[1] 韩清怀、郭继:"土地调整、土地承包经营权流转的症结及其破解之道",载陈小君等:《后农业税时代农地法制运行实证研究》,中国政法大学出版社2009年版,第70页。

[2] 叶剑平等:"中国农村土地流转市场的调查研究——基于2005年17省调查的分析和建议",载《中国农村观察》2006年第4期。

[3] 蔡昉等:《中国农村改革与变迁:30年历程和经验分析》,上海人民出版社2008年版,第122页。

[4] 张红宇:《中国农村的土地制度变迁》,中国农业出版社2002年版,第91页。

第七章 城乡统筹背景下农地流转模式的法制创新及其评析

"圈地运动",地方政府从农地使用权流转的中介转变为倡导者和推动者,极力打破农地使用权流转自发有序的状态。在全面解决农村居民的社会保障之前,我国目前以均分土地为特征的平均主义农地制度仍在为农村人口提供一定的社会保障。[1] 因此,土地承包经营权的急速大规模流转,与我国当前农村发展的基本状况并不符合,应着重引导农地使用权的有序适度流转。

第四,我们强调:世界绝大多数国家的实践经验表明,现代农业需要发展规模经营,但这些国家实现农业规模经营的路径是伴随着工业化和城市化的发展的,以实现农村人口的大量转移,从而借助农地使用权流转集中和扩大农户经营的土地面积。城市化的实质在于现代化,包括社会生产方式、生活方式、价值观念的现代化,而不仅仅是人口的空间迁移、聚集地的人口重新分布。[2] 我国人多地少、城市化和工业化过程较为漫长的基本国情,决定了我国在相当长时期内农民数量不可能急剧减少,也就决定了我国大多数地区靠农地使用权流转来解决土地的细碎化问题,实现农业适度规模经营,在相当长时期内是不可能一蹴而就的。我国比较现实的选择是:在具备试验条件的地方,通过正确引导农民依法、自愿、有偿流转土地承包经营权逐步实现规模经营。农地使用权流转是实行土地集中式适度规模经营的前提,土地承包经营权流转的速度、范围和规模,决定了实现这类规模经营的速度、范围和规模。在土地承包经营权流转中,必须依照《农村土地承包法》和中央有关政策的规定进行,坚持尊重农民的意愿、保障农民权益的基本原则,绝不能脱离实际盲目追求规模经营的速度和规模,人为定指标、求速度,违背农民意愿,强行推动农地使用权流转。无论以何种农地使

---

[1] 姚洋:《土地、制度和农业发展》,北京大学出版社2004年版,第107页。
[2] 王克强、刘红梅:《城市郊区集体土地价格形成机制与利益分配研究:以上海市为例》,上海人民出版社2007年版,第101页。

用权流转的方式推进适度规模经营,都必须充分尊重农民集体和农民个体的权利主体地位,决不能强制推行,违背农民自身的意愿。

(三) 小结

以"住房换宅基地、社会保障换集体土地承包地"模式固然有利于城乡统一社会保障体系的建立,一定程度上给予农民以充分的自主选择权,能够部分解除土地的社会保障功能。而被转入社会保障账户的出售二级永佃权的收入,可以视为农民在成年之后到加入现代社会保障体系之前这一时期所积累的社会保障资金。[1] 但笔者认为,享有社会保障应当是纳税公民应当依法享有的基本公共服务,在我国部分地区采用该制度的缘由是在当地农村建立现代社会保障体系缺乏稳定可靠的资金来源,大部分地方政府无力承担农村社会保障所需资金,只能扮演"政策扶持"的角色,社会保障资金主要来源于农民集体和农民个人,其中大多数情况下又主要由个人缴纳。但是,由于农民收入低下且不稳定,缴纳的积极性很低,收缴成本很高。[2] 因此,以政府现阶段虽无力提供,未来必然会提供的社会保障为"诱饵"换取农民的土地承包经营权,是不恰当和不公平的。以住房换宅基地似乎在满足农民自愿的前提下,并无不妥,但我们必须考量在此改革过程中如何保证改革操作者的非逐利性和公正性。由于本改革方案可能意味着地方政府更大程度的参与,因而,作为存在自身利益的地方政府,其目标函数与中央政府、农民的目标函数并不一致,因此,对于该改革方案的公正性,以及该方案制定过程中博弈的充分性和适当性,我们是存有疑

---

[1] 马小勇、薛新娅:"中国农村社会保障制度改革:一种'土地换保障'的方案",载《宁夏社会科学》2004 年第 3 期。

[2] 马小勇、薛新娅:"中国农村社会保障制度改革:一种'土地换保障'的方案",载《宁夏社会科学》2004 年第 3 期。

问的。

二、争议:"股田制公司"及其法律规制

(一)"股田制公司"的由来及其范畴界定

2007年7月1日,重庆市工商行政管理局出台了《关于全面贯彻落实市第三次党代会精神服务重庆城乡统筹发展的实施意见》(渝工商发〔2007〕17号),该文件的第16条出现了"土地承包权出资入股"的提法,并明确规定:经区县人民政府批准,在条件成熟的地区开展农村土地承包经营权出资入股设立有限责任公司和独资、合伙等企业的试点工作,积极推进土地集约、规模经营,提高农民组织化程度,加快发展现代农业。2007年7月20日,重庆市工商行政管理局发布《关于农村土地承包经营权入股设立公司注册登记有关问题的通知》,对土地承包经营权出资提出了八项要求:农民自愿;不改变土地用途;公司营业期限不超过入股农民第二轮农村土地承包的剩余期限;选择的产业项目前景良好;有龙头企业参与;有能人带头领办;区(县)政府支持和用作出资的农村土地承包经营权应由具备资格的机构进行资产评估。该规定引发了社会各界的热论,赞同者认为重庆改革可能引发中国的"第三次土地革命",批评者担心它会带来一定的法律和社会风险。[1] 其实,在重庆"土地新政"实行之前很多省份对此进行过试验,如广东、江苏、浙江等省。重庆的"土地新政"的特殊之处在于:政府不仅允许农村土地承包经营权出资入股设立农民专业合作社,在条件成熟的地区还允许农村土地承包经营权出资入股设立有限责任公司和独

---

〔1〕 参见江平、莫于川等:"土地流转制度创新六人谈——重庆土地新政争议引出的思考讨论",载《河南省政法管理干部学院学报》2007年第6期。

资、合伙等企业。以土地承包经营权作为出资形式成立公司，标志着土地承包经营权这种用益物权正式转化为资本，具有承担公司债务的义务。这种通过正式工商登记将土地承包经营权正式转化为资本的试验在国内尚属首次，被形象地称为"股田制公司"。[1] 土地承包经营权流转问题，在理论界一直存在着争议。学者们围绕着土地承包经营权的性质及其流转可能给社会带来的各种正面或负面的影响已经进行了深入的探讨。重庆"股田制公司"的开拓性意义在于，把用土地承包经营权入股提上了日程，"股田制公司"也成为农村土地股份合作制外的又一种新的探索农村土地集约化经营的方式。但中央农村工作领导小组办公室在重庆调研后，紧急叫停了"股田制公司"的推进，并要求之前已经以土地入股的公司，全部改制为专业合作社。[2] 但重庆地方对中央的叫停行为很不理解。当地官员认为股田制只是在土地管理与使用的方式上发生了变化，并没有突破土地产权的大关。"股田制"有其独特的价值，如果目前的法律上有阻碍，为什么不考虑修改《公司法》等法律内容呢？[3] 已有学者从政治学的视角对中央叫停"股田制公司"试验的做法进行了批评，认为不管是选择哪个领域进行试验，在什么时间，以什么样的方式都是以中央控制为前提的。试验仅仅是中央应对危机或更好地维系控制权力体系的工具。[4] 在本文中将分析土地承包经营权入股具有哪些优势，在现行法律体系框架下究竟面临

---

[1] 江平、莫于川等："土地流转制度创新六人谈——重庆土地新政争议引出的思考讨论"，载《河南省政法管理干部学院学报》2007年第6期。

[2] 吴红缨："重庆农地改革调整：不搞土地入股，发展专业合作社"，载《21世纪经济报道》2008年8月20日。

[3] 参见刘培伟："基于中央选择性控制的试验——中国改革'实践'机制的一种新解释"，载《开放时代》2010年第4期。

[4] 刘培伟："基于中央选择性控制的试验——中国改革'实践'机制的一种新解释"，载《开放时代》2010年第4期。

着怎样的障碍以及如何消解这些障碍,进而指出"股田制公司"的试验对于我国立法理念具有哪些借鉴和参考价值。

(二)"股田制公司"模式的制度优势、法律障碍及其消解

1. "股田制公司"的制度优势

与土地承包经营权入股成立合作社相比,"股田制公司"具有其独特的制度优势,具体表现为:首先,公司在我国是最为成熟的商事主体,公司制度最为社会和投资者所认同。自清末1904年的《公司律》以来,公司制度在我国已经运行了100多年,由于其具有资本性、自治性和民主性这三个特性,其在我国发展迅猛,被社会各界和投资者所认同。[1] 现阶段,以土地承包经营权入股公司,其在登记等技术性事项上控制得更为规范和严格,其用作出资的土地承包经营权都应由具备资格的中介机构进行资产评估,并且在登记时将该项目在营业执照中载明,这是对公司注册资本构成状况和偿债能力的公示,能够较大程度地保障债权人和交易对象的权益,为吸收外来资本进入农村土地市场奠定了坚实的信用基础。其次,与农民专业合作社相比,"股田制公司"具有五大优势:其一,与农合社实行成员一人一票的民主管理模式不同,公司股东按照出资比例行使表决权。有限责任公司运作相对比较规范,能够充分保证股东、管理层和债权人的合法权益;根据《公司法》的要求,"股田制公司"也需要建立规范的法人治理结构,在此框架下,"股田制公司"的股东对于管理层和公司其他职员能够形成较好的约束机制。其二,与农合社的盈余主要按成员与其交易量的比例返还不同,公司股东按出资比例分配利润。在公司这个资本的集合体中,体现的是一种资本支配劳动、劳动为资本服务的关系,因此谁出资

---

[1] 冯果:《公司法》,武汉大学出版社2007年版,第12页。

越多，谁对公司获得利润的贡献也就越大，由此决定了公司的利润需按股东的出资比例进行分配。按此规则成立的"股田制公司"有利于保障外来资本在农村按其投入资本额获取回报。其三，与农合社实行"退社自由"的原则不同，公司股东不能抽回出资。"股田制公司"一旦成立，即保障了公司在土地承包期间内有权使用该土地，而农民不得随意抽回该土地，保障了"股田制公司"的长期用地权，不用担心农民"退社"。其四，按照《农民专业合作社法》的规定，合作社社员具有一定的身份性，奉行"自愿入社，退社自由"的原则，入社时缴纳股金，退社时返还股金，但不能转让股金；而在有限责任公司制度的框架下，股权转让相对简单，能够自由转让其出资。据此，"股田制公司"中的股东有权转让其股权，使其土地承包经营权实现真正意义上的流转。其五，合作社虽然也从事经营，但它是建立在互助的基础上的，"农民专业合作社以其成员为主要服务对象，提供农业生产资料的购买，农产品的销售、加工、运输、贮藏以及与农业生产经营有关的技术、信息等服务。"[1] 其本质在于"只对社员交易"。而公司作为以营利为目的的商事组织，则不受经营对象的限制，可以以整个社会为其经营对象。[2] 据此，"股田制公司"的经营对象更为广泛，资本从中更易获取丰厚的回报。

综上，与合作社相比，"股田制公司"由于其运作规范、权责利明确、经营对象更为广泛、股权的转让与退出机制更为健全，因此作为一种法定的商事主体更受社会资本的青睐，而我国农村的发展离不开社会资本的支持，因此，"股田制公司"在我国农村具有广阔的市场，有学者以"过去人"定性司法者，"现在人"定性行

---

〔1〕 参见我国《农民专业合作社法》第 2 条的规定。
〔2〕 冯果：《公司法》，武汉大学出版社 2007 年版，第 11 页。

政者,"未来人"定性立法者,凸显的是立法者前瞻的重要性。[1] 作为法律制度的主要提供者,立法者应当立足于长远,给予农民更多的制度选项。

2. "股田制公司"的法律障碍及其消解

2005年9月,重庆市第一个以农村土地承包经营权出资入股的农民公司——重庆市仁伟果业有限公司成立。2008年8月,重庆14个"股田制公司"之一的东江生猪养殖公司,2009年以2700元/亩的标准给农民股东派发红利,该标准远远超出了农民的种地收入。[2] 在实践中,"股田制公司"均运作良好,但却面临着被叫停的命运,其主要原因是"股田制公司"在法律层面面临着以下争议:[3]

第一,土地承包经营权出资入股公司是否符合《公司法》第27条的规定。由于1993年《公司法》对股东的出资形式限制过于严苛,新公司法在放松管制的呼吁下,在第27条规定"股东可以用货币出资,也可以用实物、知识产权、土地使用权等可以用货币估价并可以依法转让的非货币财产出资;但是,法律、行政法规规定不得作为出资的财产除外。"该条使用了列举加概括的立法技术,对于股东的出资形式只做出了三方面的限制,即"可以用货币估价"、"可以依法转让"和"法律、行政法规无明文限制",其中除了实物、知识产权和土地使用权之外,到底新公司法还允许哪些非货币资产作为出资的标的呢?学界对于股东出资标的物的适格要

----

[1] 苏永钦:"民事立法者的角色——从公私法的接轨工程谈起",载苏永钦:《民事立法与公私法的接轨》,北京大学出版社2005年版,第3页。

[2] "长寿局关于支持农民以土地承包经营权入股的实践和思考",http://CCS.cn/gongshang/news/2007-8/1407_17477.shtml,2013年3月1日访问。

[3] 关于专家反对意见的总结参见任江:"农村土地承包经营权入股疑难问题刍议",载《重庆工商大学学报(西部论坛)》2008年第1期;李东侠、郝磊:"土地承包经营权入股公司问题的法律分析",载《法律适用》2009年第4期。

件，有不同的主张，我国学者一般认为采"五要件说"，即确定性、价值物的现存性、价值评估的可能性、具有公司目的框架内的收益能力即有益性和可独立转让性。[1] 笔者认为，在我国《公司法》的文本框架中，土地承包经营权可以作为出资标的，理由有三：其一，土地承包经营权属于用益物权，可以用货币估价并依法转让。我国《土地管理法》第 2 条第 3 款规定"土地使用权可以依法转让"，在法律上确认了包含集体土地使用权在内的土地使用权可以依法流通转让。而晚近以来，党和国家层面均鼓励土地承包经营权的流转，只是该流转需遵循一定的法定程序，绝非不能流转。其二，土地承包经营权作为出资标的物，具有确定性、价值物的现存性和公司目的框架内的收益力等特性；土地承包经营权作为用益物权的一种，通过登记事项能够确定其权利的范围，其对当下公司的运行具有一定的价值，因此，土地承包经营权作为出资形式满足了理论上的要求。其三，土地承包经营权并不是法律、行政法规规定不得作为出资的财产。《公司登记管理条例》第 14 条第 2 款仅规定了"股东不得以劳务、信用、自然人姓名、商誉、特许经营权或者设定担保的财产等作价出资"，并没有对土地承包经营权作价出资进行限定。我国现在有关土地承包经营权的法律中虽然并没有明确规定土地承包经营权可以折价作股成立有限责任公司，但是也没有明文禁止。根据民法理论，在不违反公序良俗、损害公共利益的前提下，法无禁止即自由。据此，对于土地承包经营权出资并不存在禁止性规范。

　　第二，土地承包经营权入股后，一旦经过股权转让，则非农民集体成员也可能获得土地承包经营权，这是否与现行的土地承包制度相冲突？首先，对于土地承包经营权的转让，具有严格的条件限

---

〔1〕 冯果："现物出资若干问题研究"，载《中国法学》1999 年第 6 期；蒋大兴：《公司法的展开与评判》，法律出版社 2001 年版，第 44~46 页。

制。《物权法》第 128 条规定:"土地承包经营权人依照农村土地承包法的规定,有权将土地承包经营权采取转包、互换、转让等方式流转。"《农村土地承包法》第 32 条规定,通过家庭承包取得的土地承包经营权可以依法采取转包、出租、互换、转让或者其他方式流转。对于土地承包经营权的转让,具有严格的条件限制。《农村土地承包法》第 41 条规定,转让土地承包经营权应当符合如下几个条件:转让人要有稳定的非农职业或者有稳定的收入来源;经发包方同意;受让方是从事农业生产经营的农户。根据该规定,接受转让的须是农户,公司并不能成为适格的受让土地承包经营权主体。但笔者认为,这些限制的正当性值得进一步考量。[1] 而随着我国农村经济社会的发展,农民正在发生剧烈的分化,而其利益诉求也日益多样化,在此背景下,应当给予农民更多选项,而不应当严格限制土地承包经营权的流转。尤其在当下,土地承包经营权流转和发展适度规模经营已经成为社会各界的广泛共识,在此背景下,应当鼓励农民将其土地承包经营权向从事农业的龙头公司或合作社等主体流转,以利于实现农业的适度规模经营。有学者认为,在土地承包经营权入股过程中应当尊重发包人的同意权。[2] 笔者认为,在现行法律框架下,仍需经过发包方同意,但未来对《农村土地承包法》进行修订时,应当取消该规定。针对集体经济组织成员优先购买权的问题,其实处理的办法比较简单,只需在"股田制公司"的章程中明确写明,涉及股权转让的,作为出资的土地承包经营权所在集体经济组织成员在同等条件下,享有优先购买权。

---

[1] 参见第二章的相关论述。

[2] 李燕、赵吟:"土地承包经营权入股公司的法律分析",载《农村经济》2010 年第 9 期。诚如学者所言:发包方同意是以基层政权与村社共同体成员之间的结构性利益分离状况下的国家治理方式作为法政策基础的,随着国家治理方式的变化,发包方同意这个限制也应随之改变。参见朱虎:"土地承包经营权流转中的发包方同意——一种治理的视角",载《中国法学》2010 年第 2 期。

第三，土地承包经营权是否仍是农民的生存根本和社会保障？土地承包经营权担负的不仅仅是生产职能，更重要的是农民的社会保障和失业保险职能。目前，我国尚未建立农民的社会保障和失业保险体系，土地承包经营权的确在一定程度上保障了部分农民的基本生活。一旦入股企业破产，土地承包经营权则可能用于偿还债务，农民则会面临失地风险。笔者认为，农民的社会保障问题并不能依靠土地承包经营权而得以解决。一方面，社会保障系统的建立和完善说到底属于国家的责任，而不是公民个人的责任，更不能通过剥夺和限制公民的权利而实现所谓的"保障"。[1] 另一方面，土地的保障功能事实上正在不断弱化。以江浙为例，苏州市70%的农村劳动力转移到了非农领域；无锡市148万个农村劳动力中，从事非农产业的占70%；绍兴县64%的农村劳动力转向非农产业；张家港市有超过80%的农户和劳动力离开了土地。[2] 在江浙等发达地区的语境下，再谈土地承包经营权的保障功能就有点文不对题了。除此之外，政府层面的社会保障正逐步向农村推进，并且必将呈扩大趋势，农民单纯依靠土地上的低收益来保障生活的方式已经日益衰弱。

对于一旦入股企业破产，土地承包经营权则可能用于偿还债务，农民面临失地风险的问题，需要指出的是：在现代工商社会，个体只要进行投资活动，就难以完全避免风险，因此，也不排除少数农民因为所入股公司破产，导致土地承包经营权被迫流转，但土地承包经营权的继受者必须保证不改变土地集体所有的性质，不改变土地用途。土地并未改变用途，从社会的角度来看，农村农业生

---

〔1〕 马特："社会主义新农村建设视野下的土地承包经营权"，载杨立新主编：《民商法理论争议问题——用益物权》，中国人民大学出版社2007年版，第249页。

〔2〕 王景新：《现代化进程中的农地制度及其利益格局重构》，中国经济出版社2005年版，第95页。

第七章 城乡统筹背景下农地流转模式的法制创新及其评析

产的土地、农业生产的产品的数量和质量并未下降,农村土地承包经营权的农业保障功能并未削弱。因此,笔者并不赞成"土地承包经营权不能作为公司资产用来偿还公司债务"的观点。[1] 另外,农村土地立法的价值取向应当是尊重农民意愿,保障农民权益。[2] 民事权利的核心理念就是尊重当事人的意思。既然要对农民的土地权益给予财产权式样的保护,就应当最大程度地尊重农民的自由意志,而不是以冠冕堂皇的理由对农民的土地权益加以剥夺。据此,需要追问的是:为什么城里人可以拿自己唯一的房产作为出资去经营公司,而乡里人却不能以其享有的土地承包经营权作为出资经营公司?既然大家相信城里人,那么也请你们相信,农民也是理性的经济人。政府所要做的仅仅是做好监管工作和农民社会保障制度的构建工程。一言以蔽之,让市场的归市场,让政府的归政府。另外,农民失去的仅仅是"二轮"承包期内的土地承包经营权,作为集体成员仍享有成员权,换言之,在"三轮"承包中,农民仍有权取得承包地。[3] 在实践中,重庆市场力图建构多重保障机制,力争将农民失地的风险降到最低。《关于以农村土地承包经营权入股设立公司工商登记的有关问题的通知》对有关公司的组织机构、公司章程、股权转让、对外投资、设立审批的登记进行了严格把关,其中重点保障农民入股后对公司经营管理的监督以及对公司的实际控制权,通过引入财政担保机制来化解经营风险等。该种做法是现阶段改革过程中避免产生不良社会影响的折中方案,值得赞许。

---

[1] 任江:"农村土地承包经营权入股疑难问题刍议",载《重庆工商大学学报(西部论坛)》2008 年第 1 期。

[2] 彭真明、陆剑:"《物权法》视野中的农地问题——农地立法价值取向的多元与一元",载《江汉论坛》2008 年第 9 期。

[3] 参见管洪彦:《农民集体成员权研究》,中国政法大学出版社 2013 年版,第 3 页。

3. "股田制公司"的未来规制重点

笔者认为,应对"股田制公司"从以下三点进行重点规制:首先,应当对"股田制公司"的经营范围进行一定的限制。应当将"股田制公司"的经营范围限制在与农业生产有关的活动,包括农、林、牧、渔业及其相关服务业,可以兼营与农业产业化相关的农产品加工、销售,农机具销售和维修,农业技术开发和技术转让,广告经营等业务,也可因地制宜地从事农业观光旅游、果蔬采摘等适宜发展当地农村经济的其他经营活动。[1] 其次,应对土地承包经营权入股进行程序性的限定与保障:其一,以土地承包经营权入股必须进行价值评估。《公司法》规定的出资类别包括土地使用权等非货币财产,作为出资的非货币财产应当评估作价,核实财产。对于土地承包经营权,也应当通过中介机构的价值评估来确定土地承包经营权的市场价格,以保障股东和债权人的利益。其二,土地承包经营权入股后应当办理登记手续。在"股田制公司",土地承包经营权应当转移至公司名下,土地承包经营权人只享有股权。我国《物权法》第129条明确规定:土地承包经营权人将土地承包经营权互换、转让,当事人要求登记的,应当向县级以上地方人民政府申请土地承包经营权变更登记;未经登记,不得对抗善意第三人。据此,土地承包经营权入股应当办理登记手续,应当依法到县级土地行政管理部门登记,应当通过登记公示的方式取信于社会公众。最后,"股田制公司"可能导致土地承包经营权向农民集体之外流转与国家管制的问题。以土地承包经营权入股设立的公司作为市场主体,应该公平地参与到市场竞争中去,因此,土地承包经营权向农民集体之外流转的可能性无法避免,在此过程中要尊重农民集体成员的优先购买权。笔者认为,土地承包经营权向农民集体之外流

---

〔1〕 李东侠、郝磊:"土地承包经营权入股公司问题的法律分析",载《法律适用》2009年第4期。

转,只需限定其农业用途并不必然与农地资源的保护相冲突。我国对耕地的用途进行严格的管制。《农村土地承包法》第33条第2项规定:"不得改变土地所有权的性质和土地的农业用途。"据此,在土地承包经营权被动流转过程中,国家管制的重点应当是必须基于农户自愿,且不改变土地的农业用途。土地承包经营权入股需尊重农户的意愿,政府或农民集体应主要承担引导和服务的功能,而不能横加干涉,剥夺农民的自主决定权。另外,由于市场机制存在失灵的现象,而在农村土地领域,由于土地资源的稀缺性和特殊性,国家进行管制是对市场机制的必要补充。国家可充分利用经济、法律、行政等手段加强对土地非农化市场的调控,弥补市场机制的自身缺陷。根据《土地管理法》规定,国家通过实行土地用途管制,编制并实施土地利用总体规划,严格限制农用地转为建设用地,控制建设用地总量,对耕地实行特殊保护。在土地利用总体规划的基础上制定土地利用年度计划,具体安排各年度的农用地转用量、土地开发整理补充耕地量和耕地保有量。[1] 在尊重农户的意愿和保障耕地的农业用途的前提下,国家不应当再对"股田制公司"强加管制。

(三)"股田制公司"话题的延伸:立法观念的变革

1. 扩大出资方式,限缩国家管制,让沉睡的资本发挥效用

土地承包经营权是国家赋予农民的一项福利措施,但"过分强调公平也会导致经济效率的低下和经济激励的丧失,无效或低效率的增长只能维持低层次的平均,而不是靠降低消耗和生产成本、合

---

〔1〕 王成艳等:"城乡统筹下的农地非农化制度改革",载《山东农业大学学报(社会科学版)》2006年4期。

理配置劳动力资源来提高生产效率"[1]。在统筹城乡发展的大背景下，必须通过激活农村的要素资源，使其资本化，促进农村经济的发展。据统计，在发展中国家，有40%~53%的农村土地也是僵化的资本。[2]而资本的获得最主要源于股东对公司永久性的出资，出资担负着公司资本筹集的重要职能，因此，在公司资本制度中扮演着举足轻重的角色。其中，出资标的物的选择、出资份额的确定最直接地影响着资本的真实性，最显明地体现了《公司法》在安全、效率、公平价值理念追求中的博弈，最敏感地触及到了公司、股东、债权人之间的利益冲突。因此，出资形式选择的恰当、出资结构确定的合理，既含涉了《公司法》最高位阶的理念，又关乎经济人个体的利益纷争。[3] 美国《示范公司法》6.21（b）条款规定：董事会授权发行股份时，其对价可为有形或无形财产，或给予公司的利益，包括现金、支票、已提供的劳务、将提供劳务之契约或公司的其他证券。其强调对价的概念，而将出资标的放宽，依此条规定，几乎一切有形无形的财产都可以作为出资的标的。[4] 此种立法例在我国将来的公司法完善中可以参考，其对于我国当下公司法的借鉴意义在于：现行《公司法》鼓励各种形式的资产投入公司，从促进农村经济发展的角度，也应当鼓励土地承包经营权入股，此举将会鼓励成千上万的投资者拿出沉睡多年的资本进行投资创业。出资方式的扩大与其说是削弱了债权人利益的保护力度，不如说是提升了公司的竞争力，强化了公司的资本和资产信用，最终造福广

---

[1] 李龙主编：《法理学》，人民法院出版社、中国社会科学出版社2003年版，第251页。

[2] [秘鲁]赫尔南多·德·索托：《资本的秘密》，王晓冬译，江苏人民出版社2005年版，第27页。

[3] 薄燕娜：《股东出资形式法律制度研究》，法律出版社2005年版，第1页。

[4] 王文宇：《新公司与企业法》，中国政法大学出版社2003年版，第199页。

大债权人。[1] 据此，在我国，虽然土地承包经营权是农民重要的资产，但长期的农业收益的低下造成了农民对土地的不利用状态，很多农民外出打工，致使土地闲置浪费。造成这种状况的根本原因在于农村土地承包经营权流转上存在过多的限制，农村土地承包经营权流转不顺畅。该种限制实质上侵犯了农民的财产权，堵塞了农民筹措资金、扩大经营的道路，阻碍了农村商品经济的发展。作为农民财产核心部分的土地承包经营权只能是不能升值甚至还会不断贬值的"死资产"，作为对农民的制度性限制和束缚，从经济学的角度来看，它导致了农村内部的生产要素无法实现优化配置，成为制约农民财富积累的主要制度障碍，它与户籍制度一道，构成了对农民的制度性歧视。在城乡统筹的背景下，应当最大限度的发挥土地承包经营权的资本效用，为农村的发展奠定基础。由于长期以来立法中的"家长主义"，[2] 在土地承包经营权流转问题上，国家管制的痕迹随处可见。笔者以为，国家管制的重点应当局限在尊重农户的意愿和保障耕地的农业用途上，在流转的其他方面则应还土地承包经营权以私权本质，尊重农民个体和农民集体的真实意志。

2. 立法应时而变，为"股田制公司"扫清法律障碍

在经济全球化浪潮中，各国经济的运行大多是通过公司这一组织形式来实现的，因此各国公司法制的优劣对于该国国际竞争力的提升，其重要性是不言而喻的。各国为了吸引更多的外来公司尤其是跨国公司，也为了留住本国的优秀公司，展开了公司法文本的"规范竞争"或"朝底竞争"，即朝着公司设立成本最低、给予公司参与人最大的自由空间、给予相关权益人最佳的保护、放松公司

---

〔1〕 刘俊海：《新公司法的制度创新：立法争点与解释难点》，法律出版社2006年版，第15页。

〔2〕 黄文艺："作为一种法律干预模式的家长主义"，载《法学研究》2010年第5期。

管制方向的法律规则竞争。在经济全球化的今天，公司及其决策者们为了其利益最大化具有流动的意愿，而各国公司法文本的趋同也使其拥有了更多的选择机会，而此时政府要想获得缘于公司注册所产生的收入以及因企业移入而带来的周边利益，就必须调整其管制规范。尽管 2005 年《公司法》对 1993 年《公司法》存在的很多弊端进行了有效的改进，但有关的批评仍然不少。有鉴于此，笔者认为，在《公司法》的修订与发展上，立法者必须跳出"法律稳定性"的思维定式，以经济发展的需要和适应公司发展的要求为基点，努力提升法律的适应性，而无须过多考虑法律的稳定性。为了使《公司法》适应社会经济的发展需要，我们必须频繁地进行《公司法》的修订工作。我们曾试图把《公司法》的所有难题都在 2005 年的修改中予以解决，然而要想实现这样的目标无疑是困难的。公司制度需要在实践中不断完善，立法者也可以被允许经历"试错"的过程，最终建立起一种能够使包括公司出资方式在内的法律规则保持经常性修改的机制。全国人大常委会或国务院可以成立相应的修订研究机构，及时提出修改方案，及时进行修改，使《公司法》适应经济和社会发展的需要，从而达到相对满意和完善的程度。[1] 有学者提出应针对农村中公司的一些特殊性，制定专门的《农业公司法》。[2] 我们认为并无必要，毕竟农业公司与传统公司之间并没有本质的区别，未来《公司法》修订或司法解释中，应明确规定允许以土地承包经营权作为出资方式成立公司。同时，随着土地承包经营权流转方式的增多，土地管理法规也需作出相应的调整，以维护法治的统一。

---

〔1〕 彭真明、陆剑："德国公司治理立法的最新进展及其借鉴"，载《法商研究》2007 年第 3 期。

〔2〕 李东侠、郝磊："土地承包经营权入股公司问题的法律分析"，载《法律适用》2009 年第 4 期。

3. 对待制度创新，应当秉持"法治眼光、宽容精神"

我国是一个非均衡的庞大国家，不仅城市与农村存在非均衡的现象，同是农村，不同地区的情况也存在很大差异。《物权法》也好，《农村土地承包法》也罢，尽管立法者试图照顾到各地区的差异，但事实上要在一部法律中兼及差异巨大的不同地区，对于立法者而言，实在有点勉为其难了。有鉴于此，在进行制度顶层设计时，应当给予不同地区的农民更多的选择余地，对于农民们的实践创新我们也要给予足够的宽容。细数过去30年的土地政策和法制改革历程，不正是那些艰辛的改革探索和创新历程，才使农村改革取得了巨大的成就吗？从安徽凤阳小岗村的探索，到普遍实行土地联产承包经营责任制；从深圳的土地使用权转让改革争议，到修宪、立法确立了土地使用权转让制度；从2004年修宪确立公益征收征用财产和土地给予补偿的制度，到重庆试点土地承包经营权直接入股……土地政策由可承包、到可出让、再到可入股，表现出了逐渐放松规制和多元多样化运行的趋势，这些试错与创新不正是制度变革的前奏吗？《宪法》第3条第4款规定，关于地方国家机关的职权，要"充分发挥地方的主动性、积极性"。在制度改革创新的问题上，也应遵循这项重要的宪法原则，给予地方发挥主动性、积极性以及创造性的必要空间。[1] 重庆土地新政确认的"股田制公司"在我国尚属新生事物，其从"出生"起就面临着《宪法》、《土地管理法》、《农村土地承包法》、《担保法》、《物权法》等法律的限制与束缚，可谓是"戴着镣铐跳舞"，但"股田制公司"并没有违反现行法律法规，我们也不应当简单的对"股田制公司"作出对或错、是与否的判断，政策制定者、知识群体和普通民众都应当对"股田制公司"这样的制度创新更加宽容，在其充分试验后再

---

〔1〕 莫于川："宽容看待农村土地流转新模式探索"，载《法制日报》2007年7月4日。

定夺其生或死，而不应当让其"不正常死亡"。

三、正道：土地股份合作社模式的现状及其完善

（一）土地股份合作社模式的缘起与分类

农民合作组织是市场经济不断发展的产物。它由处于市场竞争不利地位的弱小生产者按照平等、自愿、互助的原则组织起来，是通过共同经营，实现改善自身经济利益或经济地位的组织。一个半世纪世界合作运动的经验表明，农民合作组织是广大分散的小规模经营的农户进入市场、改善自身经济地位的有效选择。农民合作组织是当今世界最为成功的合作组织类型，也是当代世界合作运动的主体。[1] 从1983年开始，在党中央、国务院的有关文件中，多次规定鼓励、引导和支持专业技术协会、专业合作社、供销社等形式的合作经济组织。《当前农村经济政策的若干问题》（中发〔1983〕1号）第4条提出："适应商品生产需要，发展多种多样的合作经济"。[2] 我国的农民专业合作社是从20世纪90年代开始迅速发展起来的。[3] 一方面，随着我国市场经济进程的推进，市场对于农业的需求也在不断扩大，农产品供大于求的市场格局基本显现，农业产品市场也逐渐由卖方市场向买方市场转变。在此背景下，农业生产的发展面临着必须走向产业化经营的路径，农民专业合作社在形成之初就是为了应对农业产业纵向一体化发展的挑战。进入新世

---

〔1〕 苑鹏："中国农村市场化进程中的农民合作组织研究"，载《中国社会科学》2001年第6期。

〔2〕 韩俊主编：《中国农民专业合作社调查》，上海远东出版社2007年版，第4页。

〔3〕 黄胜忠："农业合作社的环境适应性分析"，载《开放时代》2009年第4期。

第七章 城乡统筹背景下农地流转模式的法制创新及其评析

纪,一亿多农村劳动力进入城市打工,连同乡村工业化,形成了历史性的两亿多农民的非农就业大趋势。另外,国家在世纪80年代以来的生育政策所导致的生育率下降终于反映为新就业人数的下降;伴随国民收入上升而来的食物消费转型,从以粮食为主的模式转向粮—肉、鱼—菜、果兼重模式,并因此形成了对农业生产的不同需求,推动了对更高劳动投入和成比例和超比例价值农产品的需求。这三大历史性变迁的交汇正为中国提供一个历史性契机[1]有学者将其称为"中国的隐性农业革命",即与旧农业相比,新农业的产出基本是面向市场的;新农业是资本—劳动双密集型;由收益低向收益高转变[2] 面对如此机遇,如何才能引导农民更好地满足市场的需要,实现农业市场化发展的新模式呢?纵向一体化和产业化无疑被学界和实务界视为一剂良药。国内称为"产—加—销"和"贸—工—农"的一体化。据统计,2005年全国已经有约一半的耕地(共约10亿亩)和一半的农户(0.87亿)被纵向一体化,要么是由龙头企业所带动,要么是由专业合作组织,要么是由专业合作组织(或其他类型的中介组织)和专业批发市场所带动[3]这些纵向一体化和产业化组织按其组织形式,可分为"公司+农户"型和专业合作社型。"公司+农户"型作为目前农业纵向一体化的主导力量,受到了我国各级政府的鼎力支持;作为自发成长起来的专业合作社,在纵向一体化的过程中成为备受推崇的另一

---

[1] [美] 黄宗智:"中国农业面临的历史性契机",载《读书》2006年第10期;[美] 黄宗智、彭玉生:"三大历史性变迁的交汇与中国小规模农业的前景",载《中国社会科学》2007年第4期。

[2] [美] 黄宗智:"中国的隐性农业革命",载[美] 黄宗智主编:《中国乡村研究》(第8辑),福建教育出版社2010年版,第2页。

[3] 《中国农村产业化发展报告》,中国农业出版社2008年版,第309页,转引自[美] 黄宗智:"中国新时代的小农场及其纵向一体化龙头企业还是合作组织?",载[美] 黄宗智主编:《中国乡村研究》(第8辑),福建教育出版社2010年版,第19页。

种主要模式。这些组织通常是由企业或个人自发组织起来的互利互助合作形式（按股分红或利润返还合同）。它们通常合作购买物资、组织加工、提供技术咨询、提供信贷担保、组织销售等各种形式。[1] 具有明显的农民自助合作的性质。农业产业化的发展是以"公司+农户"的形式，还是走农业专业合作社的道路，对于这个问题至今仍有争论。笔者认为，无论是"公司+农户"还是农业专业合作社模式，在实践中均有成功的范例，"公司+农户"所代表的是资本下乡，虽然可以极大地促进农产品生产和销售的规范化、统一化、品牌化，并在龙头公司的带领下实现农产品生产的完全市场化，但龙头企业可能将农民本应得的利润取走。相对而言，在专业合作社内，农民取得了一定的农产品定价权和利益分配权，进而可以获得农产品在产业化过程中的更多利润。专业合作社按其创办和运作主体可分为自办型农民合作社、官办型合作社和官民合办型农民合作社。[2] 截至2004年底，全国新型农业专业合作社总数已经达到15万个左右，拥有农业专业合作社的村占同期村民委员会总数的22%左右。[3] 在《农民专业合作社法》颁布后，合作社数量继续快速增长。估量到2010年末，全国合作社数量将超过35万家，较2009年末增加40%，大体平均每月新增1万家；实有进社农户约2800万户；约占全国农户总数的10%。[4] 而从具体运作来看，由政府发起的仍然占据主体，而农民牵头领办的组织也越来越

---

〔1〕 [美]黄宗智：“中国新时代的小农场及其纵向一体化龙头企业还是合作组织？”，载[美]黄宗智主编：《中国乡村研究》（第8辑），福建教育出版社2010年版，第21页。

〔2〕 苑鹏：“中国农村市场化进程中的农民合作组织研究"，载《中国社会科学》2001年第6期。

〔3〕 韩俊主编：《中国农民专业合作社调查》，上海远东出版社2007年版，第4页。

〔4〕 农业部：“我国农业专业合作社成长实现量质增升"，http：//www.caikuu.com/zixun/jingji/1180542.html，2014年1月1日访问。

第七章 城乡统筹背景下农地流转模式的法制创新及其评析

普遍,在调查的 17 个省份中平均比例为 46.83%。[1] 由此可见,我国的农业专业合作社仍以官办型和民办型为主。在农村专业合作社大规模兴起的背景下,原先的土地股份合作制也发生了身份变更,土地股份合作社应运而生,从本质上看,两者是一致的,即将农地折股分配给农民个体拥有,实行土地的统一规划和统一利用开发。所不同的仅仅是主体的区别,过去多是由农村社区来主导入股事宜,而当下则多为以合作社为主导。土地股份合作制产生于 20 世纪 80 年代中后期的广东珠江三角洲,尔后在山东、江苏、浙江等沿海发达地区有所扩展,由于该制度在兴起之初对于解决工业化过程中对土地的需求以及农业生产规模化的需要起到了非常积极的作用,全国各地效仿者日益兴起,形成了之后人们常说的"南海模式"、"昆山模式"、"上海模式"等。[2] 由于其发展仍需必要的前提,如非农产业比较发达,具有一定的资金和技术力量等,[3] 因此迄今为止,作为一种制度形态,农地股份合作制辐射的区域范围和推进速度均非常有限,[4] 与专业合作社相比,不可同日而语。农村土地股份合作制的终极目标就是通过股份合作的形式,将原来分散的土地集中起来,由不同层级的合作社统一管理,实现土地的规模效应和满足工业化对土地规模化和土地承包经营权流转的需求。有学者指出:农地农用收入为主的社区型土地股份合作制的产生原因是规避自然和市场风险,节约交易成本;农民自主组建的土

---

〔1〕 韩俊主编:《中国农民专业合作社调查》,上海远东出版社 2007 年版,第 12 页。

〔2〕 杜鹰等主编:《中国农村人口变动对土地制度改革的影响》,中国财政经济出版社 2002 年版,第 145 页。

〔3〕 郭铁民、林善浪:"农地股份合作制问题探讨",载《当代经济研究》2001 年第 12 期。

〔4〕 姜爱林、陈海秋:"农村土地股份合作制研究述评——主要做法、成效、问题与不足",载《社会科学研究》2007 年第 3 期。

地股份合作制的产生原因是分散风险,提供激励和甄别企业家的才能。[1] 从社区型土地股份合作制的实践看,其基本做法主要有五个方面:①将土地作价折股,使土地实行股份化,或者通过不作价的方式折股。②将土地股一般分为集体股和个人股。社员个人股的确认,一般以某个时期截止的在册农业人口为基数,特殊人口则根据当地实际,经多数社员同意,给予全额股权或折中处理。③产权界定。界定给个人的股份由行政村向社员个人颁发土地股份证书。社员分得的土地股份不具有所有权,只具有分配权即分红权,不能抽资退股,不能转让买卖,不得抵押,不能继承。④采取按劳分配与按股分配相结合的方式。按劳分配是指承包者的承包经营收入和社员在集体经济组织劳动所得的工资收入。⑤土地股份合作制一般都实行股东代表大会、董事会、监事会管理制度。股东代表大会选出董事会或理事会作为股份合作制的领导决策机构,理事会下设合作基金会,其会员主要是股份合作社的社员。[2]

(二) 土地股份合作社的运作现状与完善

农村"股份合作制"早于企业股份制,发源地在1984年的山东周村试验区。[3] 尽管农村土地股份合作制早已在20世纪80年代就已经开始兴起,但在晚近以来的新农村建设中,由于存在农地流转的现实诉求,各地依托合作社这个平台,纷纷成立了土地股份合作社,使农村土地股份合作制焕发了新的生机。不但在东部发展良好,也日益发展到中西部地区,如四川省达县、甘肃省庆阳市宁县

---

〔1〕 唐浩、曾福生:"农村土地股份合作制产生原因解析",载《中国土地科学》2008年第10期。

〔2〕 崔朝栋、李秀兰:"在家庭联产承包责任制基础上推行土地股份合作制",载《学习论坛》1998年第8期。

〔3〕 温铁军:《三农问题与制度变迁》,中国经济出版社2009年版,第74页。

第七章 城乡统筹背景下农地流转模式的法制创新及其评析

均成立了本省首家土地股份制专业合作社。这些土地股份合作社主要是为了满足农业规模经营的需求。以四川省达县为例,该县成立的"达县三牌花木专业合作社"通过以农民土地承包经营权入股的方式,组建成立并运行了新型的农民合作经济组织。该合作社有理事会、监事会等组织机构,并制定了严格的合作社章程。强调坚持农民自愿入股原则,要求农民入股土地必须通过充分讨论、科学估价;合作社收益主要来源于土地资产的发包收益、出租收入、转让增值和其他相关的经营收入;为保护农民的利益并调动其积极性,合作社还采取土地股权保底分配和浮动红利分配相结合的方式,每年每股保底500元。[1] 新型合作社的主要特点:①农民自愿,有入社和退社自由;②入社动力不再是"政治倾向或意识形态",而主要是以集体"成员权"为基础的经济利益;③产权清晰,不"归大堆",承认并且保护个人产权及其收益;④股权结构、利益分配、决策和监管等方面逐渐恢复国际通行的合作社运作机制;⑤经济民主。[2] 但必须看到,这些合作社并不组织农业生产和经营,只是将集体土地的"成员权"股份化,作为收益分配的凭据,并没有进行农业生产和经营领域的合作。[3] 这种新型农村经济组织形式,既保持了村民土地承包经营权的长期稳定,又在实现土地资源开发利用最大化的基础上,使村民拥有了长期而有保障的土地收益权。不可否认的是,该种模式仍存在诸多弊端和需要完善的方面:

第一,土地股份合作社的适用范围有限。土地股份合作社主要在东部发达地区生根发芽,而在中西部地区仍较为罕见,其主要原

---

〔1〕 "四川达县突破土地经管模式:成立首家土地股份制专业合作社",http://cpc.people.com.cn/GB/117092/117100/7539664.html,2014年1月1日访问。

〔2〕 王景新:"乡村现代化中土地制度及利益格局重构——对江苏、浙江发达地区的调研",载《现代经济探讨》2004年第3期。

〔3〕 王景新:"乡村现代化中土地制度及利益格局重构——对江苏、浙江发达地区的调研",载《现代经济探讨》2004年第3期。

因在于土地股份合作社要求农民将土地承包经营权交予合作社,而只有部分农民可在合作社内继续从事农业生产。这就要求要么是农村青壮劳动力大量外流,要么是本地非农产业比较发达,使土地承包经营权流转成为农民的重要选项。土地股份合作社本质上是土地承包经营权的一种流转形式,用土地承包经营权入股成立合作社,并不触及当前的土地承包政策,却在一定程度上实现了农业生产的规模化和产业化、增加了农民收入,并将部分劳动力从土地上彻底解放出来。据此,笔者认为,土地股份合作社的适用范围虽然有限,并不是所有的农村都能采用该种模式,但在农村青壮劳动力大量外流的背景下,利用土地股份合作社实现土地承包经营权流转,既保障了农民的基本生存需求,又解放了农村的剩余劳动力,未尝不是一件好事。

第二,农地股权的界定和调整问题十分棘手。农地股权问题是土地股份合作社的核心问题,这直接决定了农民股份的多少以及公平与否。在实践中,一般是按农村社区集体组织内部的现有人口来初始界定和分配农地股份,但面临的问题是股权的调整和《农村土地承包法》之间的矛盾。对于大部分股份合作社而言,股权是相对不变的,但是也有些合作社股权随着人口的变动会有所调整,而且这成了一种发展趋势。这种调整就与《农村土地承包法》所规定的农村土地承包期长久不变发生矛盾。股权的变动其实就是土地承包经营权的变动。如果不变,农民的利益没法满足;如果随着人口的变化而变化,又与法律相矛盾。[1] 笔者认为,如果一味按照农地承包"增人不增地、减人不减地"的原则并不公平,新增的和去世的人口应当按照"大稳定、小调整"的原则,适当调整农地股权的结构和利益的分配,从而保证农地制度的相对稳定性和收益分配的

---

〔1〕 袁青峰:"土地入股,不全是利好",载《中国土地》2010年第Z1期。

第七章 城乡统筹背景下农地流转模式的法制创新及其评析

公平性。

第三，土地股份合作社成立和运作过程中的政府因素过多，难以体现农民的自身意志和利益诉求。其实，在当下小农群体极需合作的背景下，政府主导的以市场为导向的合作组织是小农合作产生的现实选择。一方面，发展农地股份合作社的初衷是希望作为弱势群体的小农能形成合作组织，维护其自身的土地利益；另一方面，实践中农地股份合作社的形成和发展又不得不依赖于地方政府。有学者称"强者牵头，弱者参与"是多数农民专业合作社形成的必由之路。[1] 但在实践中，也存在土地股份合作社和村委会之间权利界限模糊，"政社不分"，甚至"政社合一"的问题。土地股份合作社应该有一套完整的组织体系，但实践中很多股份合作社仍然没有形成自己独立的建制和体系，表面上与村委会是两套系统，但其内部的组成人员部分、甚至全部是村委会成员。尤其是股份合作社在遇到资金困难、农民利益矛盾难以协调时往往会求助于村委会，这样二者的界限就更加模糊，甚至在运行中合二为一。[2] 笔者认为，这种弊端确实存在，并且会影响到土地股份合作社的运作和利益分配。因此，作为审批部门，应当将土地股份合作社拥有自己的组织体系作为批准成立的硬性要件，并需审查与村委会组成人员的关联性，以保证土地股份合作社的相对独立性。必须规范土地股份合作社的组织形式，落实"三会"制度，保证合作社的信息对称、公开，增强合作社内部的民主决策和民主管理力度，做到真正的"政社分开"。

第四，合作社股权封闭性强，无法顺畅流转。由于土地承包股由土地承包经营权演变而来，所以在原持股者去世的同一个承包期内，土地承包股是可以继承的，但在下一个承包期开始时则自动消

---

[1] 黄胜忠："农业合作社的环境适应性分析"，载《开放时代》2009 年第 4 期。
[2] 袁青峰："土地入股，不全是利好"，载《中国土地》2010 年第 Z1 期。

失。土地承包股只能在本集体组织内转让,而且在最初持股者去世的下一个承包期开始时自动消失。[1] 在苏南上林村的实践中,合作社在股权上只设置了两种股份,即农户个人股和农民集体股,股权设置较为简单。按照上林村土地股份合作社的章程规定,社员股权可以依法继承,但不得随意将入股土地收回,也不得买卖或为他人提供担保,经合作社和村委会同意方可在本社社员之间转让,可见股权封闭性较强,流动性不足。[2] 股民拥有的股权仅仅是收益权,股权不能自由随意流通,这就造成了股权的封闭性,实际上使得生产要素难以自由流动。[3] 公司股权是可以自由流通的,包括转让、抵押、继承以及赠送等。然而,合作社中的股权仅仅是一种收益权。与公司股权相比,农民的权益被限制在狭小的社区内。笔者认为,该种情况的出现,是与土地承包经营权的身份属性密不可分的,合作社成员一旦转让股权,相当于将土地承包经营权进行了转让,根据现行法律的规定,采取转让方式流转土地承包经营权的,应当经发包方同意。因此,合作社中股权的转让应当经发包方同意。但有些地区由于农民集体和土地股权合作社的同构性,合作社中股权的转让只需经过合作社的同意即可。如在山东省肥城市孙东村,在其组建的土地股份合作社中,在与农民集体签订的30年承包合同内,农民虽然在形式上不拥有土地的具体使用权、经营权,但却拥有土地的股份权、土地股份转让权、土地股份的继承权和土地分红权。转让自己的股份必须在合作社章程规定的范围内,转让双方协商同意,签订书面转让协议,经合作社考察,报监事会

---

[1] 黄红华:"股份合作制意义再探讨——农村集体资产股份合作制改革的三重意义",载《毛泽东邓小平理论研究》2004年第9期。

[2] 张笑寒:"农村土地股份合作社:运行特征、现实困境和出路选择——以苏南上林村为个案",载《中国土地科学》2009年第2期。

[3] 袁青峰:"土地入股,不全是利好",载《中国土地》2010年第Z1期。

同意。[1]

(三) 小结

社区型土地股份合作社具有其独特的制度价值：土地承包经营权入股合作社，实质上强化和确认了农户对土地的承包经营权，土地股份合作社并没有改变家庭承包经营的实质，削弱的是均田承包的制度缺陷；农民在不放弃土地承包经营权的前提下，把土地交给合作社经营，使土地承包经营权由实物形态转化为价值形态，并以股份的形式呈现。如此一来，既可把大量的农村劳动力从土地上解放出来，而且有效地破解了土地粗放经营的难题，为我国农业适度规模经营创造了条件。而社区型土地股份合作社的发展壮大，可为集体经济的发展壮大奠定一定的经济基础，从而为农村基础设施建设、养老、医保、文化卫生等公共事业奠定物质基础。当然，土地股份合作社也存在缺陷，最大的缺陷在于农户拥有的股权在很大程度上仅是一种单纯的福利分配权。因此，多数地区在制度上界定了农户的股权不能转让、抵押和继承，使股权天然地带有封闭性，阻碍了土地要素市场经济的发展。[2] 笔者认为，合作社中的股权转让问题是与土地承包经营权的人身属性密不可分的，在发达地区，可以积极地探索股权自由转让的路径和方法。广东省的一些地区股权可部分或全部在本社区内转让、赠送、抵押、继承。在股份合作经济组织批准的条件下，股权可依法转让或由股份合作组织回购，同时，股份合作组织有优先购买权。[3] 这些规定值得参考和借鉴。

---

〔1〕何传新："以土地使用权入股的股份制模式研究"，载《江西农业大学学报（社会科学版）》2005年第3期。

〔2〕董琦："中国农村土地政策的调查与思考"，载《天津行政学院学报》2003年第4期。

〔3〕赵维清等："粤苏辽京四省市农村土地股份合作制改革及其启示"，载《华中农业大学学报（社会科学版）》2007年第4期。

总之，土地股份合作社是实现土地承包经营权流转的有效模式，但为了保证土地股份合作社的有效运作，一定的条件必不可少，如承认和明晰农村土地权益关系、土地资产专用性程度增强以及政府有效的引导、沟通和协调等。[1]

---

[1] 林德荣："新农村建设的创新模式——山东蓬莱市南山王谷土地股份合作社的个案调查"，载《农村经济》2010年第2期。

第八章

我国农地使用权流转制度完善的前提追问与路径规划

> 一个政府同另一个政府的最大不同,在于市场取代政府或政府取代市场的程度。[1]

一、我国农地法律制度建构的价值取向与进路选择

(一) 农地法律制度建构的价值取向:尊重农民意愿,保护农民权益

因《物权法》的制定与出台,使农地问题成为法学界争议的焦点。由于学界基本共识缺失等原因,最终出台的《物权法》删除了大量存有争议的条款,使农地制度供给面临着缺失的境地,仅有的规定也存在着诸多缺陷。导致学界话语争议出现的重要原因在于争议的双方所处的语境不同,即学者们对不同价值取向的强调常常是

---

[1] [美] 查尔斯·林德布洛姆蒂:《政治与市场:世界的政治——经济制度》,王逸舟译,上海人民出版社1994年版。

造成农地立法争议的缘由。据此,笔者曾对农地立法中的价值取向逐一作出解读,如保护农民土地财产权益、化解区域差异和保障农民的生存根基和平息利益冲突。[1]《物权法》对于农地问题的规定存在诸多不足,与其立法价值取向的多元化有直接的关系。那么,我国关涉农民土地权益的立法价值取向到底应当是什么呢?笔者认为:应当是一元化的,即尊重农民意愿,保障农民权益,其他的立法价值取向在位阶上都应当在此之下。

第一,权利的核心理念就是尊重当事人的意思。既然要对农民的土地权益给予财产权般的保护,就应当最大程度地尊重农民的自由意志。如《农村土地承包法》规定,土地承包经营者有权采取转包、出租、互换或者其他方式转让。在这里把农民用土地承包经营权入股、赠与和抵押的权利剥夺了,这样的规定更多地考虑的是立法者的意愿,而非农民的。试想,在农民急切缺乏资金的情况下,法律为何剥夺其用土地承包经营权向银行抵押的权利呢?土地承包经营权作为一种财产性权利,其支配者为何无法享受其带来的利益呢?因此笔者强调,农民是土地权益的享有者,应当在最大程度上尊重其意愿,而不是用冠冕堂皇的名义让其利益消失。

第二,必须切实保障农民的土地权益。《物权法》制定过程中,争议最大的就是建设用地使用权是否包括集体所有的土地。原先的规定是,国有建设用地使用权如何流转,集体建设用地使用权就在多大范围内可以流转,这就实现了国有土地使用权和集体土地使用权法律地位上的平等。但《物权法》仍规定,集体土地要变为建设用地仍然必须先由国家征收,然后以国家的名义进行统一出让。这就使国家继续垄断土地一级市场,而不允许集体土地直接进入一级市场。尽管实践中,农民以"小产权房"的形式对此进行了实际抗

---

〔1〕 彭真明、陆剑:"《物权法》视野中的农地问题——农地立法价值取向的多元与一元",载《江汉论坛》2008年第9期。

第八章 我国农地使用权流转制度完善的前提追问与路径规划

争,但这种以法律的形式剥夺农民群体合法土地权益的做法值得我们深思和反省。另一个争议较大的问题就是农民在宅基地上建设的房屋可否自由出卖,对于这一问题《物权法》最终没有开禁。有学者不禁提出诸多质疑:其一,要解决城乡的二元结构问题,所有权既然都是一样的,为什么还要分成农村的房屋和城市的房屋呢?其二,从私权的角度来看,农民最值钱的房子为什么不能出租、不能抵押、不能出卖呢?其三,只要房屋本身符合条件,就能转让,为什么宅基地不能转让呢?对于宅基地的价值部分,我们可以规定加以补偿。[1] 由此可见,切实保障农民的土地权益并不是空话,确实是任重而道远!

第三,以此为价值取向更有利于法律的落实,使书面上的法律变为实际中的法律。以农村土地承包经营权期限问题为例。20世纪90年代后期,中央提出土地延包30年的政策。2002年《农村土地承包法》将这一规定法律化,并表现为刚性条款。但在调查中,我们发现多数基层干部群众对此存在异议。普遍觉得30年承包期太长,在做法上,部分地区每隔几年就进行土地调整,所以实际承包期多为3年、5年或5至8年(如湖北黄梅县、监利县等)。由此不难看出,国家权威、法律并不是地权变化的全部,其他如村干部决策、农民的集体意愿和当事人的约定都是影响地权变动的重要因素。[2] 此类事实提醒决策者们,政策也好,法律也罢,只有在尊重农民真实意愿的基础上,才可能得到切实的贯彻。反之,即使再好的法律文本,农民们只要认为不符合其意愿,他们都会以种种方式加以规避。从这个角度讲,以尊重农民意愿,保障农民权益作为农地立法的价值取向,既是保障农民权益的最好方式,也是避免

---

〔1〕 江平等:"土地立法与农民权益",载吴敬琏、江平主编:《洪范评论》(第3卷第2辑),中国政法大学出版社2006年版,第8页。

〔2〕 张静:《现代公共规则与乡村社会》,上海书店出版社2006年版,第249页。

法律空悬化的最好途径。30年农村改革的根本出发点和成功经验就是尊重农民意愿,体现农民的利益诉求。

(二) 做实农民集体土地所有权制度:"集体"的再造

不少学者对土地私有化、土地国有化、永佃制、做实集体所有等农村土地集体所有权制度的未来走向进行理论上的构建,并引发了激烈的争议。如文贯中、陈志武等主张将农地实行私有化,[1] 该私有化主张引发了学者们的强烈反对。[2] 刘俊则主张将集体土地全部国有化。[3] 更多学者主张对现行的集体土地所有权制度进行更新和完善,如李昌平主张建立"新集体所有制",主张把现有的土地集体所有制度做实,集体土地征收及补偿等涉及集体土地的事情要由全体村民说了算,而不是由中央或地方政府的规定来处理,要保护农民的基本权利。[4] 贺雪峰则主张给村社更多的土地权利,以解决农业生产的基础条件问题,并以此增加农民的公共品供给。他认为给农民更多的土地权利,可能不是保护了农民利益,而是损害了农民利益。给予农民更多的土地权利可能并不是提高了土地资源的配置效率,而是降低了土地资源的配置效率。[5] 笔者认为:现行的集体土地所有权制度有其明显的缺陷,这些缺陷事实上却构成了一定时期内独特的制度优势,即集体土地权利无法彰显,在此基础上严格限制了农民表达和主张自身个体土地权益的机

---

[1] 文贯中:"国情、经济规律和现行土地制度",载《经济观察报》2008年6月23日;陈志武:"界定土地产权,不能再回避",载《南方都市报》2009年2月14日。

[2] 温铁军:"我国为什么不能实行农村土地私有化",载《红旗文稿》2009年第2期。

[3] 刘俊:《中国土地法理论研究》,法律出版社2006年版,第29页。

[4] 李昌平:《大气候:李昌平直言"三农"》,陕西人民出版社2009年版,第65页。

[5] 贺雪峰:《地权的逻辑》,中国政法大学出版社2010年版,第3页。

第八章 我国农地使用权流转制度完善的前提追问与路径规划

会。从表面上看,似乎对农民个体的土地权益保护不周,但从社会利益角度观之,则又有益于社会和一般公众,这种独特的制度缺陷又有其衍生的制度优势,是一枚硬币的两个方面。我国由于土地集体所有,导致土地征收费用较为低廉,这正是近些年中国城市及交通面貌能够以较小的投资额取得飞速发展的基本原因之一。[1] 我国农村独特的土地制度架构,为农村土地的"农转非"提供了相当的便利。廉价的土地成本是创造中国奇迹的基本要素之一。应该承认,土地制度是影响中国经济社会发展的最主要杠杆之一,中国作为世界上最大的发展中国家,要在21世纪中叶基本实现现代化,在赶超世界先进水平并和平崛起的过程中,政府势必要发挥动员和集中社会资源的优势,而政府得以发挥这一优势的基石就是土地公有制。[2] 但另一方面,虽然现阶段该种土地制度仍在产生"制度红利",但该种模糊所有权所引发的问题已广为诟病,最为关键的是农民的土地权利受到了侵害,集体土地所有权制度面临着被私化的危机,集体组织面临着被肢解的危险,而作为单个农民面对着集体行动的困境,若没有集体这个"单位"进行有效的协调和组织,农村的公共产品供给将面临缺失的境地。据此,学界就农地问题的核心到底是农民的权利问题还是集体的重建问题,争论的异常激烈。秦晖教授等学者认为:实际上农民问题的根源在农村之外,其本质就是公民权总体水平不高,被称为"农民"的大多数中国公民权利缺失尤其严重。所以,尽管"三农"问题说复杂是千头万绪,说简单就是两句话:农民数量要减少,农民权利要提高。[3] 也有

---

[1] 何新:"关于地租、土地私有化及三农问题",载《三农中国》2003年冬季卷,湖北人民出版社2003年版。
[2] 靳相木:《地根经济》,浙江大学出版社2007年版,第2页。
[3] 秦晖:"农民需要怎样的'集体主义'——民间组织资源与现代国家整合",载乡镇论坛杂志社编:《农民土地权益与农村基层民主建设研究》,中国社会出版社2007年版,第303页。

学者指出：农村土地问题不只是农民权利问题，找回村社集体，找回农民的集体行动能力，以解决单家独户"办不好和不好办"的共同事务，这是农民在狭小承包地上从事有效率的农业生产的唯一可选道路。[1] 笔者认为：两种观点并不矛盾，农民个体权利的彰显也必须是在保障集体土地权益的前提下，这是因为土地不仅是农民生产和生活的基本资料，作为集体的土地权益，土地也是村级治理的基础资源。[2] 但是一味地保障集体土地权益，忽视甚至侵害农民个体的土地权益也是危险的，这不仅仅是因为保障农民的土地权益关涉"国民待遇"、"人权"等大词，更主要的是，从现实的角度看，农民在建设社会主义新农村和构建和谐社会的实践中发挥着维护国家稳定的重要作用，对于其权益的侵害有可能损害到政权的稳定和人心的相背。其实，集体土地权益和农民个体的土地权益之间并不存在非此即彼、你死我活的矛盾，只需平衡两者之间的利益，便可实现农民集体与农民个体的协调发展，而土地权益的合理分配成为其中的重点和关键。

王晓毅教授曾提出"小岗悖论"的问题：即当年小岗18户村民"齐心协力闹散伙"的事件表明上似乎很矛盾，"所包含的悖论是难以解释的。如果说小岗村的农民那么齐心，愿意承担那么大的政治风险（包括经济风险），为什么他们却不能够在公共的土地上共同劳动？承担这样大的风险无疑是需要作出牺牲的。愿意作出如此大牺牲的人可以被假设具有很强的集体主义精神，用集体主义精神去促成集体的瓦解，在逻辑上很难解释得通。如果像以后所解释

---

[1] 贺雪峰：《地权的逻辑》，中国政法大学出版社2010年版，第106页；李昌平：《大气候：李昌平直言"三农"》，陕西人民出版社2009年版；申端锋："农村土地问题不只是农民权利问题——以中部某省粮食主产区三个村庄的土地调整为例"，载《华南农业大学学报（社会科学版）》2006年第4期。

[2] 贺雪峰：《地权的逻辑》，中国政法大学出版社2010年版，第101页。

的,他们具有很强的集体主义精神,聚集在一起的社员不愿意出工出力,只想分田单干,个人利益和个人劳动直接挂钩才能发挥人的积极性。那么甚至为别人多牺牲一些汗水都不愿意的人,为什么能够集体承担如此大的风险?"[1] 其实,换一个角度,"小岗悖论"并不难理解:公社所形成的"集体",无论是从形成还是运作上,均是国家主义的产物。[2] 国家强权控制下的人民公社是无法保证农民的基本权益的,其利益取向是先国家,后集体,再个人,而农民退社权的剥夺更是迫使农民只能以"弱者的武器"——"出工像背纤,收工像射箭"、"集体地里干活像老牛拉破车,自留地里干活像武松打虎"、"做了一天活,身上没出汗"等,农民以偷懒耍滑等消极的方式进行着反抗。[3] 因此"小岗悖论"提醒我们,新集体的建立和运作必须真正反映农民的土地权益,并尊重其意志,保护其权益。但王晓毅教授提出的"小岗悖论"和曹锦清教授提出的农民"善分不善合"的论断[4]迫使我们必须思考作为乡村治理基础资源的农地,应当为通过农地的治理和"集体"的新生提供什么样的资源,我们更应当关注如何将土地权益在农民个体和农民集体之间做出更好的分配,以保证农民集体的良性运作和满足农村基本公共品的基本需求。行政村虽然被要求成为经济上的集体单位和政治上的自治单位,但是其变迁前景实际上却具有某种不确定性。30年来,对于行政村形态的村落共同体而言,显然有一些力量在

---

[1] 王晓毅:"小岗村的悖论",载徐勇主编:《三农中国》,湖北人民出版社2003年版,第151页。

[2] 秦晖:"农民需要怎样的'集体主义'——民间组织资源与现代国家整合",载乡镇论坛杂志社编:《农民土地权益与农村基层民主建设研究》,中国社会出版社2007年版,第289页。

[3] [美]詹姆斯·C. 斯科特:《弱者的武器》,郑广怀等译,译林出版社2007年版,第122页。

[4] 曹锦清:《黄河边的中国:一个学者对乡村社会的观察与思考》,上海文艺出版社2001年版,第2页。

推动村落共同体的强化,有一些因素则在发挥瓦解集体的作用,村落共同体不得不进入农民集体与传统共同体之间的不确定地带。[1] 集体与农户"统分结合"设计中"统"的一端,即农民集体发挥组织农户的基础与能力没有得到充分的、切实的资源保障和制度保障。[2]

构建实现和维护农民土地权益的"新集体",主要需关注以下问题:

第一,必须尊重农民集体的农地主体资格,保证集体的农地权益实现,保证乡村基本公共品的供给。集体所有权的基本性质在于它是生产资料公有制基础上的社区集体成员共同享有的所有权。成员集体共同享有所有权与成员在集体所有的生产资料和财产上使用收益,实现其利益是一致的。《物权法》虽然规定了农民集体所有权,并以此作为我国物权制度的一大特色,但对于农民的土地权利仍然按照以私有制为基础的民法所有权进行制度设计,对于体现公有制特点的集体所有权制度并未作出具有创造性的规定。《物权法》仅仅从文本上规定了集体成员共同享有本集体的土地等财产的所有权,对如何有效地将成员组织为集体,成员如何通过行使集体所有权实现其利益等问题,均没有作出规定,而是将这些本应当在集体所有权内部考虑的问题简单化地套用了所有权与他物权的原理,在所有权外部以承包经营权的方式实现集体成员的利益,并以此掩盖了对集体所有权自身问题的解决。[3] 晚近以来,随着农村改革在各地的进一步展开,在统分结合的双层经营体制基础上,围绕集体

---

〔1〕 毛丹等:《村庄大转型——浙江乡村社会的发育》,浙江大学出版社 2008 年版,第 8 页。

〔2〕 仝志辉、温铁军:"和部门下乡与小农户经济的组织化道路——兼对专业合作社道路提出质疑",载《开放时代》2009 年第 4 期。

〔3〕 韩松:"农村改革与集体所有权的完善",载《江海学刊》2009 年第 1 期。

第八章 我国农地使用权流转制度完善的前提追问与路径规划

成员如何有效分享和实现土地权益这一问题,股份合作社等均成了集体所有权的重要主体形态,在一定程度上坐实了农地集体所有权。如何从法律制度层面再建"集体",如何有效地体现和实现"集体"的价值和功能,值得进一步研究。从农村发展的实际看,由政府公共财政供给的农村公共产品和公共服务主要包括两类:一类是纯公共产品,包括农村基层政府及附着组织的行政服务,农村公共基础设施、农业基础设施建设、生态环境建设与保护、农业科技进步、农村抗灾救灾、农村公共卫生防疫等;另一类是准公共产品,如基础教育、医疗救助、社会保障、文化活动等。[1]如今农村公共产品供给面临着农民急需的生产性公共产品供给严重不足和农村可持续发展的公共产品供给严重短缺的问题,各级政府虽然积极加大投入,但政府作为农村公共产品的唯一供给主体,供给效率低下。有学者通过修建水渠的个案观察表明:从自身效用最大化出发的农民个体,其行为构成纳什均衡,是导致公共产品供给失败的主要原因。农民合作是一种集体行动,其均衡大于个体的纳什均衡,权威的出现能够促进农民合作的实现。[2]在农民日益原子化的农村,村民有动力、有能力但无法有效组织起来,这成为制约村级公共产品有效供给的瓶颈。村内各种正式组织不同程度地出现组织涣散、名存实亡的现象,失去了广泛组织和动员村民的能力,影响了村庄集体行动的能力。据此,对集体主体和村庄治权给予一定程度的尊重是十分必要的,至少保证了权威的存在和集体资源的支持。在现今农村发展过程中,集体建设用地使用权流转所产生的收益,

---

[1] 熊巍:"我国农村公共产品供给分析与模式选择",载《中国农村经济》2002年第7期;吴士健等:"试论农村公共产品供给体制的改革与完善",载《农业经济问题》2002年第7期。

[2] 李武、胡振鹏:"农村公共产品供给的合作机制研究——董园村集体行动中权威现象的思考",载《安徽农业科学》2009年第8期。

将是农民集体重要的收入来源;而部分地区试点的超额宅基地使用权的有偿使用,也使集体获得了一定的经济来源,为公共产品供给主体的多元化提供了可能。

第二,夯实农民集体行使土地财产权利的民主根基,在农民土地权益与村民自治之间进行充分的勾连。在集体建设用地使用权流转、土地承包经营权流转等关涉农民权益的重大问题上,必须体现出农民的意愿。对于集体建设用地使用权流转,应在《土地管理法》修订中对其流转的具体程序,尤其是表决方式等作出具体的限定,而《物权法》和《土地管理法》在这一点上却并无任何规制措施,并应限定村民委员会未履行充分的、必要的民主表决程序的无权出售本农民集体所有的集体建设用地;农民集体土地的征收,必须保护土地使用权人的合法利益,必须尊重作为集体成员的农民个体的利益和意志,并在此基础完善集体建设用地使用权流转、土地承包经营权流转等涉及农民重大土地权益事项的民主表决程序,并对此赋予法律的救济措施。在由村民委员会代为行使集体土地所有权的地方,应把村民自治制度与土地权益的保障程序做有效的连接,在村民自治的框架内解决农民自主保障土地权益的问题。

第三,对待村社集体的土地权利,应当采取具体的措施限制农民集体主要领导对于关涉集体土地权益重要事项的决定权,以免作为农民集体代表的村干部以权谋私。但对于农民集体具体的构建方式是采用公司制或合作社制,学界仍有争议。在具体运作形式上,有学者提出,村民代表会议在维护农民权益方面具有明显的组织优势。[1] 笔者认为,不应当一刀切,应当在保留农民集体的土地权利的前提下,通过发扬民主和设计制度来控制农民集体权利的使用

---

〔1〕 曹国英:"完善村民代表会议制度,维护农民土地产权利益",载乡镇论坛杂志社编:《农民土地权益与农村基层民主建设研究》,中国社会出版社 2007 年版,第 328 页。

第八章 我国农地使用权流转制度完善的前提追问与路径规划

方式。[1] 各地应当根据自身的条件,通过农民协会、农民代表会议、[2] 村民代表会议等形式直接进行有关土地权益的交涉、谈判。保护农地使用权人的权利,不仅仅具有保护农民财产权的意义,应当说对于遏制县、乡政府、乡镇企业乱占农地和农民集体及权势阶层侵占农地权益的情况也具有重要的意义。

(三)尊重地方性规范:为民间法的生长预留制度空间

按照哈耶克的理论,社会秩序可分为自发的和建构的,而相应的社会秩序规则可分为内部规则与外部规则。邓正来将此概括为哈耶克的"社会秩序规则的二元观",以区别于"社会秩序规则的一元观"。[3] "内部规则"是分散的个体追求自身利益最大化,相互作用形成彼此认同的规则,是人们交往过程中自发产生的。个体也可以形成组织,通过组织获取更多的利益。组织内部通过命令——服从方式贯彻某种特定目的,所以组织作为规则是强制他人服从的,此即"外部规则"。自发秩序由内部规则调整,建构的秩序则由外部规则调整。在内部规则的指导下,当事人之间形成了互动与写作的关系,社会秩序便成为可能。内部规则是与自生自发的内部秩序相对应的,决定着内部秩序的形成和维续;外部规则是与外部秩序相对应的,尽管它是人类社会不能或缺的治理工具,但却不能因此而侵扰或替代内部规则,否则,自生自发的内部秩序和植根于其间的个人的行动自由就会受到侵犯并遭到扼杀。[4] 在此基础上,哈

---

[1] 贺雪峰:《地权的逻辑》,中国政法大学出版社 2010 年版,第 131 页。

[2] 崔智友:"中国村民自治与农村土地问题",载《中国农村观察》2002 年第 3 期。

[3] 邓正来:《规则·秩序·无知——关于哈耶克自由主义的研究》,生活·读书·新知三联书店 2004 年版,第 217 页。

[4] 邓正来:《规则·秩序·无知——关于哈耶克自由主义的研究》,生活·读书·新知三联书店 2004 年版,第 218 页。

耶克认为西方之所以出现了法制对自由的侵犯、法治的危机，是因为法律规制的日益一元化——外部规制即哈耶克所称的立法，以及带来的法律秩序的日益一元化——外部秩序。作为外部规制的法律制度，在一定程度上是可以构建的，"构建主义（也称工具主义或社会工程学）指一种以组织的眼光来看待社会和政策的习惯，即将社会视为一个严密的层级结构后，在其中，结果要由领导者来设计和实现。构建主义乐观地认为，自上而下地解决问题的做法完全可行，并假设领导中心的行动不会导致遇见不到的负效应。这成为构建主义的基础。构建主义大都与静态的社会相关联。"[1] 构建主义者往往轻视民间法一类的内在制度的作用，甚至试图用国家法等外在制度取代民间法一类的内在制度，在他们看来，民间法一类的内在制度是不明确的，有损于社会控制和制度构建的确定性。[2] 但改革开放以来，我国虽然针对农地制度制定了大量法律法规，却没有能够形成良好的地权秩序。由此，笔者想起了埃里克森的名言："法律制定者如果对那些促进非正式合作的社会条件缺乏眼力，他们就可能造就一个法律更多但秩序更少的世界。"[3] 值得关注的是，虽然农村土地制度变革的动力是农民的生存压力，但最终仍需依靠执政党和政府顺应民意的强力推动，[4] 国家法一直主导着我国农地制度的变迁，透过对新中国成立后三次农地制度变迁的考察，不难发现农地变迁是公权和私权之间循环博弈的结果：首先，新民主主义革命时期，明确了"耕者有其田"的农地政策，建立了

---

[1] [德] 柯武刚、史漫飞：《制度经济学：社会秩序与公共政策》，韩朝华译，商务印书馆2000年版，第189~190页。

[2] 张钧：《农村土地制度研究》，中国民主法制出版社2008年版，第21页。

[3] [美] 罗伯特·C.埃里克森：《无需法律的秩序》，苏力译，中国政法大学出版社2003年版，第354页。

[4] 王景新："中国农村土地制度变迁30年：回眸与瞻望"，载《现代经济探讨》2008年第6期。

第八章 我国农地使用权流转制度完善的前提追问与路径规划

农民土地所有制,农民阶级千百年来的平均主义倾向以地权的形式得到了最大限度的实现,同时也开始了新一轮的农地公权与私权的循环博弈;其次,"合作互助"时期,为了克服小农经济分散经营的劣势,从1953年开始在农村地区出现的互助组和合作社等农业合作生产组织形式,逐渐成了新的农地制度实施的载体,农地制度也由此走向了新的公权制度形式;最后,人民公社时期,为了进一步发挥合作经营的积极作用和适应国家对工业化原始资本积累的需求,以人民公社体制为支撑的农地公权制度正式产生。人民公社后期,农地公权制度的弊端越来越明显,社会各界对于再次回归农地私权制度的呼声也越来越高。[1] 但该种制度变迁所引发的问题是,国家法成为关注的焦点,而忽略了对民间法的尊重以及给予其适当的生存和发展空间。"长期以来的法学研究,以国家权力为核心,以官方法典为依据,但却忽视了中国社会存在的多层次的习惯法规和多元的权力体系,一句话,人们专注于'官方的',轻视了'民间的'。这是一件令人遗憾的事情。"[2] 苏力对"法治的本土资源"进行了研究,使学界开始关注民间法与民间秩序,"在中国的法治追求中,也许最重要的并不是复制西方的法律制度,而是重视中国社会中的那些起作用的,也许并不起眼的习惯、惯例,注重经过人们反复的博弈而证明有效、有用的法律制度,否则的话,正式的法律就会被规避、无效,而且可能给社会秩序和文化带来灾难性的破坏"。[3] 基于法律多元的理念,[4] 国家法和民间法共同组成了整

---

[1] 黄祖辉:《转型、发展与制度变革——中国"三农"问题研究》,上海人民出版社2008年版,第163页。

[2] 刘黎明:《契约·神裁·打赌——中国民间习惯法习俗》,四川人民出版社1993年版,第2页。

[3] 苏力:《法治及其本土资源》,中国政法大学出版社1996年版,第36页。

[4] [日]千叶正士:《法律多元——从日本法律文化迈向一般理论》,范愉等译,中国政法大学出版社1997年版。

个法律秩序。在传统民间法的秩序体系中,人们一旦有逾越行为,就会受到宗族势力和村庄社会共同体的谴责、蔑视和惩戒,具体方式既有贬抑,使其名望下降等无形手段,也有制裁,使其利益受到损失的有形措施,如重罚和多出劳役等。民间规范以人情、礼俗、宗法、习惯或有明文规定或约定俗成为表现,"它们可以是家族的,也可以是民族的;可能形诸文字,也可能口耳相传;它们或是人为创造,或是自然生成,相沿成习;或者有明确的规则,或者更多地表现为富有弹性的规范;其实施可能由特定的一些人负责,也可能依靠公众舆论和某种微妙的心理机制"。[1] 由此可见,民间法所指向的是"人情、礼俗、宗法、习惯等",由于我国乡村社会本身的特殊性,在国家法未能深入乡土社会的背景下,乡土社会存在着另一种"民间秩序"。与法律相比,人们更相信习惯规则或实际受制于地方权威,"人情、礼俗、宗法、习惯等"比比皆是,且形成了其独特的运作逻辑和运作机制。[2]

事实上,严格禁止土地调整的国家法律规定并不符合村庄的民间法规范。在村庄中,人地关系矛盾始终是绕不开的话题。中国农村经济研究主要有两个基本命题:①人地关系高度紧张的基本国情矛盾制约;②城乡二元结构的基本体制矛盾。[3] "正是在这个基本国情矛盾制约下,使得任何土地过分向少数人集中的制度都无法维持社会稳定,中国农业社会才不得不以'均平'为传统理念"。[4]

---

〔1〕 参见梁治平:《清代习惯法:社会与国家》,中国政法大学出版社1996年版,第138页;田成有:"乡土社会中的国家法与民间法",载《开放时代》2001年第9期;田成有:《乡土社会中的民间法》,法律出版社2005年版,第231页。

〔2〕 魏秀荣:"民俗与法律——关于农村法律发展问题的思考",载《法制与社会发展》1998年第1期;春杨:"徽州田野调查的个案分析——从'杀猪封山'看习惯的存留与效力",载《法制与社会发展》2006年第2期。

〔3〕 温铁军:"'三农问题':世纪末的反思",载《读书》1999年第12期。

〔4〕 温铁军:"土地的'福利化'趋势与相关制度安排",载迟福林主编:《走入21世纪的中国农村土地制度改革》,中国经济出版社2000年6月版,第125页。

第八章 我国农地使用权流转制度完善的前提追问与路径规划

斯科特的研究也表明:农民存在着"安全第一"的生存伦理。一个村庄里一大批社会安排,主要是为了确保住户的最低限度收入。定期地根据需要重新分配的公有土地,其功能全在于此。"许多看似古怪奇特的村庄活动,实际上具有隐蔽的保险功能。"[1] 我国农村普遍存在的承包地调整制度,其目标在于以再分配协调差距,避免社会成员之间的分化。集体共有显然正是抵制内部差异的制度化措施,它限制个体对土地资源自主的交易权,以便防止土地资源完全被个人控制。通过实地调查的数据分析,也可以发现实践中是存在小调整的需求和做法的。[2] 据此,"增人不增地,减人不减地"及"三十年不变"的土地承包政策虽然在一定程度上保持了相对稳定的土地承包经营责任制,但其也表明了国家法与民间法之间的矛盾和冲突,导致了农村妇女结婚或离婚后土地承包经营权前、后难以协调的重大争议。

多年来,我国以国家法的形式建构了一整套关涉农村土地的大量法律制度,这套制度也取得了巨大的成功。但由于对农村土地制度的地方性和民间法未给予充分的重视,自上而下的制度构建以及以"一刀切"方式推行的农村土地国家法的普适性和妥当性受到了质疑,不同地区、不同利益诉求在国家法中不能得到充分的体现和尊重,国家法和民间法之间的张力日益显现。据此,只有对能够代表不同地区、不同利益诉求的民间法给予充分的尊重和运用,才能在维持全国农村土地制度相对统一的前提下,最大限度地消融当前农村土地制度的僵化性,[3] 以期达到优化农地制度的目标。事实

---

〔1〕 [美]詹姆斯·C. 斯科特:《农民的道义经济学:东南亚的反叛与生存》,程立显、刘建等译,译林出版社2001年版,第6页。

〔2〕 陈小君等:《农村土地法律制度研究——田野调查解读》,中国政法大学出版社2004年版,第18页。

〔3〕 张钧:《农村土地制度研究》,中国民主法制出版社2008年版,第219页。

上，在转型国家，由于社会处于距离的变动之中，而制度构建者的理性是有限的，正如苏力所言："过去的十几年里，中国最重要的、最成功的制度和法律变革在很大程度上是由中国人民，特别是农民兴起的。……法学家和法律家直至目前所作的工作也许仅仅是这一变革巨著中的一个小小的注。"[1] 据此，我们必须认识到国家法的局限性，懂得重视和尊重民间法。我国农地制度的完善，只能是建立在充分尊重各地的不同实践、充分尊重民间法的基础上。而寻求农地制度的完善，不仅仅是立法者等国家决策者的事情，它更是各地的地方官员和村干部、农民自己的事。改善农地制度的路径应当充分发挥国家法和民间法各自的优势，达到国家法和民间法的良性互动。一方面，要注重尊重民间法，使国家法以符合民间法的方式实施；另一方面，也要注意引导、鼓励有利于国家法实施的民间法的生成。通过这种引导作用，使国家法与民间法相互接近，达到一种合作性博弈关系，才可能在此基础上完善农地使用权制度。[2]

二、我国农地使用权流转制度建构的前提追问

在新型城镇化和城乡一体化的总体构想中，农地使用权流转无疑是最为核心的一环。但在实践中，农地使用权流转问题却面临着种种难题，分释如下：

（一）农地使用权流转：法律制度建构与民间秩序生成的内在张力

在农地使用权流转领域，最为典型的便是外嫁女和入赘婿的农

---

[1] 苏力：《法治及其本土资源》，中国政法大学出版社1996年版，第33页。
[2] 张钧：《农村土地制度研究》，中国民主法制出版社2008年版，第214~215页。

第八章 我国农地使用权流转制度完善的前提追问与路径规划

地权利问题。由于关涉农村经济组织成员资格的问题,出嫁户口迁出后由于离婚原因而将户口重新迁回原村或者在出嫁到城市地区后没有将户口迁出的外嫁女能不能取得相关的土地权益的问题值得关注。关于农村妇女在结婚后,在娘家土地该不该收回,在婆家该不该分地,娘婆两家土地的多少、土地的价值不一样,处理的结果也不一样。有的在娘家的土地被收回;有的不收回,但在婆家分不到土地;有的还享有两份土地。因各地土地价值不一样,如何前后衔接都成为实践中的问题。农村妇女离婚后的土地承包权也存在类似情况,有的回到娘家居住却无法带走在婆家分得的土地,即使同意把地分出来,也不便于去耕种,从而引发社会矛盾。这些因为户口和土地制度而产生的外在矛盾,统称为"外嫁女纠纷"。[1] 在2005年广东地区审理结案的81件有关外嫁女的行政案件中,只有17件,或者说21%的案件得到法院的支持,8件由法院退回。除此之外,剩下的56件中原告有所斩获。[2] 如何处理"外嫁女纠纷"在学界仍有争论:有学者认为:农村妇女土地权益未受到充分保护的根源在于集体土地所有权主体制度的缺陷;[3] 亦有学者将其归结为立法的问题:①我国立法上对"男娶女嫁"婚嫁方式可能损害妇女土地权利的认识不足;②法律、政策的相关规定互相矛盾;③立法上对妇女权益法律保护的效果适得其反;④法律规定过于原则,操作性不强;⑤当村规民约侵害妇女土地承包权益时,缺乏有效的

---

〔1〕 参见周应江:"身份界定与民间法调适——因婚姻而流动的农村妇女实现土地权益面临的两个法律难题",载《中华女子学院学报》2005年第4期;贺欣:"为什么法院不接受外嫁女纠纷——司法过程中的法律、权力和政治",载苏力主编:《法律和社会科学》第3卷,法律出版社2008年版,第77页。

〔2〕 参见贺欣:"为什么法院不接受外嫁女纠纷——司法过程中的法律、权力和政治",载苏力主编:《法律和社会科学》第3卷,法律出版社2008年版,第77页。

〔3〕 高飞:"农村妇女土地权益保护的困境与对策探析",载《中国土地科学》2009年第10期。

法律救济途径。[1] 本质上,"外嫁女纠纷"体现的是具有强制力的国家法和民间法之间的矛盾。在民间习惯中,外嫁女和入赘婿在原家庭是不享有权利,也不承担义务的。这一习俗在新的农地关系尤其是农地流转关系中,出现了演变后的乡规民约排斥外嫁女和入赘婿获得各种金钱补偿的现象。法院无法在国家法和民间法之间作出正确的选择,只能规定这类纠纷属于涉及大规模群体利益,需要重新调整的纠纷,属于地方人民政府对村民委员会指导工作的范畴,法院不应受理。[2] 在中国传统中,女儿继承权的被剥夺是和中国传统的居住制度紧密联系在一起的。从夫居和男人独享继承权是一个事情的两面。[3] 女儿不享有继承父亲财产的权利和习惯上没有赡养自己父母的义务同样是一对"孪生子"。孔迈隆在我国台湾地区的观察为个人主义和中国传统实践的矛盾提供了一个醒目的例子。在我国台湾地区,为了解决"中华民国民法"和地方性实践的矛盾,出嫁的女儿在出嫁时或在父亲去世时被要求签署一份放弃继承权的声明,这已经成为一种通行的做法。孔迈隆最后总结说:在一定意义上,这些做法(指女儿签署放弃继承权声明)已经成为对传统做法的威胁之反应。这种威胁来自在财产领域对个人主义和两性平等的强调。[4] 由此观之,中国传统中关于在家庭中的权利义务分配并不是以身份为依据的,而是以是否尽到相应的义务为依据的。外嫁女和入赘婿因为在原家庭并没有尽到相应的义务。因此,

---

〔1〕 陈小君:"我国妇女农地权利法律制度运作的实证研究与完善路径",载《现代法学》2010年第3期。

〔2〕 参见陈益群:"论习惯和法律在司法领域中冲突与互动兼谈司法公正的评价立场",载《法律适用》2005年第1期。

〔3〕 高永平:《执着的传统——平安村的财产继承研究》,中国文史出版社2007年版,第7页。

〔4〕 Cohen. Myron, *House United*, *House Divided*, Columbia University Press 1976, p. 83. 转引自高永平:《执着的传统——平安村的财产继承研究》,中国文史出版社2007年版,第228页。

第八章 我国农地使用权流转制度完善的前提追问与路径规划

也就不能享有相应的权利。另外,二轮承包以来,由于土地承包经营权三十年不变,除了部分农民集体还拥有少量机动地以外,大部分村庄并没有多余的土地分配给外嫁女和入赘婿,由此产生了土地承包法律规定的"增人不增地,减人不减地"及"三十年不变"与农村土地的村庄均分制之间的矛盾,其本质是国家法未能尊重民间法而导致的适用难题。

又如,在我国农村的广大地区,如果某一家庭有两个或两个以上的儿子,那么,通常的情况是,在父母还健在的时候,儿子们就会分家。这种分家有时是同时的,即几个儿子都已经结婚,他们在同一时刻将家产在他们之间平均分配。有时儿子数量较多,在分家时还有儿子没结婚或甚至没成年,那么在分家时没有结婚的儿子(或女儿)留在大家庭里,已经结婚的儿子和他们的妻子儿女分出去。阎云翔还分析过一种"系列分家"的情况,即每个儿子婚后不久即分家出去单过,但这时对财产不作最后的安排,而是等所有的儿子都结婚后,再最终进行家产的分配。[1] 朱爱岚和王跃生也观察到了类似的现象。[2] 而宅基地使用权的申请是以户为单位的,分家后的儿子才能申请自己的宅基地,户籍仍在本集体经济组织的儿子继承父母的房屋和宅基地并不存在任何法律和事实障碍,但现行的宅基地使用权分配与流转制度导致了农村外嫁女的财产继承难题。外嫁女若出嫁后不在同一集体经济组织,则不可能继承父母的房产,因为房产是和宅基地使用权联系在一起的,而房产又是村民最重要的财产,不继承房产几乎就是不继承财产的同义词。村籍和

---

〔1〕 阎云翔:"家庭政治中的金钱与道义:北方农村分家模式的人类学分析",载《社会学研究》1998年第6期。

〔2〕 [加]朱爱岚:《中国北方村落的社会性别与权力》,胡玉坤译,江苏人民出版社2004年版,第138页;王跃生:"集体经济时代农民分家行为研究——以冀南农村为中心的考察",载《中国农史》2003年第2期。

宅基地使用权的双重限制，使得农村中的从夫居制度更加巩固。[1]由此观之，在农地使用权流转过程中，必须注重民间法与国家法的互动和调适：一方面，根据国家法的规定严格保护农村妇女享有长期而有效的土地财产权益；另一方面，国家法也需尊重民间法关于土地承包经营权"大稳定、小调整"的利益诉求，这是解决民间法与国家法在农地问题分歧的主要路径。就农村妇女土地权益问题而言，作为乡规民约等民间法可以发挥作用，但有一个基本前提和要求，即必须符合《物权法》、《土地管理法》和《农村土地承包法》等国家法的基本原则和规定。具体而言，农村妇女婚嫁外村和本村的，应当按照国家法的要求在户口迁入地依法享有农地权利；婚嫁后不迁出户口者，应当和本村社其他村民一样拥有土地承包权；农地因流转和征用而产生的收益，应当按照与其他村民同等收益的原则进行分配；但对因集体经营土地而产生的收益，可以依照各地乡土社会中的民间法要求，在分配上依据其他投入情况有所分别；[2]承包地的小调整应当由村民2/3以上多数决定；如此一来，既维护了国家法的普遍性和权威性，又体现了乡土社会中民间法的调适性和补充性。

另外，在我国古代的土地使用权流转中，就十分重视亲邻优先权以及"找价"、"回赎"等习惯，这些习惯虽然实际上阻碍了土地流转的正常发展，但在资源交换的过程中，习惯法起着主导作用，通过习惯法可以降低交易费用。国家既允许习惯法对交易起作用，也运用习惯法来裁决交易中的争端，非经济因素在资源配置中

---

〔1〕 高永平：《执着的传统——平安村的财产继承研究》，中国文史出版社2007年版，第231页。

〔2〕 黄海："论农村妇女的土地财产权——兼议民间法与国家法的冲突与调适"，载《湖南省社会主义学院学报》2003年第4期。

起重要作用。[1] 从当下立法技术的角度看，在农地使用权流转的规范上，应当注重农村"习惯"的作用。在法律没有规定的情形下，应当依照本地习惯进行司法。《合同法》和《物权法》中均有对"习惯"的规定：《合同法》第61条、第125条第2项均规定，在当事人权利义务不明确的情况下，习惯可以作为补充。《物权法》第85条、第116条等也有关于习惯的规定：法律、法规对处理相邻关系没有规定的，可以按照当地习惯；当事人对法定孳息没有约定或约定不明的按照交易习惯。当然，运用习惯必须是在法律、法规对此没有规定或者当事人没有约定或约定不明确的情形下。笔者认为，在未来农地使用权流转的立法规范中，也应当注重习惯的采纳，以民俗习惯协助国家法、补充国家法。[2] 在具体司法过程中，应当注意习惯的识别和运作：一是涉案的民俗习惯必须是确实存在，并长期沿用的，此为沿用民俗习惯判案的客观条件；二是被证明的民俗习惯已经得到社会一般人之确信和遵守，遵守习惯无需强制或者求得当事人的同意，此为沿用民俗习惯判案的主观条件；三是该民俗习惯不违反民法的基本原则，须合情合理，符合公正的要求，此为评判民俗习惯而选择适用的价值标准。[3]

（二）农地使用权流转：市场化运作与国家管制的内在矛盾

我国目前的土地承包经营权流转，从主体看可以分为农民自发

---

[1] 王昉："成文法、习惯法与传统中国社会中的土地流转"，载《法制与社会发展》2004年第4期。

[2] 关于习惯在法治中的重要意义，参见张洪涛：《使法治运转起来》，法律出版社2010年版，第7页。

[3] 王纳新：《法官的思维——司法认知的基本规律》，法律出版社2005年版，第190页。

型流转和集体推动型流转两种类型。[1] 笔者将其定义为"官转"和"民转"。[2] "民转"通常发生在亲朋好友和熟人之间，没有正式的书面合同，一般是口头协议。在比较传统的乡村，交易双方相互之间比较了解，所以这种口头协议不是通过法律而是通过习俗、道德等发生作用的，具有相当大的约束力，几乎不存在违约的可能性。在税费改革前，这种熟人和亲朋之间的交易，转让金相对随意，甚至是几袋粮食而已；但在税费改革后，则一般需要给付一定的转让金。农户间自发流转的期限一般都较短，1～3年的居多，很少确定长期的期限。对于农户之间的自发流转，国家层面也是鼓励的，只是限定了若干前提，如不得改变土地的用途等，在转让的情形下，需经发包方同意。而对于"官转"，由于其中夹杂着地方政府和农民集体的自身利益，针对土地承包经营权流转过程中存在的"非农化"和"非粮化"倾向，国家层面强调的底线是"三个不得"：不得改变土地集体所有的性质，不得改变土地用途，不得损害农民的土地承包权益。笔者认为，流转必须是基于农民自愿，而最终目的应当是使农民获利。

按照目前的法律规定，国家继续垄断土地一级市场，而不允许集体土地直接进入一级市场。但在实践中，形成了集体建设用地使用权流转的"隐形市场"，主要表现为：其一，集体建设用地使用权人将建设用地出让或出租受让人开办企业，乡村集体组织获取出让金或租金；其二，将集体建设用地入股，集体组织和村民获得股权和股利；其三，集体建设用地使用人将土地使用权作为融资的担

---

〔1〕 李海伟："两种类型的农地使用权流转分析"，载《现代经济探讨》2005年第2期。

〔2〕 陆剑："农地流转纠纷中的政治与法律：鄂中个案研究"，载苏力主编：《法律和社会科学》第7卷，法律出版社2010年版，第194页。

第八章 我国农地使用权流转制度完善的前提追问与路径规划

保,如以地上建筑物连同土地使用权抵押等情形。[1]实际上,农民集体建设用地流转行为在经济发达的东部沿海地区已经十分普遍,在广东珠三角地区集体建设用地流转占集体建设用地总量的50%以上,其中中山、东莞、佛山南海区、深圳宝安区这一比例分别在45%、40%、50%和80%,而在粤东、粤西及粤北等地这一比例也超过20%。[2]从国家层面来看,除对"小产权房"进行了坚决的打击和抑制以外,对于集体土地建设用地流转的"隐形市场",国家层面并没有采取切实的措施抑制其发展,一些地方政府渐渐改变了政策取向,从对集体建设用地使用权流转的"堵"、"防"、"禁"转而变为疏导甚至承认。对于乡镇企业建设用地使用权的流转,虽然在1995年前,土地行政主管部门一度推行"转权让利"政策,规定集体建设用地必须转为国有,才能进入土地一级市场。但1995年后,国家的政策导向发生了变化,不再强调必须转为国有,但也没有明确应该怎么办。此时,许多城市对农民集体建设用地流转开始了对保留集体土地所有权、允许集体建设用地使用权流转新模式的探索,许多地方政府自发进行集体建设用地使用权的流转试验。[3]

目前在宅基地使用权流转过程中,国家是严格管制的,不允许任何形式的宅基地使用权向本集体经济组织之外的人员流转,但该种管制并没有抑制宅基地使用权的市场化流转,在宅基地使用权的流转过程中,乡镇政府和农民集体的介入十分深入,以另外一种形式扮演着集体所有权主体的角色。以宋庄纠纷为例,宋庄镇政府专

---

[1] 杨明洪、刘永湘:"压抑与抗争:一个关于农村土地发展权的理论分析框架",载《财经科学》2004年第6期。

[2] 宋志红:《集体建设用地使用权流转法律制度研究》,中国人民大学出版社2009年版,第19页。

[3] 康涛:"农村集体建设用地流转的法律思考",载《西南民族大学学报(人文社科版)》2008年第3期。

门出台了《关于农村住宅及宅基地处置指导意见》。按照该规定，凡农民出售其宅基地上的房屋的，视房屋交易合同有效，同时宅基地为村委会收回并书面告知原宅基地使用者，同时村委会采取出租的方式将宅基地的使用权租赁给该房屋的购买者；在宋庄镇政府看来，如此一来，既保障了农村私有房屋买卖交易的正当性，又使土地集体所有制的性质没有发生改变，可谓是"一举两得"。而这份意见还表明，对于空闲宅基地，如无符合条件的村民或无村民需要，村委会可向其他人员进行处置。其中所指的"其他人员"，可以是任何人，并没有身份的限制。而具体的处置方式，则是经村委会同意以后，土地使用者与村委会签署租赁协议。目前，宋庄各个村庄每亩土地的租金价格，根据位置的不同，从二三百元到四五千元不等。由于地方政府与中央政府的目标函数迥异，因此，对于宅基地使用权流转的管制策略完全不同，中央政府是禁止任何形式的宅基地使用权向本集体经济组织之外的人员流转的，而地方政府和农民集体则积极创造机制推进农村私有房屋的转让，以及由此带来的宅基地使用权的流转。

综上，改革开放以来，我国一直在推进农村土地使用权的市场化，在农地使用权流转的三种具体类型中，初步形成了农村土地承包经营权依法自愿有偿流转的机制，而集体建设用地使用权流转已经衍生出"隐形市场"，除"小产权房"以外，国家并未采取其他强制规制措施。对于宅基地使用权流转，地方政府与中央政府采取了不同的管制策略。由此，我们不得不考量的是，在农村土地使用权市场化趋势日益明显的过程中，国家到底应当如何进行管制。为了避免国家管制权力在农地领域的无限扩张，笔者认为，在农地领域包括宅基地使用权流转，应当逐步实现农地国家管制的一元化，即坚持农地的用途管制。土地用途管制是指国家为了实现土地资源的最优配置和合理利用，促进社会经济与环境的协调发展，依据土

第八章　我国农地使用权流转制度完善的前提追问与路径规划

地利用规划、城市规划等确定的土地利用分区及每个土地利用分区的土地利用规则，对土地利用作出许可、限制许可或者不许可并监督、检查、跟踪管理直至追究法律责任的一种法律制度。[1] 未来，农地应当按照规划和用途来利用，在此基础上，土地市场按照不同的土地用途来进行严格分类，农用地、工业用地、商业用地、住宅用地等均应形成各自的市场。所谓的农地使用权市场化，应当是在保证国有土地使用权和集体土地使用权平等的前提下，按照规划确定的土地用途、尤其是农地的用途来进行市场交易，方能实现农地使用权流转市场化与国家管制的最佳平衡。

（三）农地使用权流转：地域差异与统一立法的内在紧张

我国地大物博，各地在发展过程中呈现出"非均衡"现象，这种非均衡现象既包括经济意义上的，也包括政治意义上的。如果忽略了这一事实，无疑将使立法者面临着"按下葫芦起了瓢"的窘境。因此，笔者认为，在农地使用权流转问题上，必须做到因地制宜，从各地不同的现实出发，中央政府在完善顶层设计的同时应当将部分立法权下放，理由如下：

第一，对于转型国家而言，从计划体系过渡到市场经济毫无疑问是一个极大的工程，所谓的大爆炸或休克疗法，已证明其可行性甚低。反之，"摸着石头过河"、"成熟一个、制定一个"、"宜粗不宜细"的转型立法策略，大体来说在成本效益上还比较值得肯定。[2] 在此前提下，国家层面作出刚性的制度安排，无疑将压缩地方政府灵活使用的政策空间，一定程度上，增加了改革的成本。

---

〔1〕 沈守愚："浅析土地用途管制的有关法律问题"，载《中国土地》1998年第1期。

〔2〕 苏永钦："民法典的时代意义——对中国内地民法典草案的大方向提几点看法"，载苏永钦：《民事立法与公私法的接轨》，北京大学出版社2005年版，第59页。

潘维教授就对国家的刚性制度安排提出了严重质疑："对中国农村而言，全国一刀切的政策恒定不合理。改革二十五年来，哪个自上而下一刀切的农村政策产生过积极结果？"[1] 对于农地使用权流转而言，其与城市化进程、经济社会发展水平等方方面面具有关联性，而这些方面构成各地差异的主要部分，因此，对于农地使用权流转的顶层设计难度较大，无法实现完全的"一刀切"，部分事项只能采用因地制宜、"摸着石头过河"的立法策略。

第二，发挥地方政府的积极性是我国宪法的规定和要求。我国《宪法》第3条第4款明确规定："中央与地方的国家机构职权的划分，遵循在中央的统一领导下，充分发挥地方的主动性、积极性的原则。"尽管毛泽东同志在《论十大关系》中强调要发挥两个积极性，一个是中央的积极性，一个是地方的积极性。这是因为中国是大国，人口众多，情况复杂。因此，分权管理（毛泽东主席称之为"两个积极性"）比集权管理（一个积极性）更好。纵向分权问题，至少在现代中国，也许是一个更重要的问题。[2] 但1982《宪法》第3条第4款所规定的中央与地方关系乃是政策式的，并非真正的法律性的规定，在现实中缺乏操作性，因此，实践中的中央与地方关系更多的是靠中央政府与地方政府的权力博弈。既然是作为一种博弈，那么其必然更少地依赖规则，或者说至少不具有"常规化"的外表，而新中国建立以来的包括中央与地方关系在内的政治实践也倾向于这种选择。更重要的是，具备严密组织性的中国共产党在中央及地方的各级组织强有力地支持了这样的处理方式，并且党组

---

〔1〕 潘维："质疑'乡镇行政体制改革'——关于乡村中国的两种思路"，载《开放时代》2004年第2期。

〔2〕 苏力："当代中国的中央与地方分权——重读毛泽东《论十大关系》第五节"，载《中国社会科学》2004年第2期。

第八章 我国农地使用权流转制度完善的前提追问与路径规划

织本身构成了该处理方式的重要组成部分[1]。其实,宪法对此讲得很明确,地方政府有这样的职权和职责,应在经济和社会管理领域主动地进行改革创新,应当发挥出地方的主动性、积极性以及创造性。这种分权也有更多的好处,尤其是对疆域辽阔的大国。分权不仅可以分担治理的责任,而且"商量办事"的非制度化思路可以更加因地制宜。由于各地制度的差异会带来不同的制度收益和成本,从而形成一个制度市场,使人们有更多的制度选择,包括"用脚投票"。在某些情况下,就会导致各地制度的相互吸收和相互影响,甚至用有效率的制度取代无效或低效的制度。从这个角度来看,允许地方自治或在治理上有一定的自主权,实际上具有一种激励制度创新的功能和制度竞争的功能[2]。据此,有学者建议"抓大放小",也就是说,在纵向分权方面中央只负责重大的、全局性的管理,而地方性、无关全局的事项则应放手由地方去管理、去自治,充分发挥地方的自主性、积极性和创造性[3]。

第三,中央政府与地方政府存在不同的目标函数,因此,中央政府对于地方的农地使用权流转试验和做法应当进行总体性控制。在当下,虽然学界讨论得如火如荼,中央对农地使用权的流转始终没有从制度上进行规范,而是一直采取默许的态度。地方政府则根据当地的实际状况各显神通,逐渐出现了一田制、两田制、三田制、重新发包、异地承包、反租倒包、委托经营、规模经营、股份

---

[1] 冯舟:"论宪法第三条第四款:也读毛泽东《论十大关系》第五节",载《政法论坛》2007年第5期。

[2] 苏力:"当代中国的中央与地方分权——重读毛泽东《论十大关系》第五节",载《中国社会科学》2004年第2期。

[3] 上官丕亮:"社会管理央地关系的创新及其宪法保障",载《华东政法大学学报》2010年第5期。

合作制、租赁制、"四荒"拍卖等形式。[1] 但这些政策试验在中国并不是放任自流、反复试验,或者随心所欲扩大政策范围。[2] 相反,试验是始终处于分级制环境中的,以服务于中央主导的权力秩序为出发点和归宿的。[3] 但问题是中央政府出于风险最小化的考虑,坚持改革的主导权必须在其手中(硬核),主要将包括改革的方向、步骤、时机、速度、广度、深度、形式这些原则性的问题控制在能够巩固和增强党的政治权威的限度之内。[4] 中央选择性控制所导致的问题是地方创新的"同质化"。据此,笔者建议,由于农地使用权流转的地方性因素极大,中央政府和地方政府的目标函数不尽相同,因此,中央政府应当将其目标函数牢牢定在保护耕地和农民的合法权益基础上,在坚持土地用途管制硬约束的前提下,赋予地方政府一定程度的试验权,对于改革的方向、步骤、时机、速度、广度、深度、形式等具体问题,由地方政府自行决策。

三、我国农地使用权流转制度的具体建构路径

我国现行农地法律制度,并没有充分体现效率,其公平性也有不足。农民土地权利的贫困很大程度上缘于法律的缺失,没有法律的确认和救济,农民的土地权益是无法实现的。但我国农村地权制度的变迁从来都不是单一的制度变迁,而是涉及农村社会诸多层面

---

[1] 陈潭、罗晓俊:"中国乡村公共治理研究报告(1998~2008)——以 CSSC 检索论文与主要著作为研究对象",载《公共管理学报》2008 年第 4 期。

[2] [德] Sebastian Heilmann:"中国异乎常规的政策制定过程:不确定情况下反复试验",载《开放时代》2009 年第 7 期。

[3] 刘培伟:"基于中央选择性控制的试验——中国改革'实践'机制的一种新解释",载《开放时代》2010 年第 4 期。

[4] 刘培伟:"基于中央选择性控制的试验——中国改革'实践'机制的一种新解释",载《开放时代》2010 年第 4 期。

第八章 我国农地使用权流转制度完善的前提追问与路径规划

变革的全息元。"地权是乡村社会历史变迁的全息元,即地权蕴涵了乡村社会历史的全部信息含量。"[1] 所以,指望《物权法》解决我国关涉农民土地权益的问题是不现实的,甚至是危险的。中国的土地问题并不仅仅是所有权或使用权流转问题。当农民可以从农地使用权流转中获取更大的利益时、当土地承包经营权和宅基地使用权可以自由转让时、当农民们可以像转让任何其他财产一样获得应得的土地收益时,这只是部分实现了尊重农民意愿,保障农民权益的目标。要想充分地保障农民的土地权益,还必须彻底改变现有的城乡二元结构,那将是涉及户籍、社会保障等制度的根本性改革。因此,农村土地制度改革是一个系统工程。基于此,笔者无力进行全方位的建构,仅就法律完善路径提出自己的见解。

(一) 我国土地承包经营权流转的类型区分及其法律规制——基于各地 28 份调查报告的实证分析

1. 土地承包经营权流转的类型区分与样本概况

党的十七届三中全会作出了"加强土地承包经营权流转管理和服务,建立健全土地承包经营权流转市场"的重大战略决策以来,全国各地农村的土地承包经营权流转试验进行得如火如荼。土地承包经营权流转在我国起步最早,它是 20 世纪 80 年代初期形成的概念。[2] 最初的土地流转是在沿海经济发达省份和外出劳动力较多地区的民间自发产生的。迄今为止,有关土地承包经营权流转的书籍汗牛充栋,但除少数著作之外,[3] 对于土地承包经营权流转的

---

[1] 张佩国:《近代江南乡村地权的历史人类学研究》,上海人民出版社 2002 年版,第 2 页。

[2] 邓大才:《土地政治——地主、佃农与国家》,中国社会科学出版社 2010 年版,第 17 页。

[3] 陈小君等:"农地流转与农地产权的法律问题——来自全国 4 省 8 县(市、区)的调研报告",载《华中师范大学学报(人文社会科学版)》2010 年第 3 期。

实践状况研究的并不深入，多数只是停留在流转基本数据的分析、流转中的障碍和如何促进流转等表面研究上。我国是一个非均衡的大国，各地的状况千差万别，同是土地承包经营权流转，在各地面临的问题和障碍不尽相同，如果以"一刀切"的方式提出一揽子解决方案，该方案在不同地区的适用性和有效性便值得考量了。据此，本文运用类型学的方法，对土地承包经营权流转的实践形态进行划分，并据此提出有针对性的解决方案。在社会科学中，人们借助类型学的方法可以获得对一般性的某种程度的认识。为了避免社会学的解释降到心理学的简化论层次以及变成纯粹的无止境的个人层面的发现的累积，韦伯试图仿效自然科学研究中普遍采用的"理想类型"的方法，先对经验的、现实的对象或关系进行抽象，即先进行超验的、纯观念的研究，然后再以研究中假设的"理想类型"为参照坐标，对经验的、现实的对象或关系进行理论解释。[1] 理想类型的建构是通过从社会现实中抽象出有限的要素，并对其进行组合来实现的，这有助于展现紊乱的经验现象，进而对其进行描述和理解。理想类型作为认识现实社会的工具，其目的完全是为了分析，而且，只有当理想类型被应用到分析之中方能展现出其是否有价值。[2] 它是为认识某些既存的社会事实而建立的一种类型，它是一种理念的构造，在此构造中，某类社会事实的所有特征都以纯粹的状态显现出来，表现出最完美的结构严密性。"理想类型是韦伯社会学理论中最重要的方法论概念之一"。[3] 当然，理想类型也存在其自身的局限，已有学者对其在我国法制史研究者的误用提出

---

[1] 陈景良："反思法律史研究中的'类型学'方法——中国法律史研究的另一种思路"，载《法商研究》2004年第5期。

[2] [美] 马修·戴弗雷姆：《法社会学讲义：学术脉络与理论体系》，郭星华等译，北京大学出版社2010年版，第38～39页。

[3] [德] 马克斯·韦伯：《新教伦理与资本主义精神》，于晓、陈维刚等译，生活·读书·新知三联书店1987年版，第51页。

第八章 我国农地使用权流转制度完善的前提追问与路径规划

了警示与批评[1]。笔者无意探讨类型学研究方法的利弊,只是将"理想类型"作为一种社会学研究方法和分析工具,试图通过理想类型的主观建构去理解土地承包经营权流转的类型及其区别。有学者对土地流转按不同标准进行了分类,如李晓玲将山西省南张村的土地承包经营权流转分为农户经济发展需求拉动型、人口流动带动型和资本推动型三种类型[2]。李海伟则将土地流转按主体的不同,分为农民自发型流转和集体推动型流转两种类型[3]。董国礼等以对6省各县市的大量实地调研为基础,总结了三种土地流转模式:私人代理、政府代理和市场代理模式[4]。本文选取了28个市县针对当地土地流转所作的调研报告,该调研报告主要取自政府网站,作者多为政府部门,如政协、农经站等工作人员,时间主要为2008至2010年期间,选取这一时段的意义在于均位于十七届三中全会鼓励土地承包经营权流转之后。依据这些统计数据与具体个案的表述,对实践中土地承包经营权流转进行类型划分并据此提出相应的规制策略。

为此,笔者共选取了位于中部地区的12个县市,包括安徽省芜湖市、河南省郑州市、湖北省汉川市、湖北省随州市、湖北省黄石市、湖北省京山县、湖南省津市市、江西省大余县、河南省许昌县、安徽省郎溪县、湖南省泸溪县和湖南省株洲市炎陵县;选取了

---

[1] 以"类型学"的方法研究中国法律史固然使中国的法律传统之异质性得以彰显,但与此同时,中国法律传统中的鲜活个性与时代特征也常常因此而受遮蔽。参见陈景良:"反思法律史研究中的'类型学'方法——中国法律史研究的另一种思路",载《法商研究》2004年第5期。

[2] 李晓玲:"土地流转背景下的村庄治理",http://www.snzg.cn/article/2009/1119/article_ 16282.html,2013年9月1日访问。

[3] 李海伟:"两种类型的农地使用权流转分析",载《现代经济探讨》2005年第2期。

[4] 董国礼等:"产权代理分析下的土地流转模式及经济绩效",载《社会学研究》2009年第1期。

位于西部地区的11个县市，包括内蒙古自治区多伦县、甘肃省永宁县、山西省太谷县、贵州省东南州、陕西省宝鸡市渭滨区、新疆维吾尔自治区巴州市、山西省榆树市、甘肃省西峰区、云南省丽江市、重庆市黔江区和重庆市涪陵区；选取了位于东部地区的5个县市，包括福建省三明市、山东省金乡县、山东省济南市、山东省薛城区和浙江省台州市。[1] 浙江省台州市流转承包耕地占承包耕地总面积的25.62%，为所有县市之最，而福建省三明市已达到18.4%，位居其次。可见，沿海部分发达地区的土地承包经营权流转已经非常普遍，在全国处于领先地位。但不可忽视的是，其他所谓的东部地区土地流转却并不如我们想象的那么频繁和普遍，如山东省金乡县只有4.2%、山东省济南市也只有5%、山东省薛城区更只有2.05%。中部地区是传统的产粮区，这里的土地承包经营权流转却呈现出急速增长的态势，如安徽省郎溪县达到了17.32%、河南省许昌县达到了13%，湖北省京山县和江西省大余县也分别达到了12.9%和11.3%。西部地区，除重庆市黔江区和涪陵区分别达到10.8%和9.03%；山西省榆树市8.9%、甘肃省西峰区9%以外，其他地区均不高，大多低于6%。这也在2003年农业部在农村固定观察点对全国东、中、西部20 842户的抽样调查中得到了印证，全国土地承包经营权流转面积占总耕地面积的9.1%，其中，东、中、西三大区域分别为9%、11.6%、3.86%。[2] 2007年，对于七省二市的调查也发现，以土地承包经营权流转面积占总承包耕地面积的比重计，浙江省是所调查省市中最高的，达到19.8%，其次分别为：重庆市10.84%，四川省10%，湖北省10%。黑龙江省

---

〔1〕 以下各县市的数据均来源于各地农经部门和政协部门的统计以及在网站上的公开数据，样本选择既是随机的，也兼顾了东、中、西部的样本分布。

〔2〕 戴中亮："农村土地使用权流转原因的新制度经济学分析"，载《农村经济》2004年第1期。

8.9%，湖南省6%，辽宁省2%。[1] 呈现出中高西低的态势。

2. 类型区分语境中的土地承包经营权流转实践困境

在28个县市的土地承包经营权流转实践中，呈现出以下几个类型的区分和实践的困境：

第一，流转的方式：存在物权性流转（转包为主）与债权性流转（租赁为主）的分别。土地承包经营权流转按其性质可分为物权性的流转和债权性的流转。在物权性的流转中，转包是最主要的形式。转包仅限于在同一集体经济组织内部的农户之间进行，土地承包经营权不变，受转包人向转包人支付转包费。在债权性的流转中，各地以租赁为主，转包形式在农村土地流转中也较为普遍。在28个调查对象中，只有湖南省泸溪县、新疆巴州和山西省太谷县，转包和租赁这两种形式不是同时居于第一、二位的。湖南省泸溪县转包的有7817亩（5368户），占流转总面积的78.6%；转让的有890亩（481户），占流转总面积的9%；出租的只占流转总面积的8%，稍低于转让的面积。在新疆巴州，2008年全州农村土地转包、转让面积分别达到2.52万亩、1.88万亩，分别占当年农村土地承包经营权流转总面积的51%、38%。只有在山西省太谷县，转让的面积占总流转面积的53.6%，而转包只占总流转面积的27%。根据太谷县农村经济经营管理办公室的解释，之所以出现该种现象，主要是出让方可以有更充足的时间从事非农产业，受让方可以根据自己的需要，转入土地，扩大经营规模，其根源在于当地的非农产业非常发达。其实，转包和租赁作为两种流转方式，其表征的不仅仅是流转形式的区别，更重要的是转包局限于在村组内部的农户之间进行，主要劳力外出打工，导致种田与家务活忙不过来，且缺乏现代农业技术，既不忍将土地常年荒芜，又不愿将土地转让或放

---

[1] 蒋省三等：《中国土地政策改革：政策演进与地方实施》，上海三联书店2010年版，第45页。

弃，于是农户在一定时期内将其承包的部分或全部土地使用权转包给其他农户、单位或个人，因而其流转的范围较窄，期限较短，市场化程度较低；而租赁是当前土地流转中市场化程度较高、流转手续较为规范的一种形式，主要是某些经济实体或个人为发展农业项目，实现规模种养，采取连片租赁农民土地的办法，实行连片开发，创建高效农业基地，其主要流向是外部的企业和种植大户，其流转的时间一般比较长，如安徽省郎溪县，农户将土地承包经营权委托土地流转合作社流转；东夏镇三岔村正在组建土地流转合作社，愿意进行土地流转的农户以入股的方式将土地承包经营权流转给土地流转合作社，目前已签订书面协议240份，水田1100亩，预计达到2000余亩。在此基础上，土地流转合作社与家乐米业公司签订了土地集中流转协议，年限15年，租金400元/亩。从中可以看出，由于我国大多数地方没有建立农村土地承包经营权流转市场服务中心，土地承包经营权流转大部分都在农户与亲戚、邻居之间自行协商流转。因此，尽管通过租赁方式流转土地获得的收益相对较高，但由于土地流转市场机制的不完善，导致了农户有意转出土地时找不到合适的租赁方，而需要土地的业主又难寻到中意的出租方，制约了土地承包经营权的市场化流转。

第二，流转的途径：农民自发型流转、集体推动型流转与政府牵线型流转的界分。如在内蒙古多伦县，农户自发流转的，占流转面积的77.6%；通过农民集体流转的，占流转面积的22.4%；山东金乡县农户自发流转的，占流转面积的55.1%，招商引资流转面积，占流转面积的29%；在江西省大余县，委托农村流转服务中心流转的，占流转面积的7.5%；委托村委会流转的，占15%；农户自发流转面积13 076亩，占77.5%；在山东省济南市，农户自发流转的，占流转面积总数的39.65%；项目开发流转的占41.32%；建合作社流转的，占5.86%；在新疆巴州，65%以上的农户土地流

第八章 我国农地使用权流转制度完善的前提追问与路径规划

转属自发流转，20%的农户是通过乡村组织流转土地承包经营权；在河南省许昌县，农户间流转占流转面积的38%；流向专业大户的，占流转面积的31%；流向企业的，占流转面积的20%；流向农户合作经营的，占流转面积的6%。可见，在经济欠发达地区，土地流转的自发性特点非常明显，但农地通过集体、政府等渠道流向专业大户、企业和合作社的情形也日趋普遍。如在河南省郑州市，流转途径中通过乡村两级（作为流转中介）以及县乡服务组织流转的，占流转面积的59.32%，流转双方自己协商进行土地流转的，占耕地流转面积的40.68%。新密市有98.4%的耕地流转都是乡村组织牵头或村组接受委托流转的。巩义市康店镇的土地流转全部是通过乡村牵头进行流转的。这些实例说明，在一些地区作为流转中介组织的乡村两级或县乡服务组织，在土地承包经营权流转中发挥的作用越来越明显。在一些地方实践中，集体经济组织直接介入农地使用权流转的现象也很普遍。如陕西宝鸡渭滨区马营镇燃灯寺村村民将集中连片的360亩耕地交给村上，村上把这些土地进行整治，建了164座大棚，然后以每亩330元的价格承包给燃灯寺蔬菜农民专业合作社，流转面积占全村土地总面积的21.2%，流转期限为10年，合作社与涉及农户签订了流转合同。八鱼镇6户村民以每亩100元的承包费承包了姬家殿塬区400多亩地，集中连片种植小麦良种以及青贮饲料，效益显著。

　　区分农民自发型流转、集体推动型流转与政府牵线型土地流转的意义在于，与集体推动型、政府牵线型土地流转相比，农民自发型流转的规范性十分欠缺。据统计，2006年前甘肃省永宁县8942亩流转土地中，签订书面流转合同的只有1545亩，占17.3%，而且合同存在很多不规范的地方，有的流转合同标底不明、没有流转期限、权利义务关系不明确、没有约定流转收益及补偿办法，有的擅自改变土地的农业用途；在湖北省黄石市，这种不规范性则表现在"三多三少":即农民自行流转多,报乡镇、村登记、备案的少;口头协议多,书面协议少;双方约定不明的多,约定明确的少。据调查,目前,全市在乡镇、村登记、备案的农村土地流转面积不足流转总面积的40%,相当一部分农民土地承包经营权流转没有签订流转合同,即使签订了合同,也存在着形式不规范,条款不完整,内容过于简单等问题。对于流转双方的权利、义务、违约责任,以及承包土地上附着物的处理,有关赔偿条款等缺乏明确的约定,导致矛盾纠纷多,对流转双方维权不利的情况普遍存在。据统计,陕西省榆树市近三年发生的土地承包纠纷案件中,有70%是因为土地流转而引发的纠纷,导致土地承包经营权流转纠纷逐渐增多的主要原因是当初土地流转时双方没有签订流转合同或合同条款不完备。另外,随着国家一系列惠农政策的实施,有些合同用现在的政策衡量明显有失公允,转出土地的农民受利益驱动单方面要求修改合同,双方出现纠纷,导致上访。而集体推动型与政府牵线型土地流转的突出的问题则是土地承包经营权流转往往以地方政府和集体的利益为主要诉求,存在侵害农民权益的问题。如在重庆市涪陵区就存在农民利益不能完全得到保障的情况。少数地方把土地流转作为增加村社集体收入的手段和政绩工程,用行政手段干预土地流转,损害了农民利益。另一种情况是农民应得的流转收益存在较大风险,表现为:其一,业主因投资失败和市场变化等原因,不能及时兑现农户的租金。如李渡一花卉种植户,租赁农民100亩地种花卉,由于花卉市场行情不好,农民的租金已有两年未兑现;另一种情况是少数业主租赁的"四荒"地、林地迟迟不投入资金进行开发,而是想等待时机再流转给他人,获取转让差价,其间不按时支付农民和集体的租赁金。其二,选择的业主开发能力弱,难于兑现租赁金。其三,流转土地到期后,如数复耕困难。无论是短期,还是长期流转土地,业主在租赁土地后都要修建一定的基础设施和临时性建筑，并对土地进行整理，这将减少耕地面积和打乱原有农户土地的承包界线，期满后难以如数复耕和原样退还给农户，使农民心存疑虑，长远利益得不到保障。

第三，流转主体及动力：村企联手合作型、经营大户带动型和现代科技及科技人员促进型的区分。村企联手合作型，如在甘肃永宁县，在全县设施农业发展中，村两委班子充分发挥组织协调作用，主动和企业联系，先后引进襟远公司、中青公司、天天鲜、小任果业等企业落户永宁，租赁土地发展设施农业，确保了永宁县设施农业的顺利发展；又如安徽省郎溪县凌笪乡下吴村下关村民组将山场 596.36 亩、水田 108.86 亩租赁给江苏天目湖农业生态旅游综合开发；上海幸福龙虾养殖基地也采取了这种办法。该基地位于郎溪县幸福乡圩境内，占地 480 亩，总投资 380 万，是目前皖东南规模最大的龙虾专业养殖基地。经营大户带动型，经营大户是农村经济发展的生力军，他们可以带动一批农户走向以市场为导向的经营之路，一些农户把土地租赁给大户集中规模经营，由经营大户每年支付给农户一定数额的承包金、租金。如山东省薛城区，培植出了一批产业大户和生产基地。常庄镇王庄村流转面积 80 亩用于建蔬菜大棚和养鸭大棚，每个大棚种养户收入在 5000 元以上。周营镇高村食用菌合作社租赁本村 12 户 16 亩地建设食用菌大棚 32 个，土地租金每亩每年 600 元，目前已投料近 1000 吨，预计每个食用菌大棚纯收入 2 万余元。目前已形成 100 亩以上的规模基地 15 个。又如甘肃永宁县，去年经营大户望远镇新盈村村民李文金、胜利乡胜利村村民王峰、郑淑琼，望洪镇增岗村村民姜保等依托自身资产、技术、市场等各方面的优势，积极组织周边农民整合土地资源，参与全县设施农业的发展，走出了一条经营大户带动农民进行产业化经营、规模化生产的路子。又如湖北省汉川市就属于典型的经营大户带动型：2007～2010 年，全市土地流转面积增加到 79 481

万亩。原来 15 000 余户经营的土地一下子集中到了 4045 个业主和种田大户经营。2006 年,甘肃省西峰区庆阳天富果业公司租赁什社乡永丰村西组土地 580 亩,建立天富果业基地,按照 350 元每亩的标准支付农户租金,同时在果树加入挂果期后,又将果园分包被租地农户经营管理,直接带动 52 户农民走上了小康之路。

现代科技及科技人员促进型。如甘肃省西峰区通过国家、省、市项目扶持,改善生产条件,促进了土地流转。董志镇新庄村依托农业综合开发项目的实施,大力推行一村一品的产业格局,发展设施蔬菜产业。由区瓜菜办与本村农户签订《土地租赁协议》,租赁土地 1860 亩,建成日光温室 330 座、塑料大棚 1420 座,每年可提供优质蔬菜 2733 吨,实现产值 820 万元。云南省丽江市永胜县片角乡下六村将荒地 1070 亩,分别以 27～70 年的租期出租给映华集团。出租前,因无水源灌溉,土地贫瘠,主要依靠雨季种植玉米,出产率极低。出租后,映华集团兴办科技示范园,种植了苦良姜 300 亩,龙眼 350 亩,印楝 2 万株,实现了经济和生态效益的双赢,其中苦良姜亩均实现产值为 1000 元。在河南省郑州市荥阳市贾峪镇洞林湖周围的洞林寺、邢村等 5 个行政村,在镇政府的引导下,将 14 个自然村、1857 户农户的 5777 亩耕地流转给河南新田置业有限公司。公司对洞林湖进行整体规划,预计用 5～8 年时间,投资近 50 亿元,除了按规划建设农民新房外,还将改造区域内的生产条件和生活环境,大力发展现代生态农业、生态娱乐、生态商业等,把洞林湖新农村打造成一个自然、生态、田园城市。湖南省津市市渡口镇新湖村通过农户互换,流转土地面积达 300 亩,集中建成了 500 亩的蚕桑基地。保河堤镇中南村村民以每亩 700 元的标准出租流转土地 30 亩,修建双孢蘑菇种植房 16 栋,从事双孢蘑菇高效种植。

由于专业大户、龙头企业和现代科技的引入,大量新技术得以使用，农产品的市场化和商品化程度的提高，为周围农户起到了很好的示范作用，使农户也从中学到了新知识，增强了市场意识，为农民增收创造了条件。但实践中也存在"资本下乡"所引发的新问题，如损害农民利益的问题。在江西省大余县，有少数业主由于经营不善，拖欠农户租金，如2003年一外商在青龙镇青龙村租赁了46亩土地种植杨树，至今未付租金，给农户造成了一定的经济损失。另外，如"非粮化"问题，土地流转中的多数仍以种植粮食为主，如江西省大余县水稻用地占流转面积的53.5%；又如贵州省东南州用于种粮的，占全州农村土地经营流转面积的42.42%；河南省许昌县，种植粮食、棉花、油料、烟草的，占流转面积的44%；如湖北省随州市爱国粮食专业合作社，租赁随县安居镇张家井湾村和夏家畈村106户农民的承包耕地379亩，发展优质稻、优质麦，效益可观。如大冶市种粮大户侯安杰，自2000年以来，先后租赁大箕铺、金湖街办、陈贵、白沙、大王等6个乡镇，共计1.93万亩耕地，其中水田1.7万亩，租期3~5年。但实践中土地流转后的"非粮化"倾向仍十分明显。如山东金乡县，按流转用途分，用于蔬菜流转的土地面积占流转土地总面积的14%，用于果品及养殖流转的土地面积占流转土地总面积的17%，用于其他用途的土地面积占流转土地总面积的28.8%；如内蒙古多伦县，从种植情况来看，流转土地主要围绕当地的主导产业，用于马铃薯、蔬菜等作物种植；在山东省济南市，流转土地主要用于花卉苗木、养殖小区和设施农业，占到流转总面积的90%；在重庆市黔江区，红阳猕猴桃有限公司在金溪镇望岭村租地421亩，合同期限15年，种植猕猴桃；2011年年初，海昌蔬菜专业合作社在石家镇火石垭村租地1180亩，合同期限13年，种植萝卜、南瓜等蔬菜；又如云南省丽江市，通过土地流转，永胜县涛源乡甘蔗、大棚西瓜发展到2000亩，冬早蔬菜达到2000多亩。

3. 土地承包经营权流转的法律规制：基于类型化的策略

农民私人土地承包经营权流转以其自身的实践逻辑型塑造着自己的"流转世界"，市场化嵌入和乡土社会自身运行方式的辩证矛盾已经渗入农民的身体内部，体现出效益伦理和发展伦理的二元思维方式，他们共同融合到农民实践世界的习惯之中，产生了特有的实践逻辑。农民实际土地承包经营权流转渗透着以农村亲属关系网络为支撑的发展伦理和以市场嵌入为基础的效益伦理两种实践逻辑。[1] 而作为政府而言，应当积极引导，力图形成土地承包经营权流转市场化运作。

第一，对于当下我国各地土地承包经营权流转方式以转包和租赁为主的现象，各地应当积极探索建立、健全市场化运作的土地承包经营权流转机制，在尊重农民意愿和保护农民权益的基础上，探索多种形式的土地承包经营权流转。加强土地承包经营权流转市场的建立，必须通过建立和强化土地流转中介组织，加强土地流转信息的管理，尤其是要加强信息化网络的建设，以土地承包经营权流转市场为核心，及时收集、发布土地承包经营权流转的供求信息，使土地承包经营权流转市场成为土地承包经营权流转双方的桥梁和纽带。无论是地方层面还是中央层面，均应完善土地承包经营权流转的制度设计，各地应从实际情况出发，因地制宜，力促土地流转形式的多元化。坚持农村土地家庭承包经营制度和依法、自愿、有偿流转的原则，因地制宜、灵活地选择流转形式。可以采取转让、转包、出租、入股等方式，也可以依托龙头企业、专业合作社或招商引资项目，积极推动土地流转。

第二，在当下我国各地土地承包经营权流转以农民自发型流转为主，而集体推动型流转与政府牵线型流转中存在若干问题的情况

---

〔1〕 李雪扬："农民私人土地流转弹性空间的实践逻辑研究——以云南大理周城实地研究为例"，载《珞珈社会学》第6期。

第八章 我国农地使用权流转制度完善的前提追问与路径规划

下,笔者认为应当正确定位农民集体和县乡政府的职责与功能,切实加强对土地流转工作的管理,积极探索通过市场调节农村土地流转的长效机制。农民集体,尤其是县乡政府应当做好"服务员"和"裁判员",积极从"运动员"队伍中退出,着手建立健全农村土地流转的服务体系,积极搭建土地流转的服务平台,并加大土地承包经营权流转服务的力度和方式。建立土地承包经营权流转服务中心及相应的土地纠纷调解、仲裁机构,加强对农村土地流转的法律服务,建立统一规范的农村土地承包经营权流转程序,健全土地承包经营权流转制度,规范土地承包经营权流转的合同管理。尤其是组织和管理起草统一规范的合同文本,负责协调、指导和促进双方当事人依法有序流转,并加强事前的纠纷调解工作。

第三,对于村企联手合作型、经营大户带动型和现代科技及科技人员促进型流转,应当支持该种流转,但应当对流转后侵害农民权益和"非粮化"倾向进行监管。地方政府应加强对土地承包经营权流转全过程的服务和监督,对于经营大户和企业恶意侵犯农民权益的事项应当进行监督和处理,尤其应当防止出现改变土地的农业用途的现象,对已发生的土地承包经营权流转行为进行全面的清理和完善,并加以规范。而鉴于地方政府和中央政府在此问题上的目标函数不尽相同,中央政府应当组织对于土地承包经营权流转事宜的细化政策的起草和实施工作,并加强对重大侵犯农民权益和"非粮化"事宜进行监管。

(二) 我国集体建设用地流转法律制度的走向

党的十七届三中全会提出要"逐步建立城乡统一的建设用地市场";党的十八届三中全会为我国未来十年勾勒出一幅详尽的改革"路线图"。作为改革中的难点和重点,农村土地制度的走向无疑吸引着社会各界的最大关注。对此,《中共中央关于全面深化改革若干重大问题的决定》提出"建立城乡统一的建设用地市场"和"建立兼顾国家、集体、个人的土地增值收益分配机制",指明了集体建设用地制度改革的方向。但至今《土地管理法》的修订工作仍未完成,因此,法律层面上,对于集体建设用地使用权直接入市仍然持反对态度。当下我国的土地市场实行的仍是城乡分治、政府垄断城市土地一级市场的制度模式。在该种模式下,农村与城市土地分属不同的法律管制、由不同的机构进行管理,形成了两套迥异的市场体系和权利配置。如前所述,我国这种独特的土地制度为高速工业化和快速城市化作出了重大贡献,但这种体系在当下最大的问题是,国有土地成为建设用地的几乎唯一的合法来源,而农地变为建设用地必须经过政府征收。政府作为农地转为市地的唯一决策者,拥有获得农地并将其流转给使用者的垄断性权力,由此带来了土地市场发育不完善、农民土地财产权利被侵犯和各主体之间土地利益矛盾加剧等问题。[1] 首先,必须从法律层面对我国建设用地使用权制度进行根本性变革,真正实现国有建设用地和集体建设用地"同地同权,同等入市"。为了保证我国经济社会的可持续增长,调节各主体和阶层之间的土地权益分配,必须对现行的土地制度尤其是建设用地制度进行根本性的改革,力图改变地方政府垄断土地一级市场的垄断格局,使集体土地权利与国有土地权利能够真正实现"同地同权,同等入市",以市场为核心对土地资源进行再配置。但也有学者对此提出了不同的观点:农村土地产权受到更多的限制是正常的;[2] 另一种观点认为:集体土地使用权与国家土地使用权在民事法律地位上平等,所有权的权能充分,应当同等对待。因此,在不违反城市规划,不冲击基本农田保护区的前提下,集体建

---

〔1〕 刘守英:"中国的二元土地权利制度与土地市场残缺——对现行政策、法律地方创新的回顾与评论",载《经济研究参考》2008年第31期。

〔2〕 王卫国:《中国土地权利研究》,中国政法大学出版社1997年版,第119页。

设用地使用权可以直接进入市场，而无须转变土地所有权。这些土地进入市场后，集体所有权的性质不变，集体所获土地收益可在国家与集体等利益主体之间分配。[1] 笔者认为：国有建设用地和集体建设用地是否应当获得法律上的平等地位，在我国《物权法》中并未得到圆满解决，建设用地范围仍只包括国有土地，而不包含集体土地，但《物权法》已经确立了物权平等保护、不同所有制同等保护的基本原则，在法律上，集体土地所有权与国家土地所有权处于平等的地位。而当前，我国法律制度对集体所有权的限制不应该成为排斥和剥夺本应属于所有权权能的条件。既然国家土地所有权上可以设立建设用地使用权且建设用地使用权可以依法流转，基于所有权平等原则，集体土地所有权上亦可设定集体建设用地使用权且集体建设用地使用权亦可以流转。[2] 另如前文所述，我国的农地非农化使用过程中，对于农民的剥夺行为已经造成了重大的影响，城乡二元的建设用地格局已经面临着合法性的质疑，在统筹城乡发展、"工业反哺农业，城市支持农村，推进社会主义新农村建设"的大背景下，建立城乡统一的建设用地市场已是大势所趋，如今所需关注的应当是如何在现行政治体制和框架内实现城乡二元建设用地格局到城乡统一建设用地市场的根本转变。而当下我国地方政府主导下的集体建设用地使用权流转试验已经面临着诸多困境，究其根源，仍在于地方政府拟通过集体建设用地使用权流转试验实现其自身利益的最大化。而这种自身利益，既包括财政收入的最大化目标，也包括 GDP 锦标赛体制下的短期经济目标和官员的自身利益考量。近几年，中央相继出台了工业用地推行招拍挂、控制年

---

[1] 张合林：《中国城乡统一土地市场理论与制度创新研究》，经济科学出版社 2008 年版，第 322 页。

[2] 参见高圣平、刘守英："集体建设用地进入市场：现实与法律困境"，载《管理世界》2007 年第 3 期。

度用地指标等措施,这些规定限制了地方政府任意扩大征地规模的能力。但耕地保护、宏观调控是中央政府的目标函数,不少地方政府目前的主要任务尚是加大投资、吸引外来资金,而低价土地正是招商引资的重要筹码。由于集体建设用地价格相对低廉,可带来更多投资,且可规避中央的宏观调控政策,中央加强土地使用管制直接诱发了地方政府推动集体建设用地的流转。[1] 不难看出,我国地方政府主导下的集体建设用地流转试验与建立城乡统一的建设用地市场的目标是南辕北辙的。

笔者认为,只有从法律层面上规定国有建设用地和集体建设用地"同地同权,同等入市",才能真正建立城乡统一的建设用地市场。我国城乡统一土地市场制度创新框架的基本含义是:打破法律制度对农村土地所有权的歧视和国家对土地一级市场的行政垄断,通过农村土地所有权和用益物权制度的改革,使城乡建设用地使用权权能趋于一致,实现城乡建设用地使用权的对等、对接和统一,充分发挥市场在城乡建设用地资源配置中的根本性作用。在坚持必要的国家管制前提下,允许农民集体经营建设用地直接、合法进入建设用地市场。[2] 理由如下:

第一,集体经营性建设用地入市流转将使农村存量的建设用地资源成为市场交易的对象,建设用地资源的价值通过市场得以体现和增长。在土地使用权市场中,价格信号将引导建设用地资源的调节和分配,从而促成城乡建设用地利用效率的提高。集体建设用地使用权流转可以减少政府征收土地、侵占耕地的冲动,从而更有效

---

〔1〕 万江:"政府主导下的集体建设用地流转:从理想回归现实",载《现代法学》2010年第2期。

〔2〕 参见张合林:《中国城乡统一土地市场理论与制度创新研究》,经济科学出版社2008年版,第349页;张合林、郝寿义:"城乡统一土地市场制度创新及政策建议",载《中国软科学》2007年第2期。

第八章 我国农地使用权流转制度完善的前提追问与路径规划

地保护耕地资源。同时,集体经营性建设用地入市流转过程中涉及的行为主体主要有农民、厂商或企业以及地方政府,通过集体经营性建设用地入市流转,三方的利益在一定程度均得以实现和保护。总之,集体经营性建设用地入市流转改变了资源配置的方式,适应了市场经济发展的内在要求,缓解了城乡建设用地的供需紧张的状况,减少了因经济建设而占用耕地的潜在威胁。相对于集体土地征收而言,集体经营性建设用地入市流转实现了地方政府、用地企业、农民集体和农民个体的共赢。[1]

第二,由于集体建设用地的隐形流转在政策法律上尚未得到明确认同,大多在无序或隐蔽状态下进行,缺乏合理的规章制度和有效的监管体系,容易造成随意占用耕地用于非农业建设,低价出让、转让和出租农民集体建设用地,随意改变土地建设用途等问题,以及因此扰乱正常的土地市场秩序,造成土地权属混乱和滋生社会治安问题。[2] 在《物权法》制定的过程中,对建设用地使用权的客体除国家所有的土地外,是否包括集体所有的土地是存有重大争议的。《物权法》最终将集体土地上的建设用地使用权排除在建设用地使用权之外,并由《土地管理法》等特别法规定。该规定的优点在于对于集体建设用地使用权能否进入市场流转等问题,可以根据我国经济政策情况变化灵活处理,维护了《物权法》的稳定性;不利之处在于《物权法》的体现不够完整,权威打了折扣,和法典化的理想产生差距。[3] 因此,首先要修改《土地管理法》中有关集体土地使用权出让、转让的限制性条款,如其第63条可修

---

〔1〕 张梦琳、陈利根:"农民集体建设用地流转的资源配置效应及政策含义",载《中国土地科学》2008年第11期。

〔2〕 张俊平等:"珠三角地区农民集体建设用地流转问题探讨——以中山市为例",载《经济地理》2010年第4期。

〔3〕 孙毅、申建平:《建设用地使用权·宅基地使用权》,中国法制出版社2007年版,第25~27页。

改为"集体土地使用权不得出让、转让或出租用于非农建设,但符合土地利用总体规划并依法取得的建设用地使用权可依照法律规定发生转移";然后由国务院出台《集体建设用地使用权条例》,具体规范集体公益性建设用地使用权的得丧变更以及集体经营性建设用地入市流转的条件、操作程序、审批权限、收益分配办法等。[1]最后,只要是符合土地利用总体规划并经依法批准的集体经营性建设用地,均可依法使用和流转。为此,集体经营性建设用地使用权的流转范围是:不应限于村庄、集镇、建制镇建设用地范围内的土地,只要符合土地利用总体规划,权属合法并经依法批准的存量集体经营性建设用地以及根据城镇规划和土地利用规划确定的增量建设用地。

第三,需要关注集体经营性建设用地流转过程中的国家管制。集体经营性建设用地使用权流转因其特殊性使其有别于一般商品的交易。一旦立法允许流转,农民集体和农民个体往往由于信息不对称等因素的制约,使得其在流转中处于相对弱势的地位,据此,国家应当通过管制来平衡双方的地位。①应当设定集体经营性建设用地入市流转的条件,进入市场流转的集体经营性建设用地应该符合以下条件:其一,通过合法手续取得集体建设用地并领有集体建设用地使用权证。这是集体经营性建设用地使用权入市流转的基础性条件。其二,符合用途管制的要求,不得擅自改变用途。对商业性房地产开发的土地供应总量要严格控制,集体建设用地不得擅自改变用途,搞商业性房地产开发。其三,符合土地利用总体规划和城乡规划。只有符合土地利用总体规划的集体建设用地,才能作为建设用地使用和流转,具体土地用途还应该符合城乡规划,不符合规划的集体建设用地不得进行流转。②未来应以《集体建设用地使用

---

[1] 王权典:"农民集体建设用地流转的法律障碍及变革创新",载《法学杂志》2008年第4期。

权条例》为中心，促进集体经营性建设用地使用权的合法流转为核心理念，以权利流转的原则、方式、程序及保障措施为制度设计的重点领域，实现城乡建设用地流转机制的一体化。[1] 真正实现农民集体经营性建设用地的直接入市，但需严格限定直接入市的条件，至少应当包括以下三个方面：其一，农民集体经营性建设用地出让、出租和作价入股应当经过本农民集体的2/3以上成员或2/3以上村民代表同意；其二，符合土地利用总体规划和年度计划，以及国家的用途管制政策，并符合公开、公平竞价的原则；其三，集体经营性建设用地使用权的入市流转应当依法办理登记手续。[2] 对于集体建设用地使用权的出让、出租和作价入股是否需经政府部门审批，学术界存在不同的看法。[3] 但我们认为，在法律法规许可的范围内，作为集体成员有权决定其财产的处分，行政权力过多干预建设用地流转市场，必然导致钱权交易和土地腐败。为防止腐败现象发生，应加强乡镇政府的管理责任、强化农村土地登记管理与地籍管理、强化土地执法监察力度等国家管制措施。

第四，应加强集体经营性建设用地使用权流转过程中的收益分配与监管机制等的建设。利益分配问题是规范农民集体建设用地流转行为的关键问题，集体经营性建设用地入市流转收益分配涉及地方政府、集体土地所有者、使用者三者的利益关系，必须正确处理。地方政府应当主要通过税收手段获取集体经营性建设用地使用权入市流转的土地增值收益，而首次流转的收益应当归集体土地所有者和使用者，并保证农民集体和农民个体的长期发展。地方政府

---

[1] 张璐：" 农村土地流转的法律理性与制度选择"，载《法学》2008年第12期。
[2] 梅伟：" 论集体建设用地使用权直接入市制度"，载刘云生主编：《中国不动产研究》第4卷，法律出版社2009年版，第30页。
[3] 参见韩松：" 集体建设用地市场配置的法律问题研究"，载《中国法学》2008年第3期；张鹏、王亦白："对农民集体建设土地流转试点的思考"，载《法学》2006年第5期。

还应当在充分考虑地价构成因素的基础上，分等定级，科学评估，确定集体经营性建设用地使用权的基准价格体系，并根据经济发展和土地供求状况作适时的调整。[1]

(三) 我国宅基地使用权流转法律制度的重整

通过买卖房屋的形式实现宅基地使用权的被动流转已经非常普遍，成为大势所趋。一方面，随着我国城市化的加速，农村人口大规模向城市集中，由于法律限制因房屋买卖而导致的宅基地使用权的流转，因此实践中，农村私有房屋的交易大多暗箱操作。如北京市由于很多外来人口入京，京郊农村宅基地及房屋出租买卖已经十分活跃。但是根据《土地管理法》之相关规定，宅基地是农民的居住财产，无法入市，因此，宅基地租赁和买卖交易只能通过地下交易完成。京郊大部分村镇的宅基地流转案例占宅基地总数的10%左右，有的甚至高达40%以上。[2] 另一方面，在中西部农村，富裕起来的村民兴起"建房热"，超标用地、占用耕地的现象十分普遍。改革开放后，伴随着我国农村经济社会分层的加剧，使人民公社时期变得激烈起来的村庄内的面子竞争日益以物质性的东西来证明，尤其容易以矗立在村庄中的高大房子来证明。在一些北方农村，建高房子的竞争大都到了极不理性的地步。但在那些因为村庄社会流动而让预期变得不确定的村庄，建高大而不实用的房子是不可理喻的事情。[3] 有资料显示：今后20年，全国每年有1200多万农村人口要转移到城镇地区，以目前我国农村居民人均用地为153平方米

---

[1] 张传新：" 集体建设用地流转制度研究"，西北农林科技大学2009年硕士论文，第20~21页。

[2] 章波等：" 经济发达地区农村宅基地流转问题研究——以北京市郊区为例"，载《中国土地科学》2006年第1期。

[3] 贺雪峰：《村治模式：若干案例研究》，山东人民出版社2009年版，第24页。

第八章　我国农地使用权流转制度完善的前提追问与路径规划

计算,每年约有 1836 万公顷的农民宅基地会闲置出来。[1] 因此,应当逐步规范宅基地使用权取得、流转及其退出机制建设。

第一,尽快着手和加强宅基地确权登记发证工作,明晰宅基地产权。产权明晰是宅基地使用权流转的前提和基础,我国应加强宅基地的登记工作,依法确定宅基地的权属范围,明晰宅基地使用权的产权主体。《物权法》第 10 条规定了我国将建立不动产统一登记制度。根据第 14 条、第 155 条的规定,我国对宅基地使用权实行的是登记生效主义。《关于进一步加快宅基地使用权登记发证工作的通知》(国土资发〔2008〕146 号)规定,力争在 2009 年底前,基本完成全国宅基地使用权登记发证工作,做到权属纠纷基本解决,农民合法使用的宅基地全部发证到户。但截至目前,我国尚未完成宅基地使用权登记工作。在具体的登记过程中,对于"一户多宅"和超标准面积的处理,笔者认为应当坚持"一户一宅,面积法定"的原则,对于超过部分,可以由农民集体决定收取一定的使用费,既可以作为保护耕地的措施,又可为集体经济充实一定的资金,可谓一举两得。农民宅基地实际占用面积超过规定标准的部分,即使在宅基地流转后也应将超占部分按规定全部上交,以保护集体土地所有者和使用者的土地收益。[2]

第二,应当对农村宅基地进行整理和整治,通过整理和整治,清理空置住宅"一户多宅"以及闲置宅基地。通过界定宅基地使用权的边界,将为宅基地使用权流转提供基础和条件。当然,在实践中,要防止整理和整治农民宅基地使用权的权力完全由地方政府所控制和操作,使其成为变相的低价征收。鉴于可能导致的各种不良后果,我们强调宅基地使用权流转应当慎重为之,在宅基地使用权

---

〔1〕 周楚军:"规整大地",载《中国国土资源报》2005 年 3 月 12 日。

〔2〕 刘庆等:"关于农村宅基地使用权流转的思考",载《农村经济》2006 年第 1 期。

的集体所有性质不变的前提下，地方政府可以帮助农民集体管理宅基地使用权，但不得转变宅基地使用权的性质，即不能变为国有或者由地方政府收购，也不得由地方政府替代农民集体管理。[1]

第三，应建立科学的宅基地使用权取得和退出机制。对于宅基地的取得和退出问题，仍应赋予农民集体以决定权，并规范该种决定权。我国现行的农村宅基地使用权制度实行的是无偿、无期限制度，但完全无偿、无期限使用制度也日益显示其弊端。所以，笔者认为应建立对于闲置、浪费和超额占有宅基地部分的有偿、有期限使用制度。在实践中，20世纪90年代初期，我国部分地区曾经实行宅基地有偿使用试点，但在短期内又被取消，有学者如此解读：的确，宅基地有偿使用具有相当的合理性，但是有偿决定的决定权利不在国家而在所有权主体，决定以什么样的价格设立乡村宅基地的权利也应当归土地所有权主体，国家决定收取费用、国家收取使用费用的做法明显侵犯了集体土地所有权，违背了土地集体所有的根本要求。土地集体所有，作为集体成员的个人当然具有所有利益，国家收费也侵犯了集体成员的所有权权益。所以，宅基地有偿使用制度不可行。如果要推行，国家的政策应当也仅仅具有指导性意义。[2] 笔者深以为然，即使对于超额占有宅基地部分的有偿、有期限使用，其最终决定权和费用收取权也应当归农民集体，而不应当归国家。

第四，逐步放宽宅基地使用权的流转，建立规范的宅基地流转制度。根据《物权法》第152条的规定，宅基地使用权是指农民集体经济组织的成员依法享有的占有、使用集体所有土地、在该土地

---

[1] 万江："政府主导下的集体建设用地流转：从理想回归现实"，载《现代法学》2010年第2期。

[2] 江平主编：《中国土地立法研究》，中国政法大学出版社1999年版，第287页。

上建造房屋及其附属物的权利。这表明：其一，宅基地使用权主体只能是农民集体经济组织成员，而不包括城镇居民；其二，宅基地使用权只能用于建造农村村民的个人住宅。《土地管理法》（修订案送审稿）第97条规定：宅基地使用权人经本集体经济组织同意，在保障基本居住条件的前提下，可以将房屋以及宅基地向符合宅基地申请条件的人员转让、赠与或者出租。农村村民转让、赠与或者出租宅基地后，再申请宅基地的，不予批准。国家鼓励有其他居住条件的农民自愿腾退宅基地并给予奖励。依据该条规定可知，宅基地使用权虽然可以流转，但存在严格的法律限制，即宅基地使用权必须转让给本集体经济组织的成员；该成员必须符合申请宅基地使用权的条件，即一户一宅且面积符合规定。我们认为：《土地管理法》（修订案送审稿）第97条的规定对于房屋和宅基地出租和赠与程序与对象的限定过于严格，使得实践中广泛存在的村民将自有房屋和宅基地出租给村外人士的现象面临着不合法的问题。如果说，禁止房屋和宅基地的村外转让是为了维护农民的生存根基和城市房地产业的健康发展的话，严格限定村民房屋和宅基地的村外出租和赠与则不符合财产法的基本要求，财产权的核心理念就是尊重当事人的意思。既然要对农民的土地权益给予财产权式样的保护，就应当最大程度地尊重农民的自由意思，过多的管制无疑限制了村民财产权的实现。试想，出外打工的村民将自己所有的房屋短期出租给村外人士，获取一定的收益，根据《土地管理法》（修订案送审稿）第97条的规定，即使经过本集体经济组织的同意，村民自身在打工地也有居所，该做法仍将被视为违法。对此，我们无法进行有力的法理解释，甚至无法进行常识性解释来说服普通的村民。"成都实验"关于宅基地流转方面的大胆创新值得《土地管理法》的修订者借鉴和推广。《成都市集体建设用地使用权流转管理办法（试行）》规定远离城镇不实施土地整理的山区、深丘区，农村村民依法取得的宅基地在符合村庄规划、风景名胜区保护的前提下，可以通过房屋联建、出租等方式流转。鼓励符合一定条件的农村村民退出宅基地，退出的宅基地纳入集体建设用地储备库。农村村民退出宅基地的补偿，不得低于当地征地补偿标准。这样，宅基地流转在特定条件下，增加了联建、出租和补偿退出三种切合实际的形式，可以减少宅基地浪费，增加其他方面的农村建设用地，也可以吸引更多的外来资金，有利于农村居民点的集中建设，也为宅基地流转奠定了基础。在农村房屋和宅基地使用权流转问题上，立法者所要做的也许正是尊重农民、尊重实践，给予一定的制度创新空间，不妨"试一试，看一看"。[1]

---

[1] 参见陆剑、彭真明："农村产权交易的制度建构——基于成都，武汉产权交易所的实证研究"，载《农村经济》2010年第9期。

参考文献

中文部分

一、著作

[1]《马克思恩格斯选集》第 1 卷，人民出版社 1995 年版。
[2]《马克思恩格斯全集》第 3 卷，人民出版社 1995 年版。
[3]《马克思恩格斯全集》第 4 卷，人民出版社 1995 年版。
[4]《马克思恩格斯全集》第 5 卷，人民出版社 1958 年版。
[5]《马克思恩格斯全集》第 25 卷，人民出版社 2001 年版。
[6] 马克思：《资本论》第 3 卷，人民出版社 1975 年版。
[7] 马克思：《剩余价值学说史》，人民出版社 1978 年版。
[8]《列宁全集》第 16 卷，人民出版社 1988 年版。
[9]《列宁全集》第 35 卷，人民出版社 1992 年版。
[10] 陈小君等：《农村土地法律制度研究——田野调查解读》，中国政法大学出版社 2004 年版。
[11] 陈小君等：《后农业税时代农地法制运行实证研究》，中国政法大学出版社 2009 年版。
[12] 陈小君等：《农村土地法律制度的现实考察与研究——中国十省调研报告书》，法律出版社 2010 年版。
[13] 江平主编：《中国土地立法研究》，中国政法大学出版社 1999 年版。
[14] 蒋省三等：《中国土地政策改革：政策演进与地方实施》，上海三联书店 2010 年版。
[15] 北京大学国家发展研究院综合课题组：《还权赋能：奠定长期发

展的可靠基础》，北京大学出版社 2010 年版。

[16] 朱冬亮：《社会变迁中的村级土地制度》，厦门大学出版社 2003 年版。

[17] 黄荣华：《农村地权研究：1949～1983——以湖北省新洲县为个案》，上海社会科学院出版社 2006 年版。

[18] 靳相木：《中国乡村地权变迁的法经济学研究》，中国社会科学出版社 2005 年版。

[19] 孟勤国等：《中国农村土地流转问题研究》，法律出版社 2009 年版。

[20] 张佩国：《近代江南乡村地权的历史人类学研究》，上海人民出版社 2002 年版。

[21] 左平良：《土地承包经营权流转法律问题研究》，中南大学出版社 2007 年版。

[22] 徐勇：《现代国家、乡土社会与制度建构》，中国物资出版社 2009 年版。

[23] 柴荣：《中国古代物权法研究》，中国检察出版社 2007 版。

[24] 张钧：《农村土地制度研究》，中国民主法制出版社 2008 年版。

[25] 温铁军：《三农问题与制度变迁》，中国经济出版社 2009 年版。

[26] 宋志红：《集体建设用地使用权流转法律制度研究》，中国人民大学出版社 2009 年版。

[27] 温铁军：《三农问题与世纪反思》，生活·读书·新知三联书店 2005 年版。

[28] 陈健：《中国土地使用权制度》，机械工业出版社 2003 年版。

[29] 周应江：《家庭承包经营权：现状、困境与出路》，法律出版社 2010 年版。

[30] 吴向红：《典之风俗与典之法律》，法律出版社 2009 年版。

[31] 姚洋：《土地、制度和农业发展》，北京大学出版社 2004 年版。

[32] 杨一介：《中国农地权基本问题——中国集体农地权力体系的形

成与扩展》,中国海关出版社2003年版。

[33] 王权典:《新农村土地法制专题新论》,知识产权出版社2010年版。

[34] 徐勇、赵永茂主编:《土地流转与乡村治理——两岸的研究》,社会科学文献出版社2010年版。

[35] 吴远来:《农村宅基地产权制度研究》,湖南人民出版社2010年版。

[36] [美]李侃如:《治理中国:从革命到改革》,胡国成、赵梅译,中国社会科学出版社2010年版。

[37] 胡昌银:《土地承包经营权的物权法分析》,复旦大学出版社2004年版。

[38] 王卫国:《中国土地权利研究》,中国政法大学出版社1997年版。

[39] 张静:《现代公共规则与乡村社会》,上海书店出版社2006年版。

[40] 林鹰等主编:《中国农村人口变动对土地制度改革的影响》,中国财政经济出版社2002年版。

[41] 贾生华、张宏斌:《土地非农化过程与机制实证研究》,上海交通大学出版社2002年版。

[42] 张红宇:《农村的土地制度变迁》,中国农业出版社2002年版。

[43] 刘志仁:《农村土地流转中的信托机制研究》,湖南人民出版社2008年版。

[44] 迟福林主编:《把土地使用权真正交给农民》,中国经济出版社2002年版。

[45] 林毅夫:《制度、技术与中国农业发展》,上海三联书店、上海人民出版社2008年版。

[46] 王克强、刘红梅:《城市郊区集体土地价格形成机制与利益分配研究》,上海人民出版社2007年版。

[47] 韩松:《集体所有制、集体所有权及其实现的企业形式》,法律出版社2009年版。

[48] 王卫国、王广华主编:《中国土地权利的法制建设》,中国政法大学出版社 2002 年版。

[49] 洪增林:《我国集体土地流转系统研究》,科学出版社 2008 年版。

[50] 张笑寒:《农村土地股份合作制的制度解析与实证研究》,上海人民出版社 2010 年版。

[51] 郑景骥主编:《中国农村土地使用权流转的理论基础与实践方略研究》,西南财经大学出版社 2006 年版。

[52] 张合林:《中国城乡统一土地市场理论与制度创新研究》,经济科学出版社 2008 年版。

[53] 黄河等:《农业法视野中的土地承包经营权流转法制保障研究》,中国政法大学出版社 2007 年版。

[54] 赵冈:《历史上的土地制度与地权分配》,中国农业出版社 2003 年版。

[55] 韩俊主编:《中国农村土地问题调查》,上海远东出版社 2009 年版。

[56] 曹务坤:《农村土地承包经营权流转研究》,知识产权出版社 2007 年版。

[57] 李尚红、李志远:《基于土地流转构建我国民营农场制度研究》,安徽大学出版社 2009 年版。

[58] 黄韬:《中国农地集体产权制度研究》,西南财经大学出版社 2010 年版。

[59] 余鹏翼:《中国发达地区农地使用权流转问题研究》,暨南大学出版社 2010 年版。

[60] 车裕斌:《中国农地流转机制研究》,中国农业出版社 2004 年版。

[61] 黄烈佳:《农地城市流转及其决策研究》,中国农业出版社 2007 年版。

[62] 黄丽萍:《中国农地使用权流转研究》,厦门大学出版社 2007 年版。

[63] 茆荣华:《我国农村集体土地流转制度研究》,北京大学出版社 2010 年版。

[64] 丁关良:《农村土地承包经营权初论——中国农村土地承包经营立法研究》,中国农业出版社 2002 年版。

[65] 乡镇论坛杂志社编:《农民土地权益与农村基层民主建设研究》,中国社会出版社 2007 年版。

[66] 崔文星:《中国农地物权制度论》,法律出版社 2009 年版。

[67] 黄祖辉等:《我国土地制度与社会经济协调发展研究》,经济科学出版社 2010 年版。

[68] 亓宗宝:《农村土地承包经营权法律保障研究》,法律出版社 2009 年版。

[69] 丁关良、童日晖:《农村土地承包经营权流转制度立法研究》,中国农业出版社 2009 年版。

[70] 苏力:《法治及其本土资源》,中国政法大学出版社 1996 年版。

[71] 梁治平:《寻求自然秩序中的和谐》,中国政法大学出版社 2002 年版。

[72] 费孝通:《乡土中国 生育制度》,北京大学出版社 1998 年版。

[73] 梁治平:《清代习惯法:社会与国家》,中国政法大学出版社 1996 年版。

[74] 梁治平:《法律的文化解释》,生活·读书·新知三联书店 1998 年版。

[75] 王亚辛、梁治平编:《明清时期的民事审判与民间契约》,法律出版社 1998 年版。

[76] [美] 克利福德·格尔茨:《文化的解释》,韩莉译,译林出版社 1999 年版。

[77] 苏力:《送法下乡——中国基层司法制度研究》,中国政法大学出版社 2000 年版。

[78] [美] 黄宗智:《长江三角洲小农家庭与乡村发展》,中华书局

2000年版。

[79] 曹锦清：《黄河边的中国：一个学者对乡村社会的观察与反思》，上海文艺出版社2001年版。

[80] 陈晓华：《乡村转型与城乡空间整合研究——基于"苏南模式"到"新苏南模式"过程的分析》，安徽人民出版社2008年版。

[81] 黄小虎主编：《新时期中国土地管理研究》，当代中国出版社2006年版。

[82] 田成有：《乡土社会中的民间法》，法律出版社2005年版。

[83] [美] 詹姆斯·C.斯科特：《农民的道义经济学：东南亚的反叛与生存》，程立显、刘建等译，译林出版社2001年版。

[84] 张洪涛：《使法治运转起来》，法律出版社2010年版。

[85] 秦晖、苏文：《田园诗与狂想曲——关中模式与前近代社会的再认识》，中央编译出版社1996年版。

[86] 吴建敏：《实践法学：对马克思思想的新阐发》，河北人民出版社2009年版。

[87] 贺雪峰：《地权的逻辑》，中国政法大学出版社2010年版。

[88] 卢福营、刘成斌等：《非农化与农村社会分层：十个村庄的实证研究》，中国经济出版社2005年版。

[89] 吴毅：《村治变迁中的权威与秩序》，中国社会科学出版社2002年版。

[90] 贺雪峰：《乡村治理的社会基础》，中国社会科学出版社2003年版。

[91] [美] 马修·戴弗雷姆：《法社会学讲义：学术脉络与理论体系》，郭星华等译，北京大学出版社2010年版。

[92] [美] 黄宗智主编：《中国研究的范式问题讨论》，社会科学文献出版社2003年版。

[93] 强世功：《法制与治理：国家转型中的法律》，中国政法大学出版社2003年版。

[94] 贺雪峰:《新乡土中国》,广西师范大学出版社 2003 年版。

[95] 徐勇等著:《流动中的乡村治理——对农民流动的政治社会学分析》,中国社会科学出版社 2003 年版。

[96] [美] 罗伯特·C.埃里克森:《无需法律的秩序》,苏力译,中国政法大学出版社 2003 年版。

[97] [美] 杜赞奇:《文化、权力与国家》,王福明译,江苏人民出版社 2003 年版。

[98] 胡昌银:《土地承包经营权的物权法分析》,复旦大学出版社 2004 年版。

[99] 曲福田等:《经济发展与中国土地非农化》,商务印书馆 2007 年版。

[100] 邓正来:《中国法学向何处去》,商务印书馆 2004 年版。

[101] 郭洁:《土地资源保护与民事立法研究》,法律出版社 2002 年版。

[102] 于建嵘主编:《中国农民问题研究资料汇编》,中国农业出版社 2007 年版。

[103] 秦晖:《农民中国:历史反思与现实选择》,河南人民出版社 2003 年版。

[104] [秘鲁] 赫尔南多·德·索托:《资本的秘密》,于海生译,华夏出版社 2007 年版。

[105] 杜润生:《杜润生自述:中国农村体制变革重大决策纪实》,人民出版社 2005 年版。

[106] 肖唐镖:《宗族政治——村治权力网络的分析》,商务印书馆 2010 年版。

[107] 贺雪峰:《村治模式:若干案例研究》,山东人民出版社 2009 年版。

[108] [美] 苏黛瑞:《在中国城市中争取公民权》,王春光、单丽卿译,浙江人民出版社 2009 年版。

[109] 高永平:《执着的传统——平安村的财产继承研究》,中国文史出版社2007年版。

[110] [美] 黄宗智:《清代的法律、社会与文化——民法的表达与实践》,上海书店出版社2001年版。

[111] [美] 黄宗智:《法典、习俗与司法实践:清代与民国的比较》,上海书店出版社2007年版。

[112] [美] 黄宗智:《经验与理论:中国社会、经济与法律的实践历史研究》,中国人民大学出版社2007年版。

[113] [美] 詹姆斯·C.斯科特:《弱者的武器》,郑广怀等译,译林出版社2007年版。

[114] 胡戎恩、田涛主编:《流动的土地:贵州铜仁地区土地流转调查》,北京大学出版社2010年版。

[115] 吴毅:《小镇喧嚣——一个乡镇政治运作的演绎与阐释》,生活·读书·新知三联书店2007年版。

[116] 刘俊:《中国土地法理论研究》,法律出版社2006年版。

[117] 黄祖辉:《转型、发展与制度变革——中国"三农"问题研究》,上海人民出版社2008年版。

[118] 王瑞芳:《土地制度变动与中国乡村社会变革——以新中国成立初期土改运动为在中心的考察》,社会科学文献出版社2010年版。

[119] 于建嵘:《抗争性政治:中国政治社会学基本问题》,人民出版社2010年版。

[120] 董磊明:《宋村的调解——巨变时代的权威与秩序》,法律出版社2008年版。

[121] [美] R.科斯等:《财产权利与制度变迁——产权学派与新制度学派译文集》,刘守英等译,上海人民出版社2004年版。

[122] 李昌平:《我向总理说实话》,光明日报出版社2002年版。

[123] 靳相木:《地根经济:一个研究范式及其对土地宏观调控的初步

应用》，浙江大学出版社 2007 年版。

［124］苏永钦：《走入新世纪的私法自治》，中国政法大学出版社 2002 年版。

［125］赵秀玲：《中国乡里制度》，社会科学文献出版社 1998 年版。

［126］成汉昌：《中国土地制度与土地改革——20 世纪前半期》，中国档案出版社 1994 年版。

［127］苏永钦：《民事立法与公私法的接轨》，北京大学出版社 2005 年版。

［128］王景新：《现代化进程中的农地制度及其利益格局重构》，中国经济出版社 2005 年版。

［129］戴孟勇：《民法原理与实例研究》，中国政法大学出版社 2010 年版。

［130］荣敬本、崔之元等：《从压力型体制向民主合作体制的转变：县乡两级政治体制改革》，中央编译出版社 1998 年版。

［131］丁文：《物权限制研究》，中国社会科学出版社 2008 年版。

［132］程萍：《财产所有权的保护与限制》，中国人民公安大学出版社 2006 年版。

［133］杨立新主编：《民商法理论争议问题——用益物权》，中国人民大学出版社 2007 年版。

［134］刘世定：《占有、认知与人际关系：对中国乡村制度变迁的经济社会学分析》，华夏出版社 2003 年版。

［135］易军：《关系、规范与纠纷解决——以中国社会中的非正式制度为对象》，宁夏人民出版社 2009 年版。

［136］徐勇：《非均衡的中国政治：城市与乡村比较》，中国广播电视出版社 1992 年版。

［137］张佩国：《近代江南乡村地权的历史人类学研究》，上海人民出版社 2002 年版。

［138］许中缘：《民法强行性规范研究》，法律出版社 2010 年版。

[139] 谢双明：《马克思主义东方农民问题理论研究》，安徽大学出版社 2007 年版。

[140] 石莹、赵昊鲁：《马克思主义土地理论与中国农村土地制度变迁》，经济科学出版社 2007 年版。

[141] 谢在全：《民法物权论》上册，中国政法大学出版社 1999 年版。

[142] 史啸虎：《农村改革的反思》，中央编译出版社 2008 年版。

[143] ［法］米歇尔·福柯：《规训与惩罚》，刘北成、杨远缨译，生活·读书·新知三联书店 1999 年版。

[144] 苏力：《也许正在发生：转型中国的法学》，法律出版社 2004 年版。

[145] 苏永钦：《走入新世纪的私法自治》，中国政法大学出版社 2002 年版。

[146] 蔡昉等：《中国农村改革与变迁：30 年历程和经验分析》，格致出版社、上海人民出版社 2008 年版。

[147] 马炳全等：《论社会主义地租与地价》，中国农业科技出版社 1991 年版。

[148] 邹玉川主编：《当代中国土地管理》，当代中国出版社 1998 年版。

[149] 李昌平：《大气候：李昌平直言"三农"》，陕西人民出版社 2009 年版。

[150] 高道蕴等主编：《美国学者论中国法律传统》，清华大学出版社 2004 年版。

[151] 高富平：《中国物权法：制度设计和创新》，中国人民大学出版社 2005 年版。

[152] 彭大鹏、吴毅：《单向度的农村——对转型期乡村社会性质的一项探索》，湖北长江出版集团、湖北人民出版社 2008 年版。

[153] ［美］黄宗智主编：《中国乡村研究》（第 8 辑），福建教育出版社 2010 年版。

[154] 王道勇:《国家与农民关系的现代性变迁:以失地农民为例》,中国人民大学出版社 2008 年版。

[155] 邓大才:《土地政治:地主佃农与国家》,中国社会科学出版社 2010 年版。

[156] 管洪彦:《农民集体成员权研究》,中国政法大学出版社 2013 年版。

二、论文

[1] 彭真明、常健:"关于农地租赁制度的法律思考——兼谈我国农地租赁权的构建于完善",载《华中师范大学学报》2003 年第 2 期。

[2] 彭真明、常健:"中国土地使用权用权制度之反思——以三部《中华人民共和国民法》(草案)为中心",载《中国土地科学》2003 年第 5 期。

[3] 彭真明、常健:"论我国土地使用权制度的完善——兼评《中华人民共和国民法》(草案)的相关规定",载吴汉东主编:《私法研究》第 5 卷,中国政法大学出版社 2005 年版。

[4] "农村土地问题立法研究"课题组:"农地流转与农地产权的法律问题——来自全国 4 省 8 县(市、区)的调研报告",载《华中师范大学学报(人文社会科学版)》2010 年第 3 期。

[5] 陈小君:"我国妇女农地权利法律制度运作的实证研究与完善路径",载《现代法学》2010 年第 3 期。

[6] 陈小君:"农村土地制度的物权法规范解析——学习《关于推进农村改革发展若干重大问题的决定》后的思考",载《法商研究》2009 年第 1 期。

[7] 叶剑平等:"中国农村土地流转市场的调查研究——基于 2005 年 17 省调查的分析和建议",载《中国农村观察》2006 年第 4 期。

[8] 高飞:"农村妇女土地权益保护的困境与对策探析",载《中国土

地科学》2009 年第 10 期。

[9] 王利明："农村土地承包经营权的若干问题探讨"，载《中国人民大学学报》2001 年第 6 期。

[10] 苏永钦："私法自治中的国家强制"，载《中外法学》2001 年第 1 期。

[11] 吴向东、吴向红："小产权的大彻悟"，载《中国社会科学内刊》2008 年第 2 期。

[12] 袁铖："二元结构转型过程中的中国农地制度创新——一个产权的视角"，载《法商研究》2007 年第 3 期。

[13] 王轶："论物权法的规范配置"，载《中国法学》2007 年第 6 期。

[14] 钟瑞栋："民事立法的三种型态与强制性规范的配置"，载《厦门大学学报（哲学社会科学版）》2008 年第 6 期。

[15] 武建敏："实践法学要义"，载《河北法学》2009 年第 1 期。

[16] [美] 黄宗智："认识中国——走向从实践出发的社会科学"，载《中国社会科学》2005 年第 1 期。

[17] 管清友："制度悖论、无组织状态和政治危机——再论农村土地'流转'的政治经济学"，载《上海经济研究》2005 年第 2 期。

[18] 侯猛等："'法律的社会科学研究'研讨会观点综述"，载《法学》2005 年第 10 期。

[19] 孙宪忠："物权法制定的现状以及三点重大争议"，载《金陵法律评论》2004 年第 2 期。

[20] 杨沛英："马克思级差地租理论与当前中国的农地流转"，载《陕西师范大学学报（哲学社会科学版）》2007 年 4 期。

[21] 綦好东："新中国农地产权结构的历史变迁"，载《经济学家》1998 年第 1 期。

[22] 管清友、王亚峰："制度、利益和谈判能力：农村土地'流转'的政治经济学"，载《上海经济研究》2003 年第 1 期。

[23] 陈柏峰："农民地权诉求的表达结构"，载《人文杂志》2009 年

第 5 期。

[24] 陈成文、罗忠勇:"土地流转:一个农村阶层结构再构过程",载《湖南师范大学社会科学学报》2006 年第 4 期。

[25] 高圣平、严之:"'从长期稳定'到'长久不变':土地承包经营权性质的再认识",载《云南大学学报(法学版)》2009 年第 4 期。

[26] 黄丽萍:"马克思地租视角下的农地使用权流转",载《福建论坛(人文社会科学版)》2006 年第 5 期。

[27] 俞江:"中国自古以来土地所有权究竟属于谁?",载《中国改革》2010 年第 3 期。

[28] 胡钢:"明清时期土地市场化趋势的加速",载《古今农业》2005 年第 2 期。

[29] 王昉:"传统中国社会农村地权关系及制度思想在近代的转型",载《学术论坛》2007 年第 3 期。

[30] 刘云生:"永佃权之历史解读与现实表达",载《法商研究》2006 年第 1 期。

[31] 刘歆立:"对当前土地流转灰色预期的透视——基于转出土地农户的视角",载《理论探索》2010 年第 2 期。

[32] 张璐:"农村土地流转的法律理性与制度选择",载《法学》2008 年第 12 期。

[33] 周飞舟:"锦标赛体制",载《社会学研究》2009 年第 3 期。

[34] 曹正汉、史晋川:"中国地方政府应对市场化改革的策略:抓住经济发展的主动权——理论假说与案例研究",载《社会学研究》2009 年第 4 期。

[35] 周飞舟:"大兴土木:土地财政与地方政府行为",载《经济社会体制比较》2010 年第 3 期。

[36] 黎霆等:"当前农地流转的基本特征及影响因素分析",载《中国农村经济》2009 年第 10 期

[37] 许经勇:"'三农问题'与资本原始积累",载《福建行政学院经济管理干部学院学报》2004年第4期。

[38] 唐皇凤:"常态社会与运动式治理——中国社会治安治理中的'严打'政策研究",载《开放时代》2007年第3期。

[39] 王汉生、王一鸽:"目标管理责任制:农村基层政权的实践逻辑",载《社会学研究》2009年第2期。

[40] 狄金华:"通过运动进行治理:乡镇基层政权的治理策略——对中国中部地区麦乡'植树造林'中心工作的个案研究",载《社会》2010年第3期。

[41] 周飞舟:"从汲取型政权到'悬浮'型政权——税费改革对国家与农民关系之影响",载《社会学研究》2006年第3期。

[42] 崔智友:"中国村民自治与农村土地问题",载《中国农村观察》2002年第3期。

[43] 周其仁:"中国农村改革:国家与土地所有权关系的变化——一个经济制度变迁史的回顾",载《中国社会科学季刊》1995年第6期。

[44] 徐祖林、左平良:"自由市场及对自由市场限制的法哲学分析——从农村房屋及宅基地使用权流转问题说起",载《湖南社会科学》2006年第5期。

[45] 周雪光:"'关系产权':产权制度的一个社会学解释",载《社会学研究》2005年第2期。

[46] 朱冬亮:"土地调整:农村社会保障及农村社会控制",载《中国农村观察》2002年第3期。

[47] 郭洁:"农地使用权流转法律问题研究",载《政法论坛》1999年第2期。

[48] 徐勇:"村干部的双重角色:代理人与当家人",载《二十一世纪》网络版2002年10月号。

[49] 陈柏峰:"地方性共识与农地承包的法律实践",载《中外法学》

2008 年第 2 期。

[50] 王景新:"乡村现代化中土地制度及利益格局重构",载《现代经济探讨》2004 年第 3 期。

[51] 徐勇、邓大才:"社会化小农:解释当今农户的一种视角",载《学习月刊》2006 年第 7 期。

[52] 邓大才:"社会化小农:动机与行为",载《华中师范大学学报(人文社会科学版)》2006 年第 3 期。

[53] 史清华、贾生华:"农户家庭农地流转及形成根源——以东部沿海苏鲁浙三省为例",载《中国经济问题》2003 年第 5 期。

[54] 黎霆等:"当前农地流转的基本特征及影响因素分析",载《中国农村经济》2009 年第 10 期。

[55] 赵旭东:"礼物与商品:以中国乡村土地集体占有为例",载《安徽师范大学学报(人文社会科学版)》2007 年第 4 期。

[56] 毛丹:"村落共同体的当代命运:四个观察维度",载《社会学研究》2010 年第 1 期。

[57] 姚洋:"非农就业结构与土地租佃市场的发育",载《中国农村观察》1999 年第 2 期。

[58] 施从美:"当代中国文件治理变迁与现代国家成长——以建国以来中央颁发的土地文件为分析视角",载《江苏社会科学》2010 年第 1 期。

[59] 陆学艺:"当前中国社会生活的主要矛盾与和谐社会建设",载《探索》2010 年第 5 期。

[60] 黄建水、粟丽:"中国农村土地流转问题的法律思考",载《政法论坛》2001 年第 6 期。

[61] 刘淑春:"改革开放以来中国农村土地流转制度的改革与发展",载《经济与管理》2008 年第 10 期;

[62] 刘守英:"中国的二元土地权利制度与土地市场残缺——对现行政策、法律地方创新的回顾与评论",载《经济研究参考》2008

年第31期。

[63] 于建嵘:"当代中国农民的以法抗争",载《文史博览(理论)》2008年12期。

[64] 赵晓力:"通过合同的治理——80年代以来中国基层法院对农村承包合同的处理",载《中国社会科学》2000年第2期。

[65] 朱虎:"土地承包经营权流转中的发包方同意——一种治理的视角",载《中国法学》2010年第2期。

[66] 张泰苏:"中国人在行政纠纷中为何偏好信访?",载《社会学研究》2009年第3期。

[67] 应星:"作为特殊行政救济的信访救济",载《法学研究》2004年第3期。

[68] 董磊明等:"结构混乱与迎法下乡——河南宋村法律实践的解读",载《中国社会科学》2008年第5期。

[69] 朱冬亮:"建国以来农民地权观念的变迁",载《马克思主义与现实》2006年第6期。

[70] 周应江:"身份界定与民间法调适——因婚姻而流动的农村妇女实现土地权益面临的两个法律难题",载《中华女子学院学报》2005年第4期。

[71] 张平华:"私法视野里的权利限制",载《烟台大学学报(哲学社会科学版)》2006年第3期。

[72] 苑鹏:"中国农村市场化进程中的农民合作组织研究",载《中国社会科学》2001年第6期。

[73] 王景新:"中国农村土地制度变迁30年:回眸与瞻望",载《现代经济探讨》2008年第6期。

[74] 吴越:"地方政府在农村土地流转中的角色、问题及法律规制——成都、重庆统筹城乡综合配套改革试验区实证研究",载《甘肃社会科学》2009年第2期。

[75] 黄文艺:"信息不充分条件下的立法策略——从信息约束角度对

全国人大常委会立法政策的解读",载《中国法学》2009 年第 3 期。

[76] 许章润:"从政策博弈到立法博弈——关于当代中国立法民主化进程的省察",载《政治与法律》2008 年第 3 期。

[77] 亓宗宝、史建民:"土地承包经营权流转纠纷实证研究——从 9 宗诉讼案例谈起",载《农业经济问题》2008 年第 1 期。

[78] 郑永流:"实践法律观要义——以转型中的中国为出发点",载《中国法学》2010 年第 3 期。

[79] 王权典:"农村集体建设用地流转的法律障碍及变革创新",载《法学杂志》2008 年第 4 期。

[80] 刘洪彬、曲福田:"关于农村集体建设用地流转中存在的问题及原因分析",载《农业经济》2006 年第 2 期。

[81] 李艳等:"农民集体建设用地流转面临的挑战与建议——以重庆市忠县为例",载《中国农学通报》2010 年第 6 期。

[82] 高圣平、刘守英:"集体建设用地进入市场:现实与法律困境",载《管理世界》2007 年第 3 期。

[83] 王文等:"集体建设用地使用权流转收益形成及其分配研究",载《中国土地科学》2009 年第 7 期。

[84] 周建春:"集体非农建设用地流转的法制建设",载《中国土地》2003 年第 6 期。

[85] 万江:"政府主导下的集体建设用地流转:从理想回归现实",载《现代法学》2010 年第 2 期。

[86] 郭振杰、曹世海:"'地票'的法律性质和制度演绎",载《政法论丛》2009 年第 2 期。

[87] 郭振杰:"地票的创新价值和制度突破",载《重庆社会科学》2009 年第 4 期。

[88] 程世勇:"地票交易:体制内土地和产业的优化组合模式",载《当代财经》2010 年第 5 期

[89] 程世勇:"'地票'交易:模式演进和体制内要素组合的优化",载《学术月刊》2010年第5期。

[90] 仝志辉、温铁军:"资本和部门下乡与小农户经济的组织化道路——兼对专业合作社道路提出质疑",载《开放时代》2009年第4期。

[91] 康纪田:"政府管制错位的物权法分析",载《福建警察学院学报》2009年第1期。

[92] 许中缘:"禁止性规范对民事法律行为效力的影响",载《法学》2010年第5期。

[93] 李文谦、董祚继:"质疑限制农村宅基地流转的正当性——兼论宅基地流转试验的初步构想",载《中国土地科学》2009年第3期。

[94] 苏永钦:"私法自治中的国家强制",载《中外法学》2001年第1期。

[95] 王轶:"论物权法的规范配置",载《中国法学》2007年第6期。

[96] 李永安、赵红卫:"论我国宅基地使用权法律制度嬗变",载《学习论坛》2004年第12期。

[97] 吴向红、吴向东:"传统地权秩序对土地承包权的挑战",载《法学》2007年第5期。

[98] 施晓琳:"家庭承包农地使用权流转制度法律问题研究",载《河北法学》2000年第4期。

[99] 王跃生:"集体经济时代农民分家行为研究——以冀南农村为中心的考察",载《中国农史》2003年第2期。

[100] 王昉:"成文法、习惯法与传统中国社会中的土地流转",载《法制与社会发展》2004年第4期。

[101] 李海伟:"两种类型的农地使用权流转分析",载《现代经济探讨》2005年第2期。

[102] 杨明洪、刘永湘:"压抑与抗争——一个关于农村土地发展权

的理论分析框架",载《财经科学》2004年第6期。

[103] 沈守愚:"浅析土地用途管制的有关法律问题",载《中国土地》1998年第2期。

[104] 田成有:"乡土社会中的国家法与民间法",载《思想战线》2001年第5期。

[105] 张俊平等:"珠三角地区农民集体建设用地流转问题探讨——以中心市为例",载《经济地理》2010年第4期。

[106] 韩松:"集体建设用地市场配置的法律问题研究",载《中国法学》2008年第3期。

[107] 张鹏、王亦白:"对农民集体建设土地流转试点的思考",载《法学》2006年第5期。

[108] 潘维:"质疑'乡镇行政体制改革'——关于乡村中国的两种思路",载《开放时代》2004年第2期。

[109] 苏力:"当代中国的中央与地方分权——重读毛泽东《论十大关系》第五节",载《中国社会科学》2004年第2期。

[110] 冯舟:"论宪法第三条第四款:也读《论十大关系》第五节",载《政法论坛》2007年第5期。

[111] 崔智友:"村民自治与农村土地问题",载《中国农村观察》2002年第3期。

[112] 陈潭、罗晓俊:"中国乡村公共治理研究报告(1998~2008)——以CSSC检索论文与主要著作为研究对象",载《公共管理学报》2008年第4期。

[113] 靳相木、杨学成:"作为制度的村庄和村庄里的制度——中国人口城市化问题的一个解释框架",载《管理科学》2004年第5期。

[114] 贾川兰:"农村土地管理法律问题浅析",载《中国律师》2009年第10期。

[115] 陈柏峰:"地方性共识与农地承包的法律实践",载《中外法

学》2008年第2期。

[116] 谭淑豪等:"土地细碎化的成因及其影响因素分析",载《中国农村观察》2003年第6期。

[117] 马小勇、薛新娅:"中国农村社会保障制度改革:一种'土地换保障'的方案",载《宁夏社会科学》2004年第3期。

[118] 刘培伟:"基于中央选择性控制的试验——中国改革'实践'机制的一种新解释",载《开放时代》2010年第4期。

[119] 江平、莫于川等:"土地流转制度创新六人谈——重庆土地新政争议引出的思考讨论",载《河南省政法管理干部学院学报》2007年第6期。

[120] 陈景良:"反思法律史研究中的'类型学'方法——中国法律史研究的另一种思路",载《法商研究》2004年第5期。

[121] 任江:"农村土地承包经营权入股疑难问题刍议",载《重庆工商大学学报(西部论坛)》2008年第1期。

[122] 李东侠、郝磊:"土地承包经营权入股公司问题的法律分析",载《法律适用》2009年第4期。

[123] 郭亮:"土地流转的三个考察维度",载《调研世界》2009年第4期。

[124] 姜爱林、陈海秋:"农村土地股份合作制研究述评——主要做法、成效、问题与不足",载《社会科学研究》2007年第3期。

[125] 唐浩、曾福生:"农村土地股份合作制产生原因解析",载《中国土地科学》2008年第10期。

[126] 黄胜忠:"农业合作社的环境适应性分析",载《开放时代》2009年第4期。

[127] 张笑寒:"农村土地股份合作社:运行特征、现实困境和出路选择——以苏南上林村为个案",载《中国土地科学》2009年第2期。

[128] 林德荣:"新农村建设的创新模式——山东蓬莱市南王谷土地

股份合作社的个案调查",载《农村经济》2010 年第 2 期。
[129] 陆益龙:"中国农村社会阶级阶层结构六十年的变迁:回眸与展望",载《马克思主义与现实》2009 年第 6 期。
[130] 董国礼:"中国土地产权制度变迁:1949~1998",载《中国社会科学季刊》2000 年秋季号(总第 31 期)。
[131] 吴晓燕:"农村土地承包经营权流转与村庄治理转型",载《政治学研究》2009 年第 6 期。
[132] 吴晓燕、李赐平:"农地流转与基层社会治理机制:成都例证",载《改革》2009 年第 12 期。
[133] 蒋省三、刘守英:"防止村庄建设中侵害农民宅基地权利的倾向",载《中国发展观察》2007 年第 3 期。
[134] 陆雷:"农地制度与村治方式——以广东南海的土地留用制度为分析对象",载《东南学术》2008 年第 2 期。
[135] 王金红、黄振辉:"农地流转政策转型的历史轨迹与制度创新",载《华中师范大学学报(人文科学版)》2010 年第 2 期。

外文部分

[1] David Faure, Helen F. Siu, *Down to earth: the Territorial Bond in South China*, Stanford, Calif.: Stanford University Press, 1995.

[2] Xiaolin Guo, *Land Expropriation and Rural Conflicts in China*, The China Quarterly, June, 2001, Vol. 166, pp. 438~439.

[3] Lianjiang Li, Kevin O'Brien, *Rightful Resistance in Rural China*, New York: Cambridge University Press, 2006.

[4] Kung, J. K. S. 2002, *Choice of Land Tenure in China: The Case of a Country with Quasi - Private Property Rights*, Economic Development and Cultural Change, 50 (4), pp. 793~817.

[5] Helen Siu(肖凤霞), *Agents and Victims in South China*, Yale University Press, 1989.

[6] Brandt Loren, Rozelle Scott, Turner Matthew A. , *Local government behavior and property rights formation in rural China*, Toronto: University of Toronto , 2002.

[7] Li Guo, Rozelle Scott, Huang Jikun, *Land rights, farmer investment incentives and agricultural production in China*, Davis: University of California , 2000.

[8] Brandt Huang J K, Li G, et al. , *Land rights in China: facts, fictions and issues*, China Journal , 2002 (47), pp. 67~97.

[9] Li, P. , 2003, *Rural land tenure reforms in China: Issues, regulations and prospects for additional reform*, Land Reform, Land Settlement, and Cooperatives, 11 (3), pp. 59~72.

[10] Keliang Zhu et al. , *The Rural Land Question in China: Analysis and Recommendations Based on a Seventeen - Province Survey*, 38 N. Y. U. J. Intl L. & Pol. 761, 769~70 (2006).

[11] Benjamin W. James, *Expanding the Gap: How the Rural Property System Exacerbates China's Urban - Rural Gap*, 20 Colum. J. Asian L. 451, 458 (2007).

[12] Frank Xianfeng Huang, *The Path to Clarity: Development of Property Rights in China*, 17 Colum. J. Asian L. 191, 214 (2004).

[13] Gregory T. Chin, *Securing a Rural Land Market: Political - Economic Determinants of Institutional Change in China's Agriculture Sector*, 29. 4 Asian Persp. 209, 233 (2005).

[14] Robin Dean, Tobias Damm - Luhr, *A Current Review of Chinese Land - Use Law and Policy: A "Breakthrough" in Rural Reform*, 19 Pac. Rim L. & Poly 121.

[15] Samuel P. S. Ho & George C. S. Lin, *Emerging Land Markets in Rural and Urban China: Policies and Practices*, 175 China Q. 681, 689 (2003).

[16] Donald C. Clarke（郭丹青）, *Economic Development and the Rights Hypothesis：The China Problem*, 51 Am. J. Comp. L. 89.

[17] Pei Xiaolin, 2002, *The contribution of collective land – ownership to China's economic transition and rural industrialization：a resource allocation model*, Modern China Vol. 28, July：279~314.

后 记

这本书是我的第一本专著,是在我的博士论文基础上加工而成的,是湖北省社科基金项目"我国农地使用权流转法律制度研究"(批准号:2012010)的最终成果,亦是国家社科基金青年项目"农村土地法律制度中集体与成员权利配置研究"(批准号:13CFX077)的阶段性成果。本书的部分内容先后发表在《中国农村研究》、《法律和社会科学》、《私法研究》和《中国不动产法研究》等杂志上。在此,对陈小君、李传敢、高飞、耿卓、刘义强、刘思达和刘云生等诸位老师对论文发表和本书出版所耗费的心血表示诚挚的感谢。博士毕业之后,我进入了中南财经政法大学民商法学博士后流转站,跟随陈小君老师继续从事农村土地法律制度方面的研究,随着社会实证调研的不断深入,我对农村土地法律制度有了更多深入的思考。虽然如此,在本书的写作过程中,除了对原论文进行文字上的改正和处理以外,本人对原论文的行文和观点并未做任何实质性修改,不管对与错,不管深与浅,均以此作为我学术生涯的一个重要印记。我会沿着该印记继续前行,力争为我国农村土地法治进程贡献自己的一份力量。

下面附上我博士论文的感谢词。

行文至此,也该告一段落了。其实,告一段落的还包括我在华中师范大学六年的求学生涯。在这六年中,我从师者、同

后 记

窗的身上学到了太多不局限于知识的学问。彭真明老师一直是我学术和人生道路上的领路人。在做人上,彭老师的言传身教使我明白了谦逊、踏实、勤奋的重要性;在学问上,彭老师总是能把握住学术研究的脉搏,对于选题的敏感和学术走向的判断总能给我很多启发。硕士期间,我一直跟随刘华老师做知识产权文化方面的研究,是刘老师把我领进了学术的大门,这几年来学术上的点点积累和进步都离不开刘老师当初的启蒙和一直以来的关心。

特别感谢陈小君老师,陈老师近年来一直从事农地领域的研究,我的很多观点都是在阅读和理解其著作和论述的基础上得出的。正是陈老师的振臂高呼,才使实证研究在民法领域得到了越来越多的学者的关注和认同。陈小君老师和高飞老师共同组织的民商法学博士生论坛,使我有机会和全国各地的博士生们就农村土地领域的前沿问题进行充分的交流,对我的农地使用权流转研究起到了极大的促进作用。另外,我从徐勇、项继权、贺雪峰、吴毅、邓大才、丁文等诸位老师的讲座、课堂和书籍中获益良多,特此一并感谢。

最早踏入农地研究领域,是彭真明老师的建议。在硕士毕业论文的写作过程中,我就对农村土地问题有了一定的认识,并尝试透过法社会学和法政治学等不同学科视野对农地问题进行研究;在考虑博士论文选题的时候,彭老师建议我仍选择农地制度研究,在原有研究的基础上进一步深入探索。我不敢懈怠,在研究农地流转制度的过程中,我坚持了农村研究的"华中学派"(根源于华师)的一贯思路,首先纵览和阅读了几乎所有的农村研究著作,积累了一定的学术底蕴,并在此基础上坚持从社会实证研究出发,深入农地使用权流转的实践现场;在完成上述两个步骤后,才开始小心翼翼地设证和求证。本文可以看作是以问题为导向,进行学科资源整合的初步成果,并不一定很成熟,却饱含着笔者的创新之意。

感谢论文答辩过程中,韩璞庚老师、鉴传今老师、林剑老师、叶泽雄老师和陈业宏老师对我的提醒和点拨,他们对论文提出了中肯的意见,对此,我将在未来的研究和学习中不断改进和探索。

最后,衷心感谢我的父母,我的岳父母,我的大姐、二姐,我的叔叔等诸位亲人,正是他们的关怀,让我有了前行的动力,也正是家庭对于我的支持,才使我有机会取得最高学位。感谢蔡学恩、张卫明、王帅等师友,在本文调研和写作过程中,得到了他们的帮助和支持;尤其需要感谢的是李丹丹老师,她陪我一路走过本科、硕士和博士生涯,在这一段异常艰难又充满挑战的岁月中,我难以想象若没有她的陪伴,我是否能够独自面对和度过,我只想说,因为有你,才使我的求学生涯不再孤独。

当然,我深知本文的研究还不够深入和充分,我会在以后的学术生涯中,继续关注农村土地及其流转问题,争取提交给各位老师更为满意的作品。

陆　剑
2011 年 5 月于桂子山
2014 年春修订于清江山水